幼儿园教师教育丛书

幼儿园美术教育与活动设计

许卓娅/主编　田　燕/编著

長春出版社
全国百佳图书出版单位

图书在版编目(CIP)数据

幼儿园美术教育与活动设计 / 田燕编著. —长春:长春出版社,2013.8
(2019.8 重印)
(幼儿园教师教育丛书 / 许卓娅主编)
ISBN 978-7-5445-3022-4

Ⅰ.①幼… Ⅱ.①田… Ⅲ.①美术课-学前教育-教学参考资料 Ⅳ.①G613.6

中国版本图书馆 CIP 数据核字(2013)第 178256 号

幼儿园美术教育与活动设计

编　　著:田　燕
责任编辑:齐秀娟
封面设计:庄宝仁

出版发行:長春出版社
发行部电话:0431-88561180
总编室电话:0431-88563443
邮购零售电话:0431-88628787
地　　址:吉林省长春市建设街 1377 号
邮　　编:130061
网　　址:www.cccbs.net
制　　版:荣辉图文工作室
印　　刷:吉林东曼印务有限责任公司
经　　销:新华书店

开　　本:787 毫米×1092 毫米　1/16
字　　数:210 千字
印　　张:16.75
版　　次:2013 年 8 月第 1 版
印　　次:2013 年 8 月第 1 次印刷
2019 年 8 月第 2 次印刷
定　　价:33.50 元

前 言

本套教材的宗旨在于力争将这些年来幼儿园教育教学改革的一些理论理想落实到教师的具体教育教学的行为中，将这些年来幼儿园教育教学改革的一些实际经验与理论理想相互衔接成为一体。

在本教材中，我们重点要体现的理论理想有：

1. 将学科或领域教学全面整合于促进幼儿学科或领域知识技能、社会情感和学习品质全面发展的核心目标之下。

2. 将以上全面发展的教育贯穿渗透于幼儿园的一日生活之中。

3. 用“学以致用”的原则统领学科或领域之间的自然整合，并使学科或领域的知识技能自然应用于幼儿的真实生活。

4. 将观察模仿学习、探究创造学习、问题解决学习和反思批判学习和谐结合，形成相互支持相互促进的关系。

5. 将说理和案例自然结合，帮助在职学习者更好地学以致用。

我们的教育信念和相关的实践经验，都已经体现在这套教材的整体结构以及其中的说理和案例之中，希望学习者不但能够反复对照理论和案例来理解教材中的观点，而且还同时能够通过自己的亲身体验和独立思考来验证和进一步完善自己的教育教学实践。

目 录

第一章 幼儿园美术教育的目标 …… 1

第一节 学前儿童美术教育的总目标 …… 1
第二节 幼儿园美术教育的年龄目标 …… 2

第二章 幼儿园美术教育 …… 6

第一节 幼儿园美术教育概述 …… 6
第二节 幼儿园美术教育的原则与途径 …… 11
第三节 幼儿园美术教育活动的设计与组织 …… 19

第三章 油画棒画教育活动与水粉画教育活动的组织 …… 24

第一节 油画棒画教育活动的组织 …… 24
第二节 幼儿园水粉画教育活动的组织 …… 48

第四章 其他类型绘画创作活动的组织 …… 90

第一节 棉签画教育活动的组织 …… 90
第二节 毛笔画教育活动的组织 …… 98
第三节 综合使用多种工具材料进行绘画创作 …… 111

第五章 泥塑教育活动的组织 …… 150

第一节 泥塑活动的特点与幼儿泥塑活动的发展阶段 …… 150
第二节 幼儿园泥塑教育活动的组织 …… 153

第六章 纸塑教育活动的组织 …… 183

第一节 幼儿园撕纸教育活动的组织 …… 183

第二节　幼儿园折纸教育活动的组织 …… 196
第三节　幼儿园剪纸教育活动的组织 …… 204

第七章　其他类型的立体造型教育活动的组织 …… 221

第一节　幼儿园粘贴教育活动的组织 …… 221
第二节　幼儿园自制玩具教育活动的组织 …… 239
第三节　幼儿园环境布置活动的组织 …… 253

后　记 …… 262

第一章　幼儿园美术教育的目标

第一节　学前儿童美术教育的总目标

美术教育的目标是美术教育性质的集中体现。艾斯纳认为:美术教育的目标不仅和教育的总目标相一致,而且起着不可替代的独特作用[①]。

学前儿童美术教育的总目标是以学前儿童身心发展特点为根本依据,以学前艺术教育的总目标为直接依据,以社会发展与要求为重要依据而确定产生的。同时,学前儿童美术教育总目标是对学前儿童美术教育目标概括的陈述,是其他层次目标制定的依据与最终追求,对学前儿童美术教育活动起着规范作用。

《幼儿园教育指导纲要(试行)》(以下简称《纲要》)在艺术领域目标中提出:

一、能初步感受并喜爱环境、生活和艺术中的美。

二、喜欢参加艺术活动,并能大胆地表现自己的情感和体验。

三、能用自己喜欢的方式进行艺术表现活动。

这三条体现的以下价值取向是学前儿童美术教育的基本价值观:

第一,关注学前儿童的审美感受与体验。《纲要》中艺术领域目标的表述使用了“感受”“喜爱”“喜欢”“体验”等词,更关注儿童在审美过程中初步感受美、表现美的情趣,而相对弱化了艺术技能、技巧的要求。这说明《纲要》注重美术学习过程中学前儿童审美学习品质的培养,与其可持续发展和终身学习的教育理念紧密相关。

第二,关注美术教育的本质功能——审美功能,即将培养、提高儿童的审美兴趣与审美能力作为美术教育目标的核心,并最终指向促进儿童人格的和谐发展这一终极目标。通过美术教育,丰富幼儿的感知,激活幼儿的思路,启迪幼儿的心

① 转引自:翁震宇编著:《美术教育概论》,中国美术学院出版社,2009 年版,第 119 页。

智，陶冶幼儿的情操，达到以美启智、以美储善、以美育人的目的。

第三，强调美术活动作为幼儿自我表达方式的意义。《纲要》反复指出艺术是“表达自己的认识和情感的重要方式”，要使幼儿“大胆地表达自己的情感、理解和想象”，艺术表达是“自由表达”“创造性表达”等。这在一定角度表明了美术教育作为幼儿自我表达方式的意义。①

第二节 幼儿园美术教育的年龄目标

1987 年，美国幼儿教育协会发表了关于“0～8 岁儿童的发展适宜性教育”的指导性文件。该文件的宗旨在于为幼儿教育实践提出一种普遍性的、科学的标准，或者是人们普遍接受的共同的教育价值观念，即强调为婴幼儿设计的课程或教育方案应考虑婴幼儿身心发展的年龄特点和个体特点，并且以此为基础确定了关于高质量托幼机构教育的基本因素。

“发展适宜性”包括年龄发展适宜性、个体发展适宜性和文化适宜性三方面的意义：第一，年龄发展适宜性，即学前教育要与儿童的年龄特点相适应。关于人类发展的研究表明，儿童在出生后的最初几年中，存在一个普遍可以预测的生长和变化的顺序，包括身体、情感、社会性和认知等方面，学前教育要遵循学前儿童的普遍生长规律；第二，个体发展适宜性，即学前教育要与每个儿童的特点相适应。每个儿童在成长与发展的速度、需要、兴趣以及学习的形式上具有不同于他人的特点。这就要求学前教育环境要做出适当调整以适应每个个体的需要，包括为每个儿童提供时间、机会和资源，支持每个儿童的积极的自我认同感，主动创造机会与儿童互动；第三，文化适宜性，即学前教育要与每个儿童所处的文化背景相适应。每个儿童都是带着自己的文化背景进入集体的，它是儿童和家庭生活方式的总和，这些文化背景可能不同于教师的文化，也可能不同于班级的主流文化。学前教育工作者要学会意识到儿童之间存在的个体差异和文化差异，尊重这种差异，创设机会建立相互尊重、相互分享与相互理解的人际环境。“发展适宜性”原则强调儿童的原有经验和发展水平，关注教育内容和教育环境的适宜性，是保证学前教育观念科学实施的重要原则。

发展适宜性原则给我们如下启示：

首先，掌握学前儿童的年龄特点及年龄阶段目标是进行幼儿园美术教育的重

---

① 教育部基础教育司组织编写：《〈幼儿园教育指导纲要（试行）〉解读》，江苏教育出版社，2002 年版，第 143 页。

要前提；其次，教师要在参照年龄阶段特点与教育目标的前提下思考儿童的个体身心发展特点。

本节介绍的幼儿园美术教育年龄目标是基于3～6岁学前儿童身心发展的一般特征而确定的教育目标，它对3～6岁学前儿童提出了不同层次的要求，但同时又是针对同年龄幼儿的一般要求，是美术教育总目标的细化，为具体活动目标的制订指明了方向。

为便于学习者更深刻、准确、清晰地把握幼儿园美术教育活动中“学前儿童年龄特征”与“教育内容”之间的关系，我们采用表格设计的方式(见表1.1)，希望学习者不仅能够从纵向的年龄段比较不同年龄段幼儿园美术领域教育内容的差异；同时，也能从横向的教育内容角度比较不同幼儿园美术教育内容在不同年龄段学前儿童经验上体现的差异。

表1-1　幼儿园美术教育年龄阶段目标

	小班	中班	大班
绘画(平面)	1. 认识油画棒、蜡笔、记号笔、毛笔、水彩、水粉、纸张等绘画工具和材料；认识红、黄、蓝、绿、棕、黑、白等颜色，能说出颜色名称，并对物体的颜色感兴趣； 2. 掌握油画棒、蜡笔等工具的基本使用方法，能画出直线、曲线、折线，会辨别和感受直线、曲线、折线等线条变化； 3. 学习用线条和简单图形(圆形、方形、长方形、三角形等)画出日常生活中经常接触的、熟悉的、有趣的、轮廓简单的物体，例如皮球、太阳、小鸡、汽车等； 4. 能大胆地在画纸上自由表现。	1. 学习油画棒画、蜡笔画、水彩画、水粉画等绘画活动的基本方法； 2. 认识颜色的深浅变化，能大胆地使用丰富的颜色绘画； 3. 学习用线条和图形表现不同物体的基本结构和主要特征； 4. 能在教师引导下围绕主题安排画面，并初步安排画面中物体的左右、上下空间关系； 5. 喜欢用绘画语言表达自己的想法和感觉，并能大胆地按照意愿作画； 6. 能较为连贯地讲述自己的绘画作品，敢于表达；他人讲述或表达时能够认真倾听。	1. 学习综合使用多种工具和材料进行绘画创作，能创造性地运用不同技法表现自己的思想和感受； 2. 学习使用冷暖色调表达情感，增强配色意识，均衡运用对比色、相似色、同种色等多种配色方法，注意色彩的整体感和内容之间的关系； 3. 学习完成形体复杂的物体画、符合主题的情节画、具有民族特色的图案装饰画； 4. 能有目的地安排画面，并在安排画面过程中逐步体会均衡、对称、变化等形式美； 5. 喜欢用自己独特的绘画语言表达想法和感觉，喜欢绘画活动，并积极投入到绘画创作活动中； 6. 能连贯、完整地讲述自己的绘画作品，敢于表达，他人讲述或表达时能够认真倾听，学会向他人学习并尝试反思与自我调整。

表 1-1 （续）

	小班	中班	大班
造型（立体）	1. 认识黏土、橡皮泥、面团、泥工板、纸张、剪刀等造型活动工具和材料； 2. 掌握泥工活动中搓、团圆、压扁、捏与纸工活动中撕、粘贴、折等造型活动的基本技能； 3. 了解不同泥工、纸工材料的性质，能用 1～2 种技法塑造简单物体形象； 4. 乐意参加泥工、纸工活动，通过玩泥、撕纸等活动体验立体造型活动中的乐趣，并对泥工、玩纸等活动感兴趣； 5. 学习用糨糊、胶水等粘贴点状物（如纸团、豆类等物体），并初步学习使用自然材料（树叶、石子等）进行拼贴造型； 6. 学习用印章、纸团、石块等材料，蘸颜色在纸上压印，并大胆按自己意愿进行压印。	1. 进一步熟悉造型活动中的剪贴工具和材料，学习正确使用剪刀等工具，喜欢探索和运用各种工具和材料，并能够创造性地选择、制作和使用工具和材料； 2. 会用橡皮泥、油泥、黏土等材料塑造物体的主要特征，会使用辅助材料表现简单情节，并能按意愿大胆塑造； 3. 学会简单的折纸方法（按中心线折、双正方形折、双三角形折等）和剪贴方法； 4. 能将复杂的点状材料（例如蛋壳、纸屑、泡沫等）按顺序粘贴出简单物象； 5. 初步学习使用点状、线状、块状的自然物和废旧材料制作简单的玩具； 6. 能够主动注意泥工、纸工等活动中的空间因素； 7. 在同伴和教师讲述时能够认真观察、倾听； 8. 初步理解立体造型活动中所需的合作要求，并知道如何与他人交往。	1. 能熟练地选择和使用各类立体造型工具和材料； 2. 能用多种点状材料拼贴物体形状，表现简单情节； 3. 能用多种技法进行折纸活动；学习用两张纸张折叠组合玩具，能按轮廓或目测的方式剪、撕物体外形，会使用对称折叠的方式剪、撕图形、窗花； 4. 能用目测的方式将面状材料进行剪、折、叠、拼贴等，并能创造性地使用各类辅助工具塑造人物、动物的主要特征，表达一定的情节； 5. 能综合性地使用纸、布、线等材料制作玩具、教具、礼品、演出道具，并进行环境布置； 6. 能够主动注意并使用泥工、纸工等活动中的空间规律进行造型活动； 7. 在同伴和教师讲述时能够认真观察、倾听，学会向他人学习并尝试进行反思与自我调整； 8. 理解立体造型活动中所需的合作要求，并知道如何与他人交往，体验并努力追求在与他人合作中获得快乐。

表 1-1 （续）

	小班	中班	大班
美术欣赏	1. 知道从自然景物、艺术作品中可以享受到视觉艺术的美； 2. 喜欢观看、欣赏艺术作品； 3. 愿意参加美术欣赏活动，体验欣赏过程中的快乐，并养成集中注意力欣赏的习惯； 4. 初步体验艺术作品中具有不同“性格”的线条； 5. 学习欣赏同伴和教师的作品； 6. 学习欣赏与自己生活经验相关的、具有鲜明色彩和简单造型的美术作品（绘画、工艺美术、雕塑等）和物体； 7. 初步学习运用动作、表情等方式表达自己欣赏后的感受。	1. 学习体验不同作品中的线条、形状、色彩、质地的变化； 2. 感受作品的色彩变化与主题的关系； 3. 初步感受作品中形象的对称、均衡、节奏等美学特征； 4. 学习欣赏与自己生活经验相关的美术作品、生活作品、节日装饰、环境布置、自然景物等，逐步关注具有美感的事物； 5. 学习并欣赏作品中色彩的变化与统一美、构图的对称美和均衡美，理解作品的主题，能尝试用自己的语言、表情、肢体等表达自己的理解、感受； 6. 学习欣赏、评价同伴和教师的作品； 7. 尝试给简单的美术作品命名。	1. 主动参与欣赏活动，逐步形成从生活环境中发现美的能力； 2. 能够在美术欣赏的过程中注意运用有关的概念、知识加强、深化自己的感知和理解，知道从不同美术作品中能获得各种经验； 3. 欣赏并感受作品中的造型美与色彩的情感表达性和对称、均衡的和谐美，了解作品的背景知识，理解人们创造美术作品的立场和角度，能用各种方式表达自己对作品的理解和想象； 4. 学习从不同形式和内容的角度评价同伴、教师的作品； 5. 命名和讨论美术作品的基本内容； 6. 初步养成有注意力、情感参与的安静观赏美术作品的习惯； 7. 喜欢与他人分享观赏美术创造活动的快乐。

纵向比较不同年龄班在同一关键经验中的教育目标可以发现，低年龄阶段目标是高年龄阶段目标的基础，高年龄阶段目标是低年龄阶段目标的延伸和发展。也就是说，各年龄班学前儿童美术教育目标既有区别又有联系，由简单到复杂，由易到难，呈螺旋式上升的趋势。

第二章　幼儿园美术教育

第一节　幼儿园美术教育概述

一、美术与儿童美术

美术也称造型艺术、视觉艺术或空间艺术，是运用一定的物质材料和手段，通过自己独特的艺术语言所塑造的静态的、在一定范围内展现的视觉形象来完成作品，表达作者对客观世界具体事物的情感和美化生活的一种艺术形式。美术与戏剧、电影、音乐、舞蹈等等有相同之处，即它们都是通过塑造一定的具体形象来表现客观生活和作者的主观感受，具有艺术的一般特点，但是它又有其他各种艺术的不同之处，具有自己的独特性。这主要表现在两个方面：

第一，美术运用的物质材料与其他艺术不同。第二，表现形式与其他艺术不同。音乐的基本表现手段是旋律、节奏，而美术的基本表现手段是线条、形体、色彩，通过造型、构图、颜色来创造可视的具体形象。

（一）美术的起源与发展

关于美术的起源，有许多种说法，如游戏说、劳动说、模仿说等。无论哪种说法都有一个共同的特点，那就是劳动。人类的发展最重要的是生产力的发展，劳动使人的手、眼、脑协调发展，从而为美术活动提供了必要的生理基础，劳动离不开工具，而正是制造工具孕育了美术的造型活动。

人类社会还处在原始社会时就产生了原始美术。原始社会的人们在强大的自然力面前感到自己软弱无力时，便转向对外部力量的依赖和祈求，由此产生了原始的宗教，于是艺术品成为崇拜对象的替代物。原始宗教利用造型艺术特有的形象性，把造型艺术品作为祖先灵魂、神灵、动物灵魂的寓所和化身，成为祖先崇拜、灵魂崇拜、图腾崇拜的直接对象，为求种族兴旺、生活物品富饶或消灾而顶礼膜拜。这在新石器时代的民族艺术中是有很多例证的。

（二）美术的基本特征

美术的本质是运用一定手段，通过塑造静态的、在一定空间范围内展现的视觉形象来完成作品，表达作者的思想情感，通过视觉来给人们以美的享受。美术具有与其他艺术活动不同的特征：

一是造型性与视觉性。美术是在空间中构成可视、可触的艺术形象，也可以说是利用事物的空间特征来表达意义。正是在这一点上，我们称美术为“造型艺术”“视觉艺术”，或者“空间艺术”。

二是瞬间性和永固性。美术作品是静止的，即使描绘一个运动过程也只能截取其中的一个瞬间。这个瞬间一旦被美术作品创造为形象，就永久固定下来。

美术的这些特点决定了它在反映现实和表现题材方面的某种局限性：这就是不能直接表现运动或情节发展过程，也难以表现图像所能显示的视觉范围之外的事物。不过，美术作品中理想的直观形象所表现出来的凝练、所具有的独特的审美效果又使它在艺术世界中能独树一帜，赢得永恒的魅力。

各种美术类型除具有上述共同特征之外，还各有不同之处。

例如，绘画作品是在平面上展现的，以一般的纸、布和笔墨、颜色为工具，运用线条和色彩构成图像；而雕塑作品则是采用可塑性材料创造的立体形象，运用材料与体积形成了量感和质感。

（三）美术的基本类型

美术通常包括绘画、雕塑、工艺美术和建筑艺术四大类：

1. 绘画

绘画是美术中最常见的一种形式，也是其他各种美术形式共有的基础。绘画指用笔、刀等工具和墨、颜料等材料在纸、木板、纺织品或墙壁等二维的平面上，通过构图、造型、颜色等表现手段，创造可视的形象。

绘画可分为许多种类，就材料和表现技法的不同，可以分为素描、中国画、壁画、水彩画、水墨画、蜡笔画等。就表现题材、内容的不同可以分为人物画、肖像画、宣传画、动物画、静物画、风景画、风俗画、历史画、漫画等。

2. 雕塑

雕塑是雕、刻、塑三种制作方法的总称。它一般分为圆雕和浮雕两类。圆雕是指不附着于任何背景、可四面欣赏、完全立体的一种雕塑。如米开朗琪罗的《大卫》雕像就属于圆雕。浮雕则是在平面上雕出凸起的形象的一种雕塑，如人民英雄纪念碑四周各组群雕均属于浮雕。

3. 工艺美术

工艺美术是与人们生活关系较为密切的一种美术形式。通常分为实用工艺和观赏工艺两类。实用工艺主要是指经过艺术加工的生活实用品，如一些染织工艺、陶瓷工艺和家具工艺等。观赏工艺则指专供人们欣赏的陈设品，如一些名贵的象牙雕刻、水晶饰品、玉石雕刻及装饰绘画等。

4. 建筑艺术

建筑艺术包括建筑的结构、形式、特点和风格。它的造型、色彩、纹样和雕刻等整体设计，形成建筑艺术的主体。

(四)儿童美术

儿童美术指的是儿童所从事的造型艺术活动，它反映了儿童对其周围世界的认识、情感和思想。

3～6岁学龄前儿童所从事的美术活动，从种类上来说，大致可以分为绘画、造型和美术欣赏。其中，绘画活动从使用的工具、材料及表现形式上区分，可分成蜡笔画、水粉画、粉笔画、水墨画、彩色水笔画、手指画、棉签画和水彩画等；从性质上区分，可分为命题画、想象画、故事画、填色画和集体合作画等；从内容上区分，可分为物体画、情景画、意愿画和装饰画等。造型活动可分为纸工和泥工等。欣赏活动是对各种造型艺术作品和具有美学特征的环境的观赏。

二、儿童美术教育发展的历史阶段

(一)西方儿童美术教育的发展简史①

学校美术教育普及以前，美术教育的实践就存在于某些特殊的行业之中。为了让儿童获得某种职业技能，师傅要教给徒弟必要的技能技巧。此时的美术教育旨在帮助儿童获得谋生的本领，除此之外，别无他求。

19世纪，英国、德国、美国、法国等一些西方国家进入了工业化时代，美术以其实用性在学校里得到了普及。为了使工业产品在激烈的竞争中取胜，需要大量高素质的产业工人，工业绘画便应运而生。当时的人们认为，绘画教学也应该循序渐进，从基础开始。例如，先从画各种各样的线条开始，再进入各种各样几何形体的描绘。当时主要的授课方式就是示范式，教师示范如何画线和形，儿童模仿练习。这种形式的绘画教学大约持续到20世纪初期，其目的依然是要儿童学会必要的谋生技能，成为优秀的产业工人。

卢梭被誉为人类思想史上第一个“发现了儿童”的人，他提倡自然主义教育，强调教育要适合人的本性。在美术教育上，卢梭反对临摹，他在《爱弥儿》中明确地指出“如果一位教图画者只知道拿一些仿制品来教他描画，只知道教他照着图画来画，那么，我是不愿意请这位老师来教他的”。在自然主义教育及其他进步主

---

① 主要参见陈梵娅：《学前儿童美术教育的发展适宜性研究》，华东师范大学2007年硕士毕业论文，第2页。

义教育思想的影响下，学前儿童美术教育中越来越多的人开始摒弃纯技术性的美术教育，而强调绘画应该是儿童的自由表达，逐渐给予儿童自由绘画以崇高的地位。其中比较有代表性的人物是被誉为“儿童绘画之父”的弗兰兹·西泽克。西泽克认为儿童的绘画纯真、富有创造力，儿童美术教育不能简单化地按成人的标准教给儿童，而是应该以儿童的自由表现为主，重在发展儿童与生俱来的创造本能和创造热情。西泽克等人的美术教育思想，至今还影响着世界各国的美术教育实践。

(二)中国学前儿童美术教育的发展①

从1903年第一个学前教育机构诞生及1904年癸卯学制将美术教育确定为学前教育内容之一，至今已有百年的历史。中国学前美术教育的百年发展过程中，其教育价值观和价值取向随社会变迁而不断发展。我们以相关学前教育行政法规文件中的美术教育目标及其价值取向为基本线索，将中国学前美术教育的发展分为三个阶段，分别是：新中国成立以前、新中国成立初期至20世纪80年代末、20世纪90年代至今。

1. 新中国成立以前的学前儿童美术教育

中国传统文化较为重视个体内心世界的修炼，关注个体身心的平衡与稳定，注重人与人、人与自然的和谐统一，所以中国传统艺术教育倾向于重“艺”轻“技”。近代，伴随着实用科学对中国的影响，美术教育中的“技”受到重视。1904年清政府颁布的《癸卯学制》不仅将手技(即美术教育)列为蒙养院课程内容之一，而且还做出具体规定：“手技盛长短大小各木片之匣，使儿童将此木片作房屋门户等各种形状；又授以小竹签数茎及豆若干，使儿童将作各种形状；又使纸作各种物体之形状；更进则使黏土作碗壶等形。”②从这一规定中我们可以看出，中国近代学前儿童美术教育的实用性的价值观念非常明显。

民国初期，蔡元培等教育家提出了“以美育代宗教”的观点，提倡将美育与世界观教育结合起来的国民教育思想。在这种美育思潮的影响下，学前儿童美术教育又向“艺术精神”的方向偏重了一些。1932年国民政府教育部颁布的《幼稚园课程标准》集中表现了这一特点，该文件提出：学前美术教育要培养操作习惯，增进工作技能，并锻炼感受能力，也要训练关于群体的活动力，如：自信、专心、互助、服务等。这反映出中国近代学前儿童美术教育已经开始关注儿童心理需要及个性品质的培养。

① 该部分主要参照吴丽芳：《中国学前儿童美术教育价值取向的历史研究》，《江西教育科研》，2007年第6期。

② 中国学前教育史编写组编：《中国学前教育史资料选》，北京人民教育出版社，1989年版，第96页。

2. 新中国成立初期至20世纪80年代末的学前儿童美术教育

新中国成立之初，受前苏联时期教育观念的影响，中国学前儿童美术教育表现出了明显的实用性和工具性的教育价值倾向，其“技”的学习要求非常突出，例如1952年教育部颁布的《幼儿园暂行教学纲要(草案)》中将学前美术教育目标定为：培养幼儿初步的艺术兴趣和爱美观念；培养幼儿学习描制简单的日常生活中的事物的轮廓，以发展其想象力和创造力；培养幼儿运用双手的能力，使其懂得劳动是最崇高的道德，以养成爱劳动，爱护公共财物的习惯。

1981年教育部颁布的《幼儿园教育纲要(试行草案)》基本继承了1952年教学纲要中美术教育目标的价值倾向，关注“技能”学习的学前美术教育价值取向仍占主流。

3. 20世纪90年代以后的学前儿童美术教育

20世纪90年代以来，西方先进的儿童心理理论与教育理论逐步被介绍至国内，同时国内本土的儿童心理研究与儿童教育研究也逐步丰富起来。学前教育研究者和实践者在结合国内外形势分析的基础上，继承了已有的历史经验，并反思了以往美术教育发展过程中较多关注美术“技能”学习的倾向。“当今，人们更为关注的是个体生命的张扬，以及人与人、人与自然、人与社会的和谐共处”[①]，“以人为本”和终身教育的理念成为人们的共识。在大时代精神的影响下，学前儿童美术教育不再单纯地考虑“艺”与“技”的问题，美术教育独有的“审美价值”与“艺术精神”成为新时代学前儿童美术教育关注的核心。

三、学前儿童美术教育的发展趋势[②]

1. 儿童美术教育旨在促进儿童人格的和谐发展

现在的美术教育在呼唤真正人格方面有其独特的功能，在美术教育活动中，儿童从感觉领悟、体验和创造中获得实现自我的生命的潜能、智慧、价值和乐趣，获得真、善、美高尚人格素质的熏陶和锤炼。国内外众多美术教育家都十分强调美术与儿童的创造性、自我表现、人格全面发展的内在联系，将儿童天性所固有的同时又是美术活动所必需的这些特征尽可能地发挥出来。也就是说美术活动本身的特点符合儿童身心发展的需要，反过来美术活动以其独特的方式发展和完善了儿童的内心世界和身体，有力地促进了儿童身心和人格的全面和谐发展。

2. 美术教育内容突出生活的感悟与体验

幼儿的学习特点是对身边熟悉的事物感兴趣，熟悉的事物更容易引起幼儿的好奇心和求知欲。幼儿的艺术表现也是与其直接感知的环境有关的，使现实生活

---

① 吴丽芳:《中国学前儿童美术教育价值取向的历史研究》,《江西教育科研》,2007年第6期。

② 参见刘志红、李建春:《论新时期儿童美术教育》,《成都教育学院学报》,2005年第3期。

和内心体验获得符号化反映。所以，现在美术教育内容往往定位于贴近幼儿生活、有情节想象和形象想象等内容，有助于幼儿自由地表达。

3. 教育手段突出多样化的探究体验

年幼儿童的美术创作活动是需要先感知后创造的，孩子如果没有前期对客观事物的感知，也就不会丰富地自主表达。所以幼儿自主表现的前提是对客观事物丰富的感知。3～6岁幼儿的思维特点是具体形象思维，对客观世界的认识是借助于多种感官的感知，通过与客观事物的互动实现的。因此，现在的儿童美术教育更关注儿童的认知特点，在教育方法上注重与多领域的融合，在多种感官的参与下，使儿童在感知体验中主动建构学习经验，认识身边的事物，发现美的规律，从而达到创造性的表现。

4. 儿童美术教育评价关注个性化

《纲要》强调，激发幼儿喜欢艺术活动，并能大胆地表达自己的情感体验，能用自己喜欢的方式进行艺术表现，是幼儿艺术领域教育追求的价值。幼儿美术教育，不仅是美感教育，更是幼儿情感教育、创造性教育及个性教育的集合体。因此，现在儿童美术教育对儿童作品的评价更多地定位于儿童的创作过程：关注儿童活动中的情感体验、创作中儿童的情感是否得到满足。

第二节　幼儿园美术教育的原则与途径

一、幼儿园美术教育的原则

(一)直观化原则

所谓“直观化”原则[①]就是利用教学媒体对学习者进行直接的运用，进而达到提升教育效果的一种教学方法。例如，利用带有鲜明主题的挂图、实物，让幼儿进行实地参观、多媒体视频等等。直观性原则的优势在于可以使幼儿直接获得较为直观的表象，为其在头脑之中形成的长时记忆奠定了基础。贯彻直观化原则需要注意如下事项：

1. 直观形象的手段可以多样化。幼儿的发展不是直接灌输所形成的，而是在与周围环境互动的具体活动中实现的。因此，直接的感知活动是幼儿获得知识经

①在现代学校教育体系中，夸美纽斯是最早系统总结教学原则的教育家，他认为教学应从观察实际事物开始，多利用图片和模型，这是直观教学原则的雏形。他之后许多教育家如赫尔巴特、裴斯泰洛齐、乌申斯基等，都阐明过直观教学及直观教学原则。对我国影响最大的是20世纪50年代传入我国的苏联凯洛夫主编的《教育学》，其中直观性教学原则是其原则体系中的一个。

验的基本途径。为了提高教育活动的实施效果，教师可以采取多样化的直观手段。例如，组织幼儿开展观察、欣赏、演示、示范等活动，让幼儿在具体的观察过程中感知客观事物、丰富感性知识、扩大眼界，或者教师通过自己的语言、动作或教学表演，为儿童提供具体模仿的动作范例。

2. 直观形象的形象化对象也可以多样化。无论教师采用的是观察形式，还是演示、示范或者范例的形式，展现在幼儿面前的直观形象的对象可以是多样的，可以是用来感知的客观事物，例如花朵、汽车、轮船、飞机等，也可以是幼儿要学习、模仿的动作范例，例如运笔、调色等动作。

（二）整合性原则

整合性原则就是指要把幼儿园教育活动及活动设计看作是一个系统工作，使各项活动有机联系起来，成为具有一致性价值取向的课程系统。贯彻整合性原则需要注意如下事项：

1. 注意各项教育活动之间的联系。我们在设计一种美术教育活动时，既要考虑活动本身在目标、内容、活动形式、学习环境等方面的价值一致性，也需要思考与该活动相关的其他教育活动的系统一致性，使具体的单一活动真正融入审美课程体系中，成为课程的有机组成部分。

2. 注意教育活动形式的整合。幼儿园美术活动形式多种多样，我们要根据活动目标选择不同形式的活动，并注意不同美术教育活动形式之间的动静搭配。具体来说，就要合理安排集体上课、区角美术游戏、环境布置，避免死板或失衡；在某一具体美术教育活动安排时要注意集体活动、小组活动和个别活动三种活动形式的整合。

3. 注意活动环境的整合。由于具体的美术教育活动都是发生在一定环境中的，在设计和实施具体美术教育活动时，我们要注意特定的活动环境与原有的班级环境、园内环境及社区环境之间的有机整合，使环境中的物质因素、精神环境更好地为美术教育活动开展服务。

（三）活动性原则

活动性原则就是指幼儿园教育活动设计与实施应以幼儿直接参与具体活动为基本方式，尤其应注重游戏的形式[①]。皮亚杰认为，儿童的认知结构是通过操作活动内化而建构的，幼儿的学习是在活动中产生和进行的，直接的感知活动是幼儿获得知识经验的基本途径。因此，幼儿的操作活动、探索活动等各种直接学习形式是幼儿得到发展的重要途径。为了贯彻活动性原则，我们需要注意以下几方面的问题：

---

①虞永平主编：《学前教育学》，苏州大学出版社，2001年版，第265页。

1. 关注幼儿积极、愉悦的自主实践美术活动。幼儿是通过具体的实践活动了解、认识周围世界的，设计、实施美术教育活动时，应创造让幼儿积极主动参与的实践活动机会，让幼儿接触客观事物；同时，教师要充分调动幼儿参与活动的积极性、主动性，让幼儿在看看、听听、闻闻、讲讲、做做的各种感知活动中认识事物、获得审美知识，进而形成相应的审美意识和情趣。

2. 关注幼儿的主动活动。主动性是一种积极的心理品质，是幼儿获得发展的重要前提，主动性强的幼儿往往表现出强烈的好奇心、求知欲，能对环境做出积极的反应，主动参加各种活动。设计、实施美术教育活动时，教师要树立儿童观、美术教育观，在教育活动过程中，以幼儿为主体，积极引导幼儿主动活动，将美术教育内化为幼儿的心理需要，促进各方面发展；避免教师的包办代替，以防幼儿失去表达和发展的机会，进而养成依赖、懒惰、不动脑筋等不良的心理品质。

3. 把游戏作为幼儿园美术教育的基本活动。对于幼儿来说，幼儿园游戏不仅具有体验快乐的功能，也是获得身心发展的重要途径。在设计、实施幼儿园美术教育活动时，我们要充分利用游戏这一活动形式，尽可能地从幼儿的年龄特征、个性需求和兴趣爱好出发，选择多种游戏材料，并让幼儿在游戏中动手、动脑。

（四）审美性原则

审美性原则就是要把握幼儿审美特点，引导幼儿捕捉事物中蕴含的与其生命活力相吻合的特征，激起审美热情，形成美的意象，使对美的追求成为幼儿美术活动的内在动力，并贯穿于观察、欣赏、创作的各个环节。

在幼儿园美术教育中应注意：以美的事物和方式启发幼儿的观察、想象和创造，用美激起幼儿的活动热情，要贯穿于美术活动的各个环节。这样做不仅是把审美作为推动幼儿从事美术活动的手段，同时也是美术教育的目的。因为幼儿在不断地体验美和创造美的过程中，审美趣味和创造美的能力将得到提高，内心的情感世界变得丰富，可以不断地创作出生动而富有情感的好作品。

为实现审美性原则，教师为幼儿提供直观美的对象，包括美的环境和美术作品，使幼儿经常接触美的事物；环境中他人的生动感人的语言也很重要，教师以语言为媒介拨动幼儿的心弦，引起或加强他们对美的事物的情感共鸣，也是幼儿园美术教育中必不可少的活动形式。同时，还要保证幼儿有自由创作的时间和可利用的美术材料，使他们能及时顺利地将自己心中对美的感受和认识表现出来。

（五）多样性原则

同一年龄的幼儿，由于遗传素质、家庭生活条件和所受的教育不同，各自的兴趣、爱好、知识、经验，包括其美术感受和表达能力都是不一样的，在美术教育中须考虑幼儿个体之间的差异。

1. 一般来说，幼儿的造型能力有强有弱，差异跨度很大。就一个幼儿来讲，美术能力的发展也不是匀速的，而是时快时慢，有飞跃，有反复。

2. 有些幼儿在美术方面有特殊的才能。对幼儿的美术才能须加以鉴别，创造条件，给予不同的指导，使他们的才能得以发挥。幼儿的美术才能可由以下几方面表现出来：(1)艺术想象力丰富活跃；(2)视觉敏锐，观察完整；(3)手的动作高度灵活和准确；(4)对美术有一定的鉴赏力。相反，缺乏美术才能的幼儿则往往观察力薄弱，注意力分散，手不灵活，对美术缺乏兴趣和感受力。

3. 美术风格上的差异。虽不能说幼儿已形成完整稳定的风格，但他们每人都有自己的特点和所长。比如，有的孩子喜欢画单色画，而且画得很好，而有些幼儿则喜欢把画面描绘得五彩缤纷，有的幼儿擅长组织丰富的大场面，而另一些幼儿却沉醉于刻画单一的形象。

由于以上原因，在同样的教育要求下，要考虑到每个孩子的实际情况，针对每个幼儿的不同特点，区别对待，因材施教，使每个幼儿的潜能充分发挥，最大限度地发展自己。

同时，应向幼儿展示多种多样的表现媒介，让幼儿自己选择，因为幼儿的选择取决于他们的美术能力和兴趣，这往往是最符合他们发展需求的。表现媒介的多样性体现在表现手法、风格、材料和工具的变化上。一般来说幼儿在美术创造中所能运用的手法和风格是有限的，所以有必要扩大手法、风格在欣赏方面的范围。材料的多样性体现在材料的形状、大小、质地、色彩、可塑性等方面，要引导幼儿把这些作为艺术美的要素来思考。工具的多样性首先要适应幼儿美术能力的发展，如画笔，幼儿使用的画笔应有大小不同规格。如果只有大笔，当幼儿知觉分辨力提高、希望表现细节时，就难以实现，这样就会限制他们美术能力的发展，所以要向幼儿提供多种规格和品种的工具。除此之外，应特别注重开发工具功能，创造性运用工具。

二、幼儿园美术教育的途径

幼儿园常见的美术活动的途径主要有三类：集体教学活动、美术区角活动、美术环境创设。

(一)集体教学活动

集体教学活动是教师带领幼儿群体进行的有组织的美术活动，是幼儿园美术教育活动形式中组织性、计划性比较强的一种类型。美术教学活动的组织形式主要有：集体同步活动、集体合作活动、集体分别活动三种形式。集体同步活动是一个班或一个组的幼儿在教师带领下用同样的美术工具材料同时进行同一主题内容的美术活动，即全体幼儿从事的活动是相同的；集体合作活动，是教师组织幼儿为完成一个主题而从事不同的美术活动；集体分别活动，是教师协助每个幼儿选择不同的主题，同时从事不同的美术活动。不同的集体活动形式适用不同的范围，其教育作用也各不相同，但活动步骤都大致相同，即活动前准备、活动过程与活动后总结。

1. 活动前准备

活动前准备主要是幼儿经验的准备、活动技能的准备、工具材料的准备及其他因素的准备。《纲要》指出“教育活动目标的确定要以对本班幼儿的发展水平和原有经验的了解为基础”，可以说，确定教育目标以及实施幼儿园教育活动都应基于幼儿原有的水平和经验而进行，有时教育者也要在活动前使幼儿获得相关经验。活动过程中可能涉及的组织技能、美术技能等，教师要在活动前练习熟练，确定其中的难点、重点，便于活动中更有针对性地示范、指导。活动过程中需要使用的各类材料要准备充分；同时，也要根据活动要求的不同而考虑幼儿的分组、桌椅位置的搭配等各种问题。

2. 活动过程

单独的一次集体美术教学活动过程主要包括开始部分、中间部分和结束部分三个环节。

开始部分的主要任务就是要组织幼儿集中注意力于要开始的活动，将欣赏融入活动中，以激发幼儿对活动的兴趣，引起幼儿美术活动的创作情感；同时也要提示幼儿在活动过程中的各种注意事项，例如使用及收拾工具应注意什么。中间部分是幼儿进行美术创作的时间段，教师的教育干预措施要尽量减少，这一阶段的主要任务就是营造一种积极而宽松的氛围，让孩子在没有压力的环境中构思、表现。活动结束时，教师可以根据活动开展的具体情况确定要如何组织。例如，小班幼儿活动的目的性较弱，往往不太关注画面的完成程度，教师要关注其活动进程，在幼儿画到一定程度时告诉他（她）画得差不多了，可以将作品交给老师了，从而渐渐增强小班幼儿对画面效果的意识程度。当幼儿有序地将作品交给老师后，教师要与幼儿一起分享、赏析作品，既可以让创作的幼儿谈谈自己作品的内容和表现形式，也要让其他幼儿说一说对作品的审美感受及对作品的理解、评价。

3. 活动后总结

活动后总结时，教师要重点关注幼儿在活动的表现和教师对活动设计、实施的反思。同时，教师也可以通过专栏展示幼儿作品进行间接的总结，布置在专栏中供幼儿和家长观看，既鼓励了幼儿的创作热情，也提供了幼儿相互学习的机会。

（二）美术区角活动

美术区角是幼儿园中供少量幼儿自由欣赏和创作的区角空间，教师在美术区角的角色就是提供创作条件，让幼儿选择自己喜爱的作品赏析或者用自己喜欢的方式创作。因而，美术区角的材料要丰富，既要有各类欣赏的画册、图片，也要有丰富的绘画工具：纸、笔、油画棒、颜料等。纸工、泥工工具：剪刀、胶水、橡皮泥、牙签、抹布等。还可投放一些辅助工具:棉签、石头、各种纸、布等。废旧材料:塑料管、蛋壳、水果网、木条、泡沫板等。这些材料可用于自创作品,以使幼儿对美术活动保持长久而浓厚的兴趣,让幼儿体验丰富的生活材料所带来的快乐。活动中,教师不要因为"卫生"问题而收起颜料盒,不要因为幼儿的"乱张贴"而藏起胶水。相反,教师要提供美术创作的环境与条件,例如为幼儿准备工作衣、铺设桌布,并布置创意空间主题墙,让幼儿在具体操作中自己制订计划,运用各种感官探索材料的性质,选择不同的方法使用,在处于开放、自由的状态进行创作活动,使美术活动成为幼儿"表达自己的认识和情感的重要方式"。

美术区角的活动可以与集体教学活动相互渗透;可以将集体美术教学活动中的部分内容和材料转移到区角中来,使幼儿的兴趣在区角活动中继续延续下去;也可以在集体活动前先将有些内容和材料投放至美术区角中,当引起较多幼儿关注时再引入到集体教学活动中,使幼儿的活动兴趣得到扩展和加深。

(三)美术环境创设

《纲要》指出:"环境是重要的教育资源,应通过环境的创设和利用,有效地促进幼儿的发展。"《纲要》这里所说的环境系广义的环境,指幼儿园教育赖以进行的一切条件的总和。它既包括人的要素,又包括物的要素;既包括幼儿园内的小环境,又包括与幼儿园教育相关的园外环境,如家庭、社会、自然等。而我们主要探讨的美术环境是指幼儿园内部环境,即幼儿园内有利于幼儿身心发展并符合美育教育目的的物质条件和精神条件,在一定教育观念指导下而形成的一种动态的教育的空间范围或场所。所以,幼儿园美术环境既是物质的,要具有一定的物化条件,又是精神的,要体现幼儿园的艺术教育观念。

1. 幼儿园物质的美术环境

在参照已有研究分区的基础上,我们将幼儿园物质的美术环境划分为幼儿园园门及围墙、户外活动环境、门厅、走廊及楼梯、班级环境五部分。

国外有学者指出,幼儿园"应当从大门口就看出确实欢迎父母的到来"[①]。因此,幼儿园应当注重园门及围墙环境的创设,体现一种欢迎家长、幼儿参与的氛围。幼儿园的户外活动环境包括"大型器械设备区、平衡区、球类区、跳跃区、推拉区、投掷训练区"等十余个区域。幼儿园门厅是幼儿园同家长交流最直接的窗口,不但担负着孩子作品展示的功能、与孩子互动的功能,还有宣传介绍幼儿园的功能。走廊包括两部分,一是幼儿园的公共走廊,二是属于班级的走廊。我们可以在走廊中建设"家园互动园地",在墙面中张贴幼儿及家长参与园所活动的照片,

---

① [美]莫里森著,王全志、孟祥芝等译:《当今美国儿童早期教育》,北京大学出版社,2004年版,第186页。

以使幼儿及家长感受到园所对于参与环境建设的支持与鼓励。幼儿园还可以利用各种资源优化楼梯,例如把节日活动中幼儿亲子绘画的T恤等作品进行悬挂展示,可以用祖辈家长编制的物品装饰楼梯墙面,或利用楼梯下的闲置空间放置班级废旧物品。幼儿园班级分为班级内和班级外,前者包括班级内的活动室、盥洗室、午睡室以及午餐室,后者包括班级外的家园联系栏以及班级所属的走廊。

上述环境创设过程中,教师要注意增加其儿童审美趣味性,以使幼儿受到潜移默化的艺术熏陶,于不知不觉中受到美术的教育。

2. 幼儿园精神的美术环境

由于精神环境的主要表现形态是人际关系,那么幼儿园精神的美术环境就是一种体现美、有利于幼儿健康人格发展的人际环境,主要包括平等的师生关系、自主的同伴关系、互助的家园关系等人际互动类型。有研究表明:在温暖、支持人际氛围中的幼儿,容易形成积极的个性特征、良好的交往技能和学习成绩;积极健康的精神环境是幼儿创造性、道德、自尊心、社会行为以及使用工具的能力等方面发展的关键变量①。

(1)师幼关系

师幼关系是幼儿园教育最重要的人际关系,也是幼儿园精神环境的重要组成部分。幼儿从家庭进入教育机构,每天与教师在一起的时间比他们与父母在一起的时间还要长。同时,由于教师对幼儿所具有的特殊影响力,幼儿与教师结成的人际关系会对幼儿身心各方面的发展产生重要影响。如果教师能以宽松、开放的心态接纳幼儿,观察、了解并及时满足幼儿的需求,形成平等并彼此尊重的交往关系,幼儿便会健康快乐地成长。

(2)自主的同伴关系

自主的同伴关系是幼儿成长的重要精神环境,幼儿园里同伴关系的形成很大程度上又是通过游戏等日常交往形成的。因此,幼儿园要积极为幼儿创设良好的交往机会,并努力培养幼儿的亲社会行为和基本的交往技巧。

(3)互助的家园关系

《幼儿园教育指导纲要(试行)》提出:“家长是幼儿园重要的合作伙伴。应本着尊重、平等的原则,吸引家长主动参与幼儿的教育工作,向家长介绍幼儿的保育教育工作,争取家长的理解、支持和参与。”因此,幼儿园良好的幼儿心理精神环境的建构需要家长的参与和支持,需要调动家长参与幼儿园教育的积极性,需要教师与家长的双向沟通交流。家园合作不只是教师单方面向家长反映、汇报幼儿的在园表现,也不只是家长简单地将幼儿的情况反馈给教师。家园合作中更重要的

① 夏宇虹:《幼儿与幼儿园环境对话》,中国轻工业出版社,2012年版,第12页。

是双方在理解幼儿已有的发展情况，达成在教育观念和教育方式上的共识，从而为幼儿构建一种互相协调、互相促进的心理氛围。这种深层次的沟通交流，便于教师全方位地深入了解幼儿，发现教育过程中的问题，及时反思自己的教育理念和实践工作。同时，家长可以根据教师的反馈适时地调整自己的育儿方式和对待幼儿的态度。调整自己对孩子的期望，更多地关注幼儿的心理感受。[①]

平等的师生关系、自主的同伴关系、互助的家园关系并非是截然分开的，它们在幼儿园环境中以整体形态出现，彼此影响，并相互支持，形成一种富有支持性的学习环境。

其实，在一个特定生态系统内，物质环境因素和精神环境因素常常是相互影响相互支持的。琼斯曾提出可以从五个维度来分析（物质）环境与人类行为之间的互动关系[②]，它们分别是：

冷硬—柔和：（物质）环境各因素引起的人的生理或心理的感应性。当环境的色彩属于明度高或暖色系时（如粉红、黄、橘等），人较易于放松心情或从事动态活动，人际关系倾向于柔和；反之，在冷色系、低明度（如灰色、青色）的环境中，人较易于安静或从事思考性的活动，人际关系倾向于冷漠。

开放—封闭：（物质）环境各因素对人的行为所做的限制程度。例如，一间桌椅排列全部面向一个方向的教室，会强烈暗示孩子去坐着认真听讲，但不鼓励互动学习、人际沟通交往；相反，如果教室桌椅排列呈圆形，每个人都可以看到集体中的其他人，这种排列方式会暗示孩子要相互沟通、互动学习。

单纯—复杂：一件器材、设备或一个环境所能吸引人的程度多寡。例如，一个水桶是很单纯的玩具，当配上铲子、沙漏、模具时，这些玩具就组成了一个复杂的学习环境。功能过于简单或复杂的环境因素，都相对地难以引起幼儿持久的学习兴趣和动机，也难以引发有效的人际互动行为。

介入/干预—退隐/忽略：（物理）环境所暗示“人与人”和“人与物”的互动量。宽广的空间设计会暗示人们可以在此敞开心扉，这里也随时欢迎更多的人加入活动，而半开放式的设计则透露着安静、不希望被打扰的信息。在幼儿园，定期适度改变、更换环境可以维持幼儿的学习好奇心，但过于频繁更换环境，则会易于引起幼儿焦躁不安的情绪。

高活动量—低活动量：（物理）环境中所能提供或暗示的大肌肉活动的程度。

各维度的环境因素本身都是没有好坏之分的，我们在设计幼儿园环境时只需按照不同的人、事、物因素的转换，将物理环境和精神环境有机结合，形成一个相

---

① 参见胡伊淇：《幼儿园良好心理环境的创设》，《教育导刊》，2009年第2期。

② 转引自戴文青著：《学习环境的规划与运用》，南京师范大学出版社，2005年版，第17～20页。

对平衡、有序和有益于幼儿生长、发展的系统就可以了。

上述幼儿园常见的三种美术活动途径在具体组织过程中，可演变成“一日生活”“室内外游戏活动”“集体教学活动”以及“与其他领域融合”四种实施形式。

第三节　幼儿园美术教育活动的设计与组织

幼儿园美术教育活动设计与组织的核心就是在幼儿园中创造与幼儿相适应的良好环境，为幼儿提供发现美、认识美、展现美及创造美的机会。因而，教师在组织幼儿园美术教育活动时，要根据幼儿园不同阶段的年龄特点，指定不同的、有针对性的美术教育活动计划，开展各种综合性的美术教育活动，利用各种环境和时机对幼儿进行美育。

一、幼儿园美术教育活动设计的总体思路

(一)确定活动目标

活动目标是教育总目标和年龄阶段目标的细化，因此表述应该具有可操作性，目标不要过大，条目大多为2～3条。活动目标的表述主要有教师主语和幼儿主语两种形式，《纲要》强调儿童的发展性目标，因此实践中教师较多采用幼儿主语。活动目标的语句表述上大多采用行为化目标，即具体可操作行为的陈述方式。一般句式包括“知道”“理解”“学会”等。目标的内容一般从情感态度价值观、过程与方法、基本知识与基本技能三方面出发表述。

(二)选择活动内容

1. 多选择儿童生活中熟悉的事物

对于幼儿园小班年龄段的孩子来说，对身边的事物开始逐步认识，在课程内容的选择上教师将动物和植物设定为美术活动中不可缺少的题材。“我国的学者哈永梅通过调查发现，3～4岁的幼儿画得最多的是人、太阳、节日的旗帜和气球；4～5岁幼儿画得最多的是人、太阳、植物(主要是花和草)、旗帜、气球、房屋、交通工具等；5～6岁的幼儿画得最多的是人、植物、动物、交通工具以及各种武器。”[①]幼儿园阶段的儿童普遍都喜欢在绘画中，以人、太阳、动物和植物为题材，教师应根据这一特点，紧扣着儿童的兴趣来对绘画的内容做出选择。美术活动内容选择过程中要注重幼儿的兴趣，活动主题要广泛。

① 孔起英：《学前儿童美术教育》，南京师范大学出版社，1998年版，第142页。

2. 选择儿童身边的人物

中班年龄段的孩子，社会性发展逐步显现，所以以人物为内容的活动逐渐出现在中班幼儿的美术活动中。同样是人物的主题，大班的活动中，教师在同样内容上可以选择一些偏向于社会认知的内容。

3. 选择美术三要素：色彩、线条与构图

对美术三要素——色彩、线条与构图的学习要贯穿在三个年龄段。

美术活动主要通过形式语言即绘画的线条、形状、色彩与构图去表达自我。根据年龄特点的不同，同样是美术要素内容的活动也会有所不同。如幼儿园小班阶段的孩子的绘画活动以线为主，对颜色属于感知阶段，可让孩子大量地接触颜料，去感知和认识色彩；活动设计中不要强调小班年龄段孩子用正规的水粉笔，也不强调孩子的构图，而是鼓励孩子通过使用不同的材料，如麦穗、弹簧球、印章、水果等去玩颜料，在大量泼洒、滴淌的颜料中感知颜色的融合与变化。而中班年龄段的幼儿美术活动中可以逐渐强调设计感。

4. 选择不同社会文化中的活动形式

各国文化也是幼儿园活动内容的一部分，各种节日、各民族的习俗、国外或国内的民间艺术等等，都是人类宝贵的社会财富，可以纳入到幼儿园美术教育活动的内容中来。社会文化是丰富多彩的，是非常宝贵的课程资源，教育的过程理应成为体验文化和传递文化的过程。

5. 选择艺术大师的作品

大师作品的欣赏与创作也可以成为幼儿园美术活动的重要内容之一，可以包括中外艺术大师的绘画、中外建筑艺术作品、民间艺术作品、雕塑等手工作品、生活中的艺术作品以及自然环境。在中外大师的作品中，教师要做出有针对性地选择，可以选择一些艺术风格与儿童接近甚至是模仿儿童的艺术大师的作品，比如毕加索、凡·高、克利、米罗等等，这些大师的画不需要太多的美术技能，艺术表现形式与审美倾向也偏向于儿童，让儿童更容易接受。

除此之外，幼儿园美术活动内容的选择也要兼顾多种艺术表现形式，要为幼儿留下想象与创造的空间。

(三)活动准备

美术活动前的准备程度如何会直接影响活动的结果和成效。活动准备包括设计活动方案、选择和布置活动场地、准备活动材料和了解幼儿的知识、经验、技能等。

(四)活动过程

活动过程一般包括活动导入、美术创作和结束三个环节。活动导入环节中，教师要创设情境，让幼儿在欣赏中激发活动动机，也可以提出问题让幼儿在欣赏中观察、思考，继而共同讨论；美术创作环节中，教师可引导幼儿按照自己的审美体验大胆进行美术创作和表现；结束环节，教师要给幼儿留有展示作品的机会，让幼儿通过比较自己与同伴的作品来判断和自我评价。

（五）活动延伸

好的教育活动不是止于特定的某一次活动，而是一个长期、持续的过程，特别是能力、习惯的培养，活动延伸不可缺少。活动延伸的方法可以是家园共育、领域渗透、环境创设、区角活动等。如教师在集体美术教育活动中组织幼儿学习用水粉画的形式表现树，如果幼儿在集体活动结束时表现出意犹未尽的感觉，可以将有关的活动材料和工具移至美术区角，便于幼儿在一日活动和游戏时间中继续完成其对树等植物的造型表现活动，帮助幼儿巩固相关活动的技能。

二、实施幼儿园美术教育活动的基本方法

幼儿园美术教育活动的方法，是指在美术教育活动中，为了达到活动目标，教师所采用的指导方式和幼儿在教师指导下的活动方式。教育方法的采用，应考虑幼儿的年龄特征、实际水平和美术学科本身的特点等。幼儿美术教育的方法多种多样，大致有以下几种：[①]

（一）观察分析法

观察分析法是指在教师的指导下，幼儿通过多种感官感知事物的造型、结构、色彩、运动模式等审美特征，用脑思考，进行比较的一种方法。其目的在于帮助幼儿积累内在图式，深化表象，使幼儿获得鲜明、深刻、完整的视觉形象，激起表现的愿望。

观察是美术活动的基础，没有观察就谈不上分析。分析是人的思维过程之一，是把头脑中的事物或现象分为各个属性、部分、方面，从而找到事物或现象的本质。观察时，幼儿可以运用各种感官感知，包括用眼看、用手摸、用鼻子闻及用动作模仿等。如绘画“调皮的小猴”，教师不仅可以组织幼儿去动物园参观，还可以在参观后引导幼儿用动作模仿猴子调皮的各种表情、姿态等，这样更能激起幼儿创作的欲望。又如泥工活动“刺猬”，教师除了引导幼儿观察事物的外形特征，还可请幼儿轻轻触摸刺猬的刺，加深感受，获得更深刻的印象。

（二）示范与范例法

示范指教师把美术活动过程中的难点、重点直接操作给幼儿看，利于幼儿在直接模仿的条件下，学习一些参加美术活动必需的关键的技术性的措施。示范包括整体示范和部分示范。整体示范指教师把表现物体形象的过程连续地完整地操作给幼儿看，一般在幼儿学习新的技能时用。部分示范指教师把美术活动中的

---

① 倪敏：《幼儿园课程与教育活动设计》，中国劳动社会保障出版社，2000年版，第246页。

某一部分操作给幼儿看。美术活动中工具材料的使用方法示范也属于部分示范。教师在示范时，应做到动作熟练、准确，让每一位幼儿都能看清楚。有时可根据具体情形而采取蹲下或走到幼儿的面前示范等方式。

范例是指教师提供给幼儿观察欣赏的直观教具，它可以是教师的范画，也可以是实物、图片、图书等。好的范例可以帮助幼儿了解、感受事物的审美属性，充实其视觉形象，丰富幼儿的创作内容；还可以扩大幼儿的视野，帮助幼儿体验多种艺术手法，提高其审美能力。范例的选择必须符合以下标准：

1. 形象准确，线条清晰，色彩鲜明，大小适当，能反映事物的基本特征。

2. 具有一定的艺术水平，富有美感，能唤起幼儿的情感和兴趣。

3. 符合幼儿的年龄特点，容易为幼儿所理解和接受。

（三）游戏练习法

游戏练习法是指通过游戏的形式，引导幼儿在愉快、积极的状态下学习美术技能，把视觉形象改变为视觉—运动形象，提高手眼协调能力，培养幼儿对美术活动的兴趣。

游戏练习法符合幼儿的年龄特点。游戏性的命题、游戏化的练习方式、对美术成果的游戏性处理以及美术活动中游戏性材料的使用等，都可以把美术和游戏结合起来。有时教师可以在美术活动中运用谜语的趣味性，增加游戏的成分，巩固绘画的技能。另外，印章画中牙刷、吸管、玻璃球、各种水果做成的印章，这些材料本身就能引起幼儿极大的兴趣，能激励幼儿参加美术活动的热情。

（四）情感熏陶法

情感熏陶法指教师为幼儿创设宽松愉快的心理环境和充满感情色彩的情境，让幼儿在身心最佳状态下，产生追求美、表现美的欲望和热情，积极主动地去观察，去想象，去创造。

幼儿的美术活动是在其美术动机的推动下产生和发展的。这种内在的美术动机，有赖于教师对幼儿情感因素的调动。首先，在美术活动中，教师要为幼儿创设一个宽松愉快的心理环境。教师自身应对美术活动充满兴趣，全身心地投入到活动中去，以生动的富有感染性的语言调动起幼儿对生活经验的回顾、体验。教师还应充分尊重幼儿的情感，信任幼儿的创作，不包办代替、指手画脚，建立起师生间真正的平等关系。这样，幼儿就会对美术活动感到亲切、有趣，能兴致勃勃地参加。

为了更好地调动幼儿主动投入到美术活动中的积极情感，教师可充分利用自然美好的环境进行引导，给予其美的陶冶。同时，创设充满情感色彩的审美环境，激发幼儿的兴趣，使之产生参加美术活动的内在愿望。教师可充分利用自然美好的环境进行引导，对室内外的环境布置、各活动区角的创设，应尽量做到和谐优美、造型生动、色彩鲜明，符合幼儿的审美情趣。在美术活动中，教师还可通过播放一些轻松、舒缓、抒情的乐曲，造成一种美的氛围，来配合幼儿的活动，激发幼儿的想象和创作的欲望。

(五)分层指导法

分层指导法是指教师依据幼儿的不同水平，对幼儿进行分层次的指导。其目的是促进每个幼儿的发展。

分层指导法可以从目标分层、材料投放分层、指导分层、评价分层等几个方面去实施。

1. 目标分层

教师在每一个活动之前，应从不同侧面、不同角度了解每个幼儿。在制订美术活动的目标时，考虑到对不同类型、不同水平的幼儿提出不同的要求。如对手眼能力协调好的幼儿，应要求他们能表现细节；而对小肌肉发展不完善的幼儿，只要求表现物体的基本结构特征。教师应注重幼儿自身的发展变化，挖掘每个幼儿发展的潜能，不断调整幼儿发展的目标。

2. 材料分层

有了目标分层，教师在为幼儿提供材料时，应考虑到依据幼儿不同能力水平提供材料。如折纸“大公鸡”活动中，对动手操作能力好的幼儿，可有意识地提供一张以上的纸以及彩色水笔等，让他们多折几个，并可添画涂色。

3. 指导分层

在幼儿美术活动中，幼儿描绘制作是一个重要的过程，教师需要巡回指导。在巡回指导时，教师可针对幼儿不同的作业情况，采用分层指导的方法。这种分层巡回指导的方法受分层目标的直接影响，仍然强调教师对每一个幼儿的了解。

4. 评价分层

这种评价，要求教师根据不同层次的目标、不同层次材料的使用，尤其是幼儿本身水平的不同层次来进行评价，注重幼儿个体自身的纵向发展。

以上几种方法，在整个美术教育过程中，应根据活动的需要灵活选择、综合运用，并在教育活动实践中不断总结经验，创造出新的行之有效的方法。因此，我们说“教要有法，教无定法，贵在得法”。

第三章　油画棒画教育活动与水粉画教育活动的组织

第一节　油画棒画教育活动的组织

一、油画棒画和油画棒画的基本技法

(一)油画棒和油画棒画的特点

油画棒是最适合儿童使用的绘画材料。油画棒又叫油彩粉笔,是儿童学画最常用的绘画工具,是将一种蜡和硬脂酸加入各种色彩后加热浇灌而成的绘画工具,具有涂色方便、色彩艳丽、覆盖能力强等特点,可通过反复涂抹来丰富色彩的变化。

油画棒画和水粉画一样,它使用的颜料也是用一种便于携带的类似于有色粉笔的颜色棒,只是油画棒的制作是用蜡而不是水去融合粉质颜料,因此用油画棒画出的画有光泽,颜色也较厚重,有一种油画的效果。由于它质地松软,易于涂色,还有效地锻炼了低年龄小朋友手部小股肌肉群的力量。

(二)油画棒画的基本技法

1. 点彩法

用油画棒的一端在纸上轻击以形成彩色圆点。

2. 混色法

在一块上色区域的边上,再涂上另外一种颜色,然后用手指或纸巾把颜色混在一起并涂平。

3. 预混色法

画在纸上之前,可在调色板上混合颜料。

4. 层涂法

上好底色,然后选择另外一种颜色,用油画棒的粗头把第二种颜色涂在底

色上。

另外一种方法能达到同样的效果：用酒精溶解油画棒，然后用画笔把混合色刷在底色上，这种技法能产生更透明的效果。

5. 分层法

用油画棒上色后，用手指或纸巾涂抹颜色。酒精和松节油也可用于产生分层效果。

油画棒技法运用：

1. 刮除法（用具：画刀、针、梳子、黏土工具）

通过刮去平涂的不同的油画棒色，可以产生一种简明而独特的效果。如果最后一层颜色是深色，效果更明显。试着用画刀、针、梳子等不同的工具刮出底色。涂的颜色越多，刮后显露的色彩越丰富。

2. 厚涂法（用具：调色板、画刀）

使用柔软的油画棒，可以产生类似油画的厚涂效果。

紧贴画纸反复擦拭油画棒，很快形成黏土状。用画刀或手指蘸上这种油彩作画。厚涂技法也可以通过另外一种方法完成，即把油画棒用力挤压在纸上，在表面涂上一层厚厚的颜色。

3. 模板作画法（用具：纸模、美工刀）

剪切一块纸板制作模板，放置模板在纸上，然后用油画棒在空白处填色，移开模板，会产生一个分明、厚实、不透明的图案。

相似但相反的效果可以通过以下方法得到，把从模板上切出的部分放在纸上，用油画棒沿边上色，可以画出一个中空的图案。

另外一种模板制图的技法是在纸模的边上上色，然后用手指沿边向内擦拭，可以产生淡淡的透明色彩。

不同的油画棒用量带来从厚、不透明到浅、透明色的多种效果。

4. 遮挡法（用具：不透明胶带、美工刀）

这种技法能产生有趣的图形和层次。把模面或制好的胶带置于纸上，然后用油画棒在胶带和纸面上上色，移去胶带，就产生轮廓清晰的线条。要画曲线，先用美工刀把胶带切成曲线状，依照上面的程序即可制作弯曲的线条和图案。

5. 铺盖表面法（用具：美工刀、粉彩棒、画笔）

把粉彩棒一类的硬蜡笔用在油画棒画面上，可以产生粗糙的表面效果。首先需用美工刀把粉彩棒刮成粉状，用指尖或画笔清涂粉彩棒粉，色粉轻轻地粘在油画棒画的色彩表面，产生粗糙的表面效果。使用荧光和珠光粉彩棒效果更好。

6. 油水分离法(用具:调色板、水彩、画笔)

在油画棒绘制的画面上刷上水彩,产生明显的油水分离效果。由于油画棒以蜡为基料,水彩“抗拒”与之混合,一种独特的油水分离效果达到了。

油画棒用途广泛,适合与其他画材一起使用。混合使用的作品效果和油画棒画区别很大。

二、儿童油画棒画动作的发展特征

儿童绘画动作的发展是组织绘画教育活动的基础。油画棒是儿童学画最常用的绘画工具,油画棒画也是年幼儿童最常见的绘画形式之一。但是关于儿童油画棒画动作的研究非常少,所以我们关于儿童油画棒画动作的发展特征的分析主要从儿童一般绘画动作发展特征的角度来进行。

儿童的绘画活动引起了人们的广泛兴趣,许多学者对儿童绘画的发展过程进行过研究。美国学者加登纳指出:“2 岁的孩子抓起一支粉笔在其遇到的任何东西的表面上起劲地涂抹着。3 岁的孩子则画出大量不同的几何形状,其中包括谜一般的曼陀罗形状——把一个十字形置于圆圈式方块之中。4~5 岁的孩子则在再现对象方面进行不停的创造与再创造,使这些画生机勃勃,表现力强,体现出对形式的牢牢控制和突出的美。我们可以毫不夸张地说,儿童绘画经历了他们自身的一个完整的生命循环。仿佛他们刚刚脱离了襁褓的幼儿自身,又开始创造起自己的后代一样——这是一个完全不同的世界,这个世界里存在着标记、形式、对象、场景及幼稚的艺术作品。谁也没有去教这些孩子们如何去干——但同样令人惊讶的是,每一个正常的按其自己的速度发展起来的幼儿似乎都要经历这样的过程。”[①]美国美术教育家凯洛格对一百万张儿童画进行了研究,归纳了儿童从绘画动作到有意义表征的发展过程。[②]

(一)涂鸦线

在 1 岁半左右,儿童开始用笔在纸上涂画,画的东西纯属涂鸦,在画面上只是一些杂乱的线条,这类线条被称为涂鸦线。画涂鸦线的时期被称作涂鸦期,它可能要持续到 3~4 岁。凯洛格把孩子的涂鸦线划分为基本的涂鸦线、样式配置、偶发的图形三种类型,每种类型又包含了若干基本子类型。

凯洛格把 2 岁或 2 岁以下的幼儿在无意识的状态下所画的涂鸦线称作基本的

---

① 转引自张奇编著:《儿童审美心理发展与教育》,北京师范大学出版社,2000 年版,第 195 页。

② 参见屠美如编著:《学前儿童美术教育》,西南师范大学出版社,2000 年版,第 99~109 页。

涂鸦线。在涂鸦的过程中，儿童逐渐地发展了控制涂鸦动作的能力。凯洛格将儿童在绘画时注意到的涂鸦线与纸面的配置关系称为样式配置。儿童2岁后，有能力使所画的形状与画纸保持配置关系，在3岁以前能以单线画出十字形、圆、三角形和其他不同的图形。在这两者之间，儿童有可能画出偶发的图形。

(二)图形

儿童绘画中的图形可以分为6种，其中5种是具有几何意义的图形，它们是矩形(含正方形)、椭圆形(含圆形)、三角形、十字形、斜十字形和不定形。

儿童所画的图形，从视觉特征而言，与样式配置或偶发的图形有许多相同之处，但从发展的角度看，这个时期的儿童在画线时除了更具有眼手协调能力外，也反映了儿童的记忆能力已达到了一定的水平。这就是说，在一般情况下，图形是儿童经过思考和计划而画出的，儿童常想起自己画过的图形，并自发、自愿地再现它们。

(三)图形的组合

在儿童画中，图形常常不是单独出现的，而是与其他涂鸦线或者与其他图形相伴出现的。凯洛格把两个图形结合在一起形成的图形称作结合体，把三个或者三个以上的图形结合而形成的图形称作集合体。在3～5岁儿童的绘画中，集合体占据相当大的分量。儿童绘画中常见的集合体对图形均衡性和规则性的追求是具有发展意义的。

在儿童的美术活动中，图形组合的原则和方式不仅在以纸和笔为媒介的绘画活动中存在，而且也在以其他材料为媒介的各类美术活动中存在。儿童用黏土做成的集合体与本质的集合体是相同的。

(四)曼陀罗与"太阳"

曼陀罗是一种结合体或者集合体，曼陀罗是儿童和成人共同喜爱的、具有良好视觉形象的、平衡而协调的图形组合。这类图形的组合，儿童会将它贮存在记忆中，并在以后美术表现活动中不断地加以反复运用。凯洛格认为，曼陀罗对儿童具有如此吸引力，其理由之一在于它完全均衡。曼陀罗是由抽象而达到某种绘画途径的重要环节，更是儿童美术与成人美术之间的一座不可或缺的桥梁。儿童所画的曼陀罗，以椭圆、矩形与正或斜十字形构成的结合体居多。其次是椭圆、矩形与正、斜两种十字形构成的集合体。此外，同心圆和同心正方形等结合体或集合体也是儿童画中常见的曼陀罗。

儿童最初画"太阳"，只是喜爱这种给人以良好视觉形象的图形，并不是真的在画天空中的太阳。在儿童美术发展过程中，凯洛格认为这是儿童画与成人画之间的又一座桥梁。在儿童美术发展的过程中，由成人命名的线条不能算是儿童画的，因为成人所命名的这些线条在以后儿童画“人物”时并不经常出现。这就是说，儿童之所以画这些线条，是由于儿童受到了自己本身以前描绘“太阳”的刺激所致。

(五)蝌蚪人

儿童美术教育工作者通过大量的调查，发现“人”是儿童美术作品中最为常见的题材之一。儿童早期画的“人”使人联想到蝌蚪，光光的脑袋上长着长长的尾巴，于是人们便称之为“蝌蚪人”。

在成人的眼里，蝌蚪人是不完全的，不是缺少身躯和腹部，就是缺少了上肢，或者缺少了身体的某些其他部位。根据凯洛格的解释，儿童画“人”不是根据现实生活，而是儿童从动作到表征发展美术符号系统，并表现自我的一个环节。

(六)人以外的其他初期图形

除了“人”以外，初期的儿童画还有“动物”“植物”“建筑物”“交通工具”等等。

一些儿童画，既可以称之为“动物”，也可以称之为“人”，因为儿童自发的、自己创造的美术符号系统中的“人”并不一定是真正意义上的人，“动物”也并不一定是真正意义上的“动物”。凯洛格认为，只有当儿童能将水平位置的图形中的“手”和“脚”的位置加以调整时，儿童才能将“动物”与“人”的图形作明确的区分。而对4～5岁的幼儿来说，已经能完成这一调整过程，能从成人的画中认识到动物的形状，并在自己的画中加以认同，使其所画的“人”与“动物”加以区分。

儿童初期所画的“植物”与没有手臂的“人”十分相似，因此可以推论，儿童所画的“植物”也是经由涂鸦线、图形、结合体、集合体、“太阳”“太阳人”这样一条途径发展而来的。在儿童初期所画的“花”“树木”等植物中，经常含有曼陀罗、“太阳”等样式的成分。随着儿童的发展，儿童慢慢地认同成人画中的植物样式，并使自己所画的植物与成人趋同。

儿童在其美术发展的过程中，所画的“建筑物”“交通工具”等图形往往不是儿童观察了这些实物之后照样子画出来的，而是从结合体和集合体等发展而来的。儿童画中表现出来的特有的原型的形在全世界具有共性。

里德在评述凯洛格的研究结果时指出，根据凯洛格的假设，所有儿童都是依靠象征化这种方式的发现，而有着同样的绘画发展历程，即从无固定、无意识的涂鸦开始，到能画几个基本图形，而后进步到把图形与一个或一个以上的图形组合，达到了人们能够认识的象征阶段，世界各国的儿童都要经历绘画的这个发展过程。

三、幼儿园油画棒画教育的年龄阶段发展目标

表 3-1　学前儿童油画棒画教育活动的年龄阶段目标

	小班	中班	大班
绘画（平面）	1. 认识油画棒、纸张等绘画工具和材料；认识红、黄、蓝、绿、棕、黑、白等颜色，并对物体的颜色感兴趣； 2. 掌握油画棒等工具的基本使用方法，能画出直线、曲线、折线； 3. 学习用线条和简单图形（圆形、正方形、长方形、三角形等）画出日常生活中经常接触的、熟悉的、有趣的、轮廓简单的人与物，例如皮球、太阳、小鸡、汽车、人脸等； 4. 能大胆地在画纸上自由表现。	1. 学习油画棒画等绘画活动的基本方法； 2. 认识颜色的深浅变化，能大胆地使用丰富的颜色绘画； 3. 学习用线条和图形表现不同物体的基本结构和主要特征； 4. 能在教师引导下围绕主题安排画面； 5. 喜欢用绘画语言表达自己的想法和感觉，并能大胆地按照意愿作画。	1. 学习综合使用多种工具和材料进行绘画创作； 2. 学习使用冷暖色调表达情感，增强配色意识，能运用对比色、相似色、同种色等多种配色方法； 3. 学习完成形体复杂的物体画、符合主题的情节画、具有民族特色的图案装饰画； 4. 能有目的地安排画面，并注意形式美； 5. 喜欢用自己独特的绘画语言表达想法和感觉，喜欢绘画活动，并积极投入到绘画创作活动中。
美术欣赏	1. 知道从油画棒画作品中可以享受到视觉艺术的美； 2. 喜欢观看、欣赏油画棒画作品； 3. 愿意参加油画棒画欣赏活动，体验欣赏过程中的快乐； 4. 初步体验油画棒画作品中具有不同“性格”的线条； 5. 学习欣赏同伴和教师的油画棒画作品； 6. 学习欣赏与自己生活经验相关的、具有鲜明色彩的油画棒画作品； 7. 初步学习运用动作、表情等方式表达自己欣赏后的感受。	1. 学习体验不同油画棒画作品中的线条、形状、色彩、质地的变化； 2. 感受油画棒画作品的色彩变化与主题的关系； 3. 初步感受油画棒画作品中形象的对称、均衡、节奏等美学特征； 4. 学习并欣赏油画棒画作品中的色彩的变化与统一美、构图的对称美和均衡美，理解作品的主题，能尝试用自己的语言、表情、肢体等表达自己的理解、感受； 5. 学习欣赏、评价同伴和教师的油画棒画作品； 6. 尝试给简单的油画棒画作品命名。	1. 主动参与欣赏活动，逐步形成从生活中发现美的能力； 2. 能够在油画棒画欣赏的过程中注意运用有关的概念、知识加强、深化自己的感知和理解； 3. 欣赏并感受油画棒画作品中的色彩的情感表达性和对称、均衡的和谐美；了解油画棒画作品的背景知识；能用各种方式表达自己对油画棒画作品的理解和想象； 4. 学习从不同形式和内容的角度评价同伴、教师的作品； 5. 命名和讨论美术油画棒画的基本内容； 6. 初步养成有注意、情感参与的安静观赏油画棒画作品的习惯； 7. 喜欢与他人分享观赏及谈论油画棒画活动的快乐。

四、组织幼儿园油画棒画教育活动的注意事项

(一)在游戏中培养儿童的绘画兴趣

游戏是儿童的基本活动,任何活动的游戏形式都容易调动儿童的积极情绪,引起他们的兴趣。因此,儿童的特点就是爱做游戏。苏联教育家马卡连柯说:“未来的活动家首先是在游戏中培养起来的。”[①]我们必须了解儿童好玩、好动的心理特点,让油画棒画活动与游戏相结合,通过娱乐或玩耍的方式让幼儿学习和操作。

如“走莲花”(见案例)这个集体教学活动中,幼儿在玩民间游戏“走莲花”的活动中学习使用在支架上围绕、添加等方法进行图案画的创作。教学气氛是轻松、有趣的,儿童通过游戏的体验过程,不知不觉地掌握了油画棒画的技巧。

案例一

走莲花(大班)

设计意图

“走莲花”是一种传统的民间绘画游戏,它是用在一种十字支架上绕圈的方法画出一朵莲花造型的游戏。本次活动是在原来的游戏的基础上,用各种各样的支架,绕出形态各异的“花”的造型,并在此基础上做进一步的图案创作。简单的活动适合幼儿的学习与创作,在玩中学,在学中玩。

活动目标

1. 学习使用在支架上围绕、添加等方法进行图案画的创作。
2. 在观察、讨论中学习,运用已有的绘画经验丰富自己的作品。
3. 愿意与同伴相互学习、借鉴、启发创作思路。

活动准备

1. 范例一:教学范例,见过程中图示;范例二:作品范例若干。
2. 视频展示仪。
3. 幼儿作业底纸:正方形纸,上面画有简单支架图;油画棒、勾线笔。

活动过程

1. 观察作业纸上的框架图,了解玩“走莲花”游戏的方法。

(1)观察范例一(图1到图2),教师运用视频展示仪进行示范玩“走莲花”游戏的方法。

---

① 戴高桃:《美术新课程课堂教学案例》,广东教育出版社,2003年版,第203页。

指导语：今天我们来玩一个民间游戏，叫作“走莲花”，怎么玩呢？请小朋友先看看老师是怎么玩的。“走、走、走莲花，一走走出大莲花！”（教师边念儿歌边示范用线条围绕支架用一根线条一圈一圈画到边上。）

如图（范例一）：

图 1　　　　图 2

（2）在图 2 的基础上，教师示范画图 3。

指导语：走出的莲花图案，还可以进行添画成漂亮的图案画呢。

除了刚才老师画的蝴蝶、小叶子，想想看，还可以用什么图形来装饰呢？（教师可以从植物、动物、线条等角度来启发幼儿的创作思路。）

2. 观察范例二，讨论并尝试用自己的经验进行图案画创作。

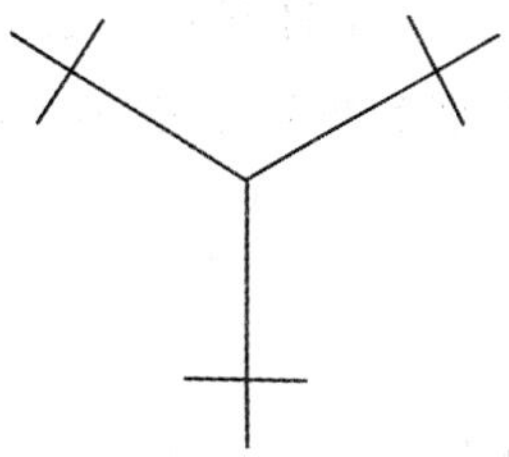

图 3

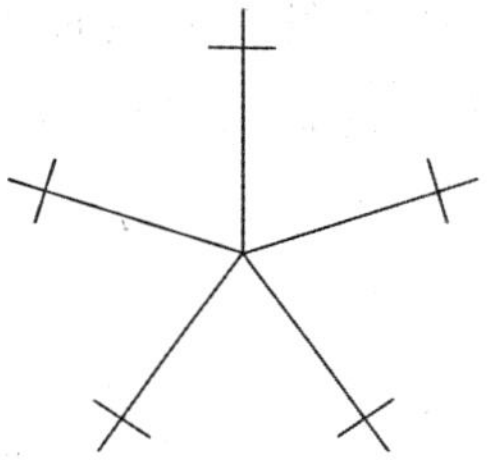

图 4

指导语：刚才看见的是四条线的支架，这里还有不同的支架，你们会在这些不同的支架上玩走莲花的游戏吗？请你们来试试看。（可请一人上来尝试，其余幼儿观察，在其中给出意见，教师与幼儿一同讨论关于绕圈时里圈和外圈的距离怎样才是合适的，如果想进一步装饰，该有怎样的空间等等。）

3. 幼儿自由进行创作，教师进行巡回指导。

作业指导：

（1）幼儿自由选择支架进行走莲花游戏，教师指导幼儿用均匀的长线进行游戏，可以一边念“走、走、走莲花，一走走出大莲花！”一边绘画，增加游戏情趣。

（2）为幼儿在画好的“花”上进行再次创作提供相应的帮助。如：用怎样的图形装饰；控制图案的大小；均匀地绘制图案等等。

4. 展示与欣赏评价。

指导语：今天我们一边玩一边画，画出了漂亮的图案，看看都有什么有趣的画。

从绘制的均匀、有创意的图案、颜色的使用等等方面引导幼儿欣赏与观察。

活动延伸

本次活动使用的是单线支架，还可以使用复式支架进行创作。通过支架的运用，幼儿更容易获得成功的体验，创作出更漂亮的图案画。

（案例提供：南京市游府西街幼儿园）

(二)提供多样化的绘画材料和方法

儿童认识的发展尚处于无意识阶段，参加美术活动往往受兴趣支配，只有儿童感兴趣的刺激，才能激起儿童参加活动的积极性和主动性。而让儿童尝试多样化的绘画材料和方法可引发儿童的好奇心，激发儿童兴趣，刺激儿童的操作欲望和创作灵感。反之，如果绘画活动中总是一支铅笔、一张白纸单调重复，就难以诱导儿童进行绘画活动的积极性和主动性。

为了使儿童在绘画活动中更好地表现和创造，教师应为儿童提供丰富多样的绘画材料和工具，开展多种形式的绘画活动。孩子可以将不同的绘画工具与材料结合起来使用，例如将油画棒与水粉合理组合、混合使用。

如在“金盏菊”这个集体教学活动中，教师鼓励幼儿混合使用油画棒与水粉进行金盏菊的写生活动，幼儿对两种不同种类的工具和材料进行合理组合和混合使用，产生了意想不到的效果，使幼儿在绘画中发现和创造了更多东西。

案例二

金盏菊(中班)

设计意图

写生画是一种创造性很强的绘画形式，它不是要求幼儿被动地按照教师的范画进行绘画，而是要求幼儿主动地去观察、发现，用自己的理解与感受大胆地表现自己对事物的认识与情感。

活动目标

1. 能将自己看到的金盏菊的样子画下来，初步了解写生画的工具。

2. 通过观察，引导幼儿按照从上至下或从下至上的顺序画，并能较合理地布置画面。

3. 用正确的姿势绘画，注意用眼卫生。

活动准备

1. 画板、画纸、水彩笔、蜡笔。

2. 金盏菊若干盆。

活动过程

1. 直接导入，引出活动内容。

(1)指导语：今天我们要画写生画，知道什么是写生吗？写生就是要将我们看见的这样东西画下来，它是什么样的就画什么样的。

(2)认识金盏菊。

指导语：这种花叫金盏菊，看看它是什么样的？

引导幼儿有顺序地观察。

2. 讨论绘画的步骤。

(1)指导语：我们怎样画金盏菊呢？先画什么？后画什么？

(2)小结：可以先画花再画花盆，也可以先画花盆再画花。

3. 幼儿写生活动，教师指导。

(1)幼儿观察本组的金盏菊。

(2)用水彩笔画出自己看到的金盏菊的轮廓。

重点指导幼儿按照观察的顺序绘画：从上到下或从下到上。

引导幼儿注意画面的布局和比例。除了一盆花以外，画面其他地方要留白。

(3)鼓励幼儿将花盆用线条进行分割。

涂色活动：花盆可以涂成五颜六色的，整幅绘画作品完成后，可以在这盆花的周围用黄色涂一圈边，这样能更加突出这盆花，且从远处看效果也会很好。

4. 评价、交流活动。

幼儿相互交流自己在绘画中的感受，欣赏同伴的作品。

（案例提供：南京市第一幼儿园）

(三)培养儿童观察能力，引导其发现美并欣赏美

观察是一种有目的、有计划、比较持久的知觉过程，是获得感性认识的重要途径。通过观察，儿童能感知事物的某些特征，能加深对事物的认知，能对各种事物进行比较。罗丹说过："对我们来说，自然界不是缺少美，而是缺少发现美的眼睛。"[①]组织幼儿油画棒画教育活动时，观察是其不可缺少的环节。

年幼儿童的绘画题材，往往来源于直接生活和间接生活，他们通常将自己所见、所闻、所感真实地通过绘画表现出来，反映着他们独特的体验和感受，也获得了成人所体验不到的生活情趣。因此，他们的绘画是儿童内心世界的反映，是儿童天性和个性的自然流露，是儿童自我表现的一种形式，更是一种创造性的活动。因此，在组织绘画教学过程中，教师要鼓励幼儿多观察，如春天带幼儿种花种草，秋天带幼儿采

① 杨建滨编：《美术学科教学概论》，湖北美术出版社，2002年版，第113页。

集落叶，观察大自然色彩的变化，以及通过图片、电视、录像进行观察。

由于幼儿自身的观察能力比较弱，观察的计划性、目的性等不够成熟，教师要根据幼儿的年龄特点和个性特点选择合适的观察内容，在指导绘画过程中引导幼儿正确地进行观察。这主要包括：指导儿童观察时，要引导儿童把握事物的主要特征；教儿童一些正确的、具体的观察方法；发挥语言的指导；调动各种感官参加观察活动；关注幼儿通过观察进行概括总结的能力。

（四）根据年龄差异进行不同的指导

年幼儿童形成一定的绘画造型能力有其自身的规律和特点。从乱涂鸦到有控制地涂鸦，从涂鸦到表象符号的形成，从象征性地描写尝试到固定模式的概念画，从图式描写到写实期，从无意识表现到有意识表现，从无目的构思到有简单情节的构思，最后，能构成较为完整的画面，能创造自己独特的绘画语言，充分展示自己的想象力和绘画技巧。这是一个复杂的连续发展的过程，是随着儿童的年龄不断增长，随着儿童手部肌肉运动的控制能力增强，随着对周围环境认识的提高，随着儿童思维创造能力的发展而发展的。①

因此，教师在组织绘画活动的过程中，要根据小中大班幼儿不同年龄阶段发展的特点和能力来进行指导，实施不同的方法。如果违反幼儿的年龄特点和心理特点，对其绘画指导要求过高或过低都不利于幼儿审美能力的发展。

如“花草地”这个集体教学活动中，教师就是针对小班幼儿绘画能力有限、绘画经验较少的特征，而采用情景化语言方式引导幼儿进行构图，利用教师的直接示范提供给幼儿学习的榜样，同时鼓励幼儿在色彩、线的长短上进行自主表现。

案例三

花草地（小班）

设计意图

小班初期幼儿处于涂鸦期，幼儿的知识经验以及绘画经验较少，幼儿的绘画表现能力有限，常常用语言代替动手。基于该时期幼儿的年龄特点以及绘画学习的特点，教师将本次活动的重点放在短线、团涂的技能学习和色彩的认知与运用上，通过情境性的语言帮助幼儿进行满构图的绘画，激发幼儿对绘画活动的积极兴趣。教师的直接示范是幼儿可以借助的学习手段，教师鼓励幼儿在色彩、线的长短上进行自主表现，是培养幼儿主动表现的途径之一。

---

① 参见杨晓柳：《抓住儿童绘画特点，发掘儿童绘画潜质》，江西师范大学2005年硕士毕业论文，第36页。

活动目标

1. 学习用短线和团涂方法绘画草地和小花。

2. 喜欢使用各种色彩画花，画满整个草地。

3. 将使用过的油画棒放回原来的位置，保持自己和作业的干净。

活动准备

1. 绘画作品范例若干。

2. 范例用纸、工具(幼儿作业的4倍大小)。

3. 幼儿作业纸、油画棒。

活动过程

1. 导入活动，引起幼儿兴趣。

(1)自由欣赏绘画作品中的花卉。

指导语：图画上画的是什么？

(2)教师引导幼儿关注绘画作品范例中花朵的表现。

指导语：图上的草是什么样子的？花是什么样子的？(小草一根一根向上长，有各种颜色的小花。)

2. 教师引导幼儿学习画小草、小花。

(1)教师引导幼儿在欣赏图片后尝试表现小草。

指导语：怎么用油画棒画出小草的样子呢？

春天到了，地上长出了尖尖的小草，小草这儿也有那儿也有，到处都是小草(示范将画面用短线画满)。

(2)教师引导幼儿在草地上绘画小花。

指导语：草地开花了！开什么颜色的花呢？(幼儿说颜色，教师用团涂的方法示范画花)转转转，转出小红花！(幼儿说一种色，教师用相应的颜色画花。)草地上开满各种颜色的小花！

3. 引导幼儿自由作画。

(1)引导幼儿观察自己的作业纸，进行自由画小草、小花的活动。

指导语：草地上开花了！请你们在草地上画许多许多小花吧！

(2)幼儿作画，教师进行巡回指导，用情境性语言帮助幼儿进行绘画。

指导语：什么颜色的小草长出来了？绿绿的小草这儿也有，那儿也有，到处都是绿绿的小草。

草地上开花了！什么颜色的花儿啊？转转转！转出小×花！草地上开出许多许多的小花！

4. 展示与欣赏评价。

(1)教师带领幼儿欣赏自己和同伴的作品。

(2)教师引导幼儿欣赏同伴作品中花的形状、颜色,以及大小的不同。

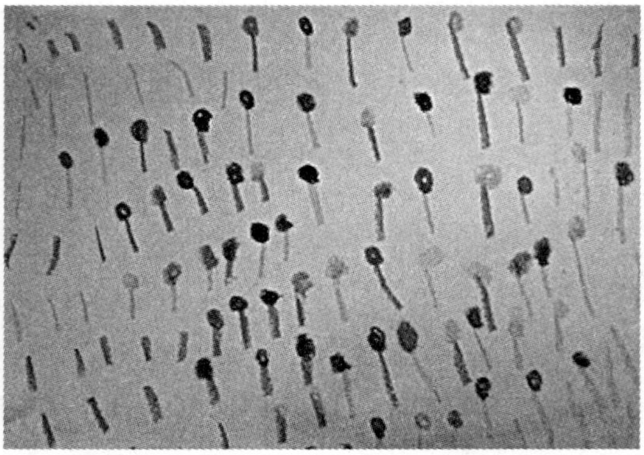

(案例提供:南京市游府西街幼儿园)

此外,教师在组织与指导油画棒画教育活动时也要注意油画棒的正确握笔姿势,以及与日常生活活动、游戏活动及其他领域教育活动的融合进行。

通过油画棒进行线条和色彩的训练,可以使幼儿的手部运动灵活,锻炼孩子手指和手腕的配合,引导幼儿尝试大胆、随意的绘画,培养幼儿正确的握笔方法和绘画姿势。幼儿在握笔的时候,拿油画棒不宜过高,因为这样会容易折断油画棒;使用油画棒时注意保留包装纸,因为手的温度会让油画棒变软,影响使用效果。油画棒涂色不易均匀,特别是面积较小的环面部分,也不容易一次涂色便能达到要求的色彩深浅程度,所以使用油画棒要多次涂色才能达到理想的效果。

五、幼儿园油画棒画优秀教育活动赏析与案例库

(一)幼儿园油画棒画优秀教育活动赏析

案例四

树林(中班)

设计意图

在幼儿学会画一棵大树以后,教师可以让幼儿进一步绘画树林。教师可以让幼儿先观察不同布局特点的树林图片,再用动作模仿做出前后遮挡关系,还可以在一张背景纸上反复摆放一组树林的图片并书空练习,从而解决布局、遮挡的活动重、难点。

活动目标

1. 初步尝试与同伴友好合作组画树林。
2. 通过观察、操作小图片,初步理解树与树之间前后遮挡的空间位置关系,尝

试画出有遮挡的树林。

3. 合作组画时，能大胆下笔，与同伴相互商量、相互学习。

活动准备

1. 经验准备：绘画大树的经验；观察前后遮挡关系的经验。

2. 材料准备：油画棒、桌布、4张长作业纸、画好树的操作小图片、磁性黑板。

活动过程

1. 回忆已有关于遮挡的经验。

指导语：树林里的树多不多？能数得清吗？能看得清吗？

树林里这么多树，每棵树的每一部分都能完整看到吗？

用我们的双手怎么做出前后遮挡？

2. 观察典型树林图片，验证遮挡经验。

指导语：是不是前面是完整的，后面是被挡住一部分的？

小朋友两两合作怎么做出遮挡？

3. 观察、操作小图片，进一步理解遮挡，并尝试遮挡的多种构图方法。

教师出示几张树的图片，让幼儿反复在背景纸上摆出有遮挡的树林。

指导语：这是两棵树，怎么摆出遮挡？三棵呢？五棵呢？

还可以怎么摆？

4. 集体书空练习遮挡的画法。

幼儿伸出食指，跟教师一起看着摆好的图片沿轮廓线边说边书空练习“跳过去继续画”的遮挡画法。

5. 猜测绘画步骤。

指导语：如果让你们合作画树林，你们准备先画哪里的树？前面还是后面？

6. 验证绘画步骤。

(1)提出合作组画的要求。

指导语：几人一组在大纸上画有前后遮挡的树林，注意被挡住的地方的画法。

(2)幼儿合作组画，教师巡回指导，看看有没有画出前后遮挡。

指导语：请你们把刚才说的方法试一试，看看行不行，待会儿告诉我。

7. 相互欣赏作品，交流探索中的发现。

指导语：你们刚才是怎么画的？先画哪里的树？怎么合作的？

想不想看看别人画的树林？哪些地方是你没有想到的？

活动建议

环节五可以机动处理：教师简单示范画有遮挡的树林，幼儿观察学习。

指导语：先在纸的下面画完整的树，再上去一点画被挡住的树。

当幼儿绘画能力较强或前后遮挡的空间概念已经形成时，教师可采用原来教案中的“先试后发现”的教法；如幼儿能力有限或空间理解尚不完善时，教师可采用“教师简单示范，幼儿观察学习”的教法。

活动延伸

1. 在区角活动中，教师可以让幼儿尝试使用水粉工具材料绘画水粉画《小树林》，或是灵活运用遮挡画法尝试绘画更多的自然物体，如：《花儿一片片》。

2. 教师可以引导幼儿尝试运用同类朋友色进行涂色练习，丰富涂色经验。还可用渐变色表现阳光照在树林上的阴影：选用两三种朋友色，由浅到深地涂，阳光照到的地方用最浅最亮的颜色，阴影处逐渐变深色。教师可以鼓励幼儿坚持用相同的涂色方法绘画作品。

范例：

活动：

幼儿作品：

（案例提供：南京市游府西街幼儿园）

赏析　这一活动内容是从幼儿日常生活中极易发现的现象中产生的，所以该活动选题适时，符合中班幼儿的年龄特征和情感需要。活动中，幼儿初步尝试与同伴友好合作组画树林，这样的活动目标明确具体。同时，活动过程中教师通过提问激发幼儿回忆已有的关于遮挡的经验，幼儿通过观察和操作，初步理解了树与树之间前后遮挡的空间位置关系，并在集体书空练习的基础上，与同伴相互商量合作组画、相互学习、大胆下笔。这充分体现了美术教育手段的多样化探究体验的特征。

案例五

脸谱（大班）

设计意图

了解中国的京剧脸谱特点，产生创作的愿望，创造出各种造型特点的脸谱，用夸张的颜色表现脸部特征，大胆地用色，发挥孩子的想象自主创作。

活动目标

1. 学会欣赏京剧脸谱的对称图案、鲜艳的色彩和夸张的脸谱造型。
2. 迁移已有经验，运用各种直线、曲线，在纸上进行脸谱装饰。
3. 绘画时能保持正确的坐姿，注意眼睛与纸的距离。

活动准备

各种京剧脸谱的图片、投影仪。

活动过程

1. 欣赏活动。

(1)欣赏各种脸谱。

看京剧录像，引起幼儿兴趣。

指导语：我们看到的是什么表演？演员的脸上有什么？

组织幼儿讨论，教师总结：这是京剧表演，演员脸上画的是脸谱，京剧是我国的国戏。

(2)引导幼儿欣赏各类石膏脸谱、脸谱的照片及图片。

指导语：现在请小朋友看一看教室里布置的各种脸谱是什么样子的？

幼儿分组观察，教师重点引导幼儿观察京剧脸谱的五官是什么样子的？对京剧脸谱有一个初步的感性认识。

(3)指导语：刚才我们欣赏了各种脸谱，你觉得这些脸谱美不美？美在哪里？

引导幼儿从颜色、造型等方面进行评价。

(4)指导语：今天我们试着画脸谱，好吗？

2. 幼儿创作。

(1)提出要求。

①脸的形状不一定是圆或椭圆，可提供些脸形的图给幼儿进行参考。

②脸要画大，可以用各种线条进行装饰，分割脸部。

③画画时身体要坐直，学会保护自己的眼睛。

(2)幼儿创作，教师指导。

重点指导：画面要大；脸谱要有变化，尽量与别人不一样；涂色时不留小白点。

3. 集体评析。

(1)指导语：你最喜欢哪一幅画？为什么？

(2)教师就画面布局、颜色进行评价形状各异的脸谱。

活动延伸

可以在盘子、各种器皿上进行脸谱的创作，让幼儿根据形状的不同进行脸部特征的绘画活动。

（案例提供：南京市第一幼儿园）

赏析　在该活动中，教师根据幼儿爱看视频的特点，运用了多媒体手段让幼儿欣赏京剧视频与图片，用视觉的冲击引起孩子的兴趣，紧紧抓住了孩子们的心。不仅让幼儿学会了欣赏京剧脸谱的对称图案、鲜艳的色彩和夸张的脸谱造型，也引导幼儿完全自主地投入到了绘画活动中。

同时，教师在组织该活动的过程中，既通过提问与讨论充分激励幼儿自主感受、自由表达，使幼儿能更好地表现他们自己的情感和思想，又在创作中通过适当的技能学习和技能指导帮助幼儿顺利完成了自己的构思。

(二)案例库

案例六

眼睛(中班)

活动目标

1. 了解眼睛的画法,继续学习由中间的一个小图案逐渐向四周扩散,使画面越画越大。

2. 引导幼儿用各种线条组合起来装饰背景。

3. 涂色时,学习选择一个色系,将颜色由中心向外扩展,由浅到深。

活动准备

范画、铅画纸、黑色水笔、油画棒。

活动过程

1. 猜谜引出主题。

指导语:我有一个谜语,请你猜猜是什么:两间小屋左右分,要到睡觉才关门,小屋能把万物收,难放一粒小灰尘。

2. 教师示范、讲解,并提出绘画要求。

(1)出示范画,幼儿观察。

这些画上都有一样东西,是什么?(眼睛、眼珠。)

还有哪里一样呢?(眼睛外面都画了花纹。背景用的是同一色系的颜色涂的。)

猜猜看,画的时候应该先画什么?

小结:这些画的中间都有一只大大的眼睛,眼睛里面有眼珠。每幅画的眼睛都不一样。背景用各种线条分割,用同一色系的颜色涂背景。

(2)教师示范讲解。

①先在纸的中间画一只大眼睛。

②然后围着眼睛画一种图形,你可以画三角形、花瓣形、椭圆形、方形、半圆形、波浪形或其他任何一种形状。

③将图形慢慢放大,每个图形之间的距离要一样大。

④背景运用弧线、直线和波浪线装饰。

⑤涂色:眼睛可随便选择一种颜色;眼睛周围的图形用另一种色系由浅入深,由中心向外涂;背景再另选一种色系装饰。

3. 幼儿绘画,教师进行指导。

(1)眼睛画在中心位置,并且要画稍大一些。

(2)眼睛外的图形,间距要宽一点,每个间距之间尽量一样宽。

(3)选择好一个色系后,将同一色系的油画棒全部拿出来,并按照由浅到深的顺序摆放。

4. 作品展示、评价。

指导语:你喜欢哪个眼睛,为什么?

(案例提供:南京市第一幼儿园)

案例七

期待(大班)

设计意图

风格是艺术形式美的表现形式,本次活动是在欣赏大师的作品中和幼儿共同探究"风格"问题。紧紧抓住画家作品的装饰风格——"涡旋"这一线索,在欣赏作品《期待》的同时,还通过他的其他作品观赏发现他的创作风格,以及在同伴的作品中发现他的一贯表现方式,在教学情境中帮助幼儿感受和理解"风格"——这一难以言传的美学形式。使幼儿对美的形式更加敏感,让幼儿感受到自己也是可以有风格的,并有意识地在活动中追求自己的表现"风格"。

活动目标

1. 欣赏古斯塔夫·克里姆特作品特有的装饰风格,感受作品中蜿蜒的藤蔓状线条的优美。

2. 在优美的音乐感染下,尝试绘画藤蔓状的涡旋,进一步感受作品的美,体验画家作画时的心情。

3. 在装饰自己的绘画作品时，有目的地尝试使用自己的“风格”丰富自己的作品。

活动准备

1. 教学 ppt：

第一部分：古斯塔夫·克里姆特的装饰壁画《期待》局部和整体图片资料。

第二部分：古斯塔夫·克里姆特作品《阿德勒·布洛赫一鲍尔的肖像》《满足》，亨利·马蒂斯《贵妇人》、凡·高《自画像》图片资料。

2. 背景音乐：肖邦的《马祖卡 F 小调(一)》。

3. 视频展示仪、示范用工具材料(可以用黑板粉笔代替)。

4. 油画棒、浅色纸；幼儿自备一张画有简单图形的作业纸。

活动过程

1. 引导幼儿欣赏藤蔓。

教师随乐现场作画——藤蔓作品(用视频展示仪或用黑板粉笔示范均可)。

指导语：老师画的是什么？它像什么？这样的画你喜欢吗，为什么？

2. 欣赏 ppt 第一部分古斯塔夫·克里姆特的装饰壁画《期待》。

(1)由局部到整体欣赏作品。

指导语：这幅画上有些什么？卷曲的图案会是画上的什么部分呢？

你喜欢这幅画吗？为什么？(意在感受风格，藤蔓的使用。)

这位画家喜欢用什么图案来装饰自己的作品？(抽象出风格——画家喜欢使用的表现方法。)

(2)小结：这幅画是奥地利的画家古斯塔夫·克里姆特的作品！他喜欢藤蔓图案，他觉得这样的图形非常优雅、自然、美丽，经常用它来装饰自己的画，表达自己对美丽的喜爱。

3. 欣赏 ppt 第二部分，在众多的画家作品中找出古斯塔夫·克里姆特的作品。

欣赏古斯塔夫作品《阿德勒·布洛赫一鲍尔的肖像》《满足》、亨利·马蒂斯《贵妇人》、凡·高《自画像》。

指导语：这四幅画中有两幅是古斯塔夫·克里姆特的作品，猜猜看是哪一幅。这一幅画为什么是他的，你是从什么地方看出来的？

小结：画家喜欢用什么图形来装饰自己的画？画家反复使用这种图形来装饰图画，这就成了他的绘画风格，这种风格让人们第一眼就能认出这幅画是他画的。

4. 在幼儿的作品中寻找他独特的表达方式。

指导语：猜猜这是哪个小朋友的画，你是怎样看出来的？

他喜欢用什么方法来打扮他的画？

5. 鼓励幼儿用自己喜欢的方式对自己的作品进行加工装饰。

指导语：平时你比较喜欢用哪种图形、线条装饰自己的画？

你试试用自己喜爱的图形来装饰自己的画。

幼儿运用自己喜爱的图案装饰自己的作品。

6. 展示与欣赏评价。

指导语：你喜欢哪幅画，他的画中用了什么样的图形让你觉得很好看？

《期待》	《满足》	《贵妇人》
	《自画像》	《阿德勒·布洛赫-鲍尔的肖像》

（案例提供：南京市游府西街幼儿园）

案例八

青花瓷(大班)

设计意图

说到中国味，人们就会想起京剧、国画、剪纸，当然还有青花瓷。众所周知，青花瓷以其突出的历史风格和独特的艺术特色被誉为中国的“国瓷”，是中国文化的象征。如何让幼儿园的孩子们了解、喜爱青花瓷呢？围绕这一问题，我们设计了大班这一欣赏活动——青花瓷。

活动目标

1. 通过欣赏图片和范画，感知青花瓷的主要装饰特征。
2. 知道青花瓷是我国传统民间艺术，尝试用多种方法装饰青花瓷。
3. 体验设计青花瓷盘(瓶)的乐趣。

活动准备

图片、事先布置好的展架、蓝色油性笔、一次性餐盘、涂成白色的饮料瓶。

活动过程

1. 初步感知青花瓷的色彩美。

(1)今天老师给小朋友带来了一些图片，请你来看看，图片上的瓷器有些什么特点。

(2)这些瓷器的颜色有什么特点?(只有蓝白两种颜色,就是人们常说的青花瓷。)

小结:青花瓷只有蓝白两色,很有特点。

2. 理解青花瓷的装饰特点,进一步感受它的构图美。

(1)我们继续来欣赏青花瓷吧。这次欣赏的时候请你仔细看,青花瓷的花纹和图案有哪些?

(2)你看到的青花瓷花纹和图案有哪些?

小结:青花瓷的花纹图案有的来自于大自然,如花瓣、枝条、叶子图案;也有的是人们创造和想象的,代表人们心中美好愿望的吉祥物,如山水风景、传说故事、花卉动物等等。

(3)观察青花瓷上花纹的排列,寻找规律。

指导语:这个花瓶的花纹是怎样排列的?(按照一个花纹图样有规则地排列。)

再来看看这个盘子,它的花纹和图案是怎样排列的呢?(把绘画和花纹相结合,中间是一幅大图,周围用了一些小花的图案有规则地装饰。)

3. 幼儿尝试装饰青花瓷盘(瓶)。

(1)今天我们就来做一名青花瓷设计师。老师为你们准备了盘子和瓶子,还有各种瓷器图样,你可以选择自己喜欢的图案进行装饰。

(2)幼儿选择盘子或瓶子用油性笔进行绘画装饰。

4. 欣赏活动。

(1)(将设计好的作品置于展示台上)谁来介绍一下你设计的青花瓷?你是用哪些图案来装饰的?

(2)观看 ppt,了解青花瓷图案在生活中的运用。

活动延伸

布置“青花瓷”的雅致环境,将活动材料放置其中,除油性笔外,再提供多种装饰材料,如:油泥、水粉颜料等,使幼儿通过多种材料的运用感受青花瓷的图案美。还可以在活动中加入对青花瓷发展的介绍,青花瓷拼图游戏等,使幼儿对青花瓷有更深入的了解。

(案例提供:南京市第一幼儿园)

案例九

瓜叶菊(大班)

设计意图

幼儿以前的植物绘画多以单头植物为主,一根茎一朵花。瓜叶菊的特点是在主茎上有很多分支,是多头的植物。菊花是幼儿曾经画过的植物,因此从单头过渡到多头植物,瓜叶菊最为合适。

活动目标

1. 欣赏瓜叶菊的图片,了解瓜叶菊的外形特征。

2. 通过观察、讨论的方法深入了解瓜叶菊茎的特征,并尝试用水粉进行表现。

3. 感受自己动手进行水粉画绘画的乐趣。

活动准备

1. 小号水粉笔,颜料若干颜色,水粉纸。

2. 瓜叶菊 ppt。

3. 瓜叶菊一盆。

4. 经验准备:了解瓜类植物的叶子特征。

活动过程

1. 欣赏实物、图片,了解瓜叶菊的主要外形特征。

(1)欣赏实物瓜叶菊,结合已有经验了解瓜叶菊名字的由来。

提出:

①这是一盆什么花? 它的叶子像什么? 花像什么呀?

②这是瓜叶菊。它的叶子像瓜类的叶子,花像野菊花,所以这种花叫作瓜叶菊。

(2)欣赏图片,重点观察花茎。

提出:

①图片上有什么?(花、叶子、花茎)

②花茎有什么特别?

③瓜叶菊中间有一根粗粗的茎,叫主茎。这根茎又分出了许多细茎,而细茎上又长出一些更细的茎。一根茎上有很多的花。

(3)教师与幼儿共同示范。

重点示范茎的画法。

2. 幼儿绘画,教师指导。

重点指导茎的画法。

3. 评价、交流活动。

幼儿相互交流自己在绘画中的感受,欣赏同伴的作品。

(案例提供:南京市第一幼儿园)

案例十

花瓶(大班)

设计意图

观察生活中的花瓶,感受花瓶各种形态上的美和颜色的美;欣赏后丰富自己的审美体验,并用自己的创作表现出来。因为孩子手部小肌肉群没有完全发育好,在运笔时不可能画出标准的形状,会有些曲线是无意中形成的,但会有很好的效果,花瓶的形态更有新颖之处。

活动目标

1. 通过收集各种花瓶的图片,观察其不同的造型,创造性地画出形态各异的花瓶。

2. 合理运用线条、块面的结合,装饰花瓶;尝试选择2～3种同色系的颜色均匀地为背景涂色。

3. 绘画时能保持正确的姿势,注意眼睛与纸的距离。

活动准备

收集各种花瓶的图片、铅画纸、记号笔、蜡笔。

活动过程

1. 前期活动。

(1)收集各种花瓶的图片。

(2)观察花瓶的不同造型和颜色。

2. 讨论活动。

(1)提问:这两天我们收集了许多关于花瓶的图片,花瓶都有些什么形状呢?

(2)提问:你还能想出其他形状的花瓶吗?你能试着将它画出来吗?

(3)请2～3名幼儿上来画出自己设计的花瓶。

(4)提问:主体——陶罐采用的是黑白效果,你认为背景可以怎么画?

(5)请2～3名幼儿示范背景的切割装饰。

3. 准备活动。

(1)今天请你们来当小设计师,每人设计一个和别人不一样的花瓶,好吗?

(2)提出要求:

每一个花瓶上都有着自己独特的花纹,请你试着用各种线条或黑白块面将花瓶装饰起来。

(3)出示范画,引导幼儿观察:这幅画的背景上用了哪些颜色?

你能说一说为什么选这几种颜色吗?

(4)讨论:什么是同色系的颜色?你能在蜡笔盒中找出一种同色系的颜色吗?

(5)幼儿试着找一找,并选出一种自己喜欢的背景色系。

4. 创作活动。

(1)提出要求:

用2～3种同色系的颜色为背景着色;涂色均匀,整洁。

(2)幼儿创作,教师巡回指导:

能力弱的幼儿:提醒他们将主体——陶罐画在纸的中间,尽量画大一些,帮助他们选择同色系的颜色涂背景;

能力强的幼儿:引导他们画出与别人不一样的花瓶;引导他们有创造性地切割背景。

(3)绘画时注意眼睛与纸要保持一定的距离。

5. 欣赏活动。

师幼共同欣赏作品,互相学习他人的优点。学习用欣赏的眼光看待、评价他人的作品。

(案例提供:南京市第一幼儿园)

第二节　幼儿园水粉画教育活动的组织

一、水粉画与水粉画的特点

(一)水粉画的概念

水粉画是使用水调和粉质颜料绘制而成的一种画。在国外,水粉画常被视为水彩画的一个分支种类,又被称为"不透明水彩画"或"树胶水彩画"。它的色彩可以在画面上产生艳丽、柔润、明亮、浑厚等艺术效果。水粉画的性质和技法,与油画和水彩画有着紧密的联系。它与水彩画一样都使用水溶性颜料,如用不透明的水粉颜料以较多的水分调配时,也会产生不同程度的水彩效果,但在水色的活动性与透明性方面,则无法与水彩画相比拟。水粉画是介于水彩画与油画之间的一个画种,它是通过吸取水彩画与油画的某些方法与技巧而发展形成自己的技法体系的。

在我国,由于社会经济和文化条件的原因,普及美术和实用美术发展很快,从而促进了水粉画的不断普及与提高,使它具有一套完整而系统的、与其他画种不同的技法,成为在绘画领域中具有群众基础而又受专业画家所钟爱的一个独立画种,进而显示出自己独特的美学价值和艺术风貌。

(二)水粉画的产生与发展

水粉画的起源很早,这可从使用水溶性颜料作画的中外古代石窟、墓窟、寺院壁画中得到佐证。如我国北魏时期的敦煌石窟壁画,西晋南北朝时期的新疆地区石窟中的佛教美术,六朝永乐宫壁画和历代工笔重彩画,以及古代院体画与民间绘画等等,都是使用水溶性粉质颜料绘制而成的。古罗马地下墓室中的壁画,也大多是使用胶或蛋清调和颜料粉绘制而成的胶粉画。意大利文艺复兴时期的美术大师们手下的壁画原作,在后来修补过程中经专家考证发现,有的也是使用胶粉颜料绘制的。这些古今中外早已出现的使用粉质水溶性颜料的绘画作品,都具有水粉画的基本艺术特点,这说明水粉画颜料的产生与使用的历史非常悠久。这类古代水粉画,虽然使用的颜料品种有限,作画的工具与方法也与现代水粉画有所不同,但对现代水粉画的提高与发展,不无研究与借鉴的意义。

现代水粉画实际上是英国 18 世纪水彩画发展中的一个分支,它的产生与发展与欧洲大陆水彩画的产生与发展有着密切的关系。根据目前掌握的美术资料,可以认定欧洲大陆最早运用水彩作画的是 15～16 世纪德国巨匠丢勒,他在学画时期就用水彩画风景和动物、植物。他使用的水彩色常掺入不透明的白粉色,或用白粉色画出明亮部分,而这就是水粉画的表现效果。丢勒时期的水彩画,只是处在水彩画的萌芽时期。作为绘画的品种与方法来说,水粉画到 18 世纪,英国水彩画发展时才逐渐完善,成为独立的画种出现在画坛上。

在水彩画艺术产生与发展的早期,水彩画的价值并没有被人们充分认识。人们以为水彩不具备油画那样高的美学价值和经济价值,习惯用欣赏油画的传统目光,来看待这种新画种,摆脱不了油画优越论的影响,而把水彩画看成是绘画末技,是低级的画种。为此,不少水彩画家借鉴油画的绘制技法,以提高水彩的表现力,争取提高水彩画的艺术价值和地位。在借鉴油画表现技巧的过程中,只有采取使用白粉色和不透明色,才能达到油画表现的充分、深入、具体、厚实的效果。这样,水彩画实际上已失去传统水彩画水色渗化流畅、透明的艺术特点,成为近似油画效果的水粉画。到 18 世纪后半叶,它已成为水彩画家族的一个分支。

水粉画在制作过程中,开始以透明水彩作为第一次底色,然后利用不透明色画出景物深入具体的立体空间效果,使其具有很强的真实感。这样完成的作品已失去传统的水彩画所具有的流畅、透明的艺术特色,形成一种现代概念的水粉画。

我国的现代水粉画,是新中国成立以后才发展形成的一个画种。过去它只用于宣传与广告(故市面上出售的水粉颜料,通常称为广告色)。水粉画的功能有欣赏与实用两个方面,表现方法有写实和装饰两个系统。更值得重视的是,在水粉绘制的装饰性绘画中,已融进了民族传统绘画和民间绘画的某些手法与形式因素,使画风显示出引人注目的新颖别致的东方风格。这就开启了水粉画在装饰绘画中的新前程，为水粉画开拓了广阔的新领域。

（三）水粉画的特点

水粉画具有鲜明、艳丽、柔润和浑厚的特点。一个画种的特点，与它独特的工具材料是密切相关的。水粉画是用粉质颜料和水一起调合作画的，其性能、特点主要也就是由这二者决定的。粉质颜料细腻润泽，鲜明艳丽，加上水的作用，使它的色泽和水彩画、油画颜色都不相同，具有鲜明、柔润的特色。同时由于水粉画颜色是不透明的，覆盖力较强，加之作画时常常调用白粉（色），使得水粉画有些像油画一样层层覆盖、厚涂完成。而水粉画作画时又调用清水，使它又可以近乎水彩画，采用薄画、湿画的方法，使画面有半透明和潇洒、流畅的效果。所以，从画面效果和作画方式来看，可以说水粉画具有鲜明、艳丽、柔润和浑厚的特点。这是水粉画的特点之一。

水粉画的特点之二，是表现力强、表现形式多样。由于水粉画颜色含粉量大、质地细腻，因此它可以平涂（显得十分平整光洁），又可以运用不同笔触，厚薄相间、干湿结合地塑造形象。水粉画既可以大面积地用粗大豪放的笔触进行绘制，又可以作小幅极精细的刻画。大者如巨幅壁画、广告、布景等，小者如工艺图案、商标、邮票设计等。再如写生时，它能够达到相当充分的描绘对象的形体结构、色彩关系、空间感和质量感，给人以相当逼真的感觉。而用来进行创作和设计时，它又可以采用平涂、勾线、喷淋等等装饰手法和处理，达到精美、奇丽的装饰效果。水粉画的表现形式手法是极其多种多样的。

水粉画的第三个特点是它的工具材料简便经济，易为群众掌握，比较普及，是一个群众性很强、应用非常广泛的画种。现在水粉画被广泛用来绘制宣传画、年画、壁画、布景、广告、各种装潢和图案设计、单幅创作（或组画、连环画）等等。

二、水粉画教育活动的意义

幼儿喜欢水粉画，因为水粉画相对于油画棒画而言，色彩更加浓烈，表现力更强；相对于国画来说，色彩更加丰富，技能上的要求会低一点，而且水粉画有如魔术般变化无穷，能激发起幼儿浓厚的绘画兴趣，促进幼儿的造型、构思、构图能力，以及观察力、想象力、创造力。

水粉画教学是以水粉作为主要绘画工具，进行表现美、表达自我情感的一种美术教学。幼儿通过水粉画的学习不仅可以提高其绘画的兴趣和愿望，体验自由表达和创造的快乐，也有利于其掌握初步的色彩知识和表现技法，提高感受美、表现美的能力，丰富审美经验，而且也可以激发其积极良好充满自由感的心态，为发展他们的观察力、想象力、创造力提供广阔的空间。

三、幼儿园水粉画教育的年龄阶段发展目标

表 3-2 学前儿童水粉画教育活动的年龄阶段目标

	小班	中班	大班
绘画（平面）	1. 认识水粉、纸张等绘画工具和材料；能说出颜色名称，并对物体的颜色感兴趣； 2. 掌握水粉画工具的基本使用方法，能辨别和感受直线、曲线、折线等线条变化； 3. 学习用线条和简单图形（圆形、正方形、长方形、三角形等）画出日常生活中经常接触的、熟悉的、有趣的、轮廓简单的人与物，例如皮球、太阳、小鸡、汽车、人脸等； 4. 能大胆地在画纸上自由表现。	1. 学习水粉画活动的基本方法； 2. 认识颜色的深浅变化，能大胆地使用丰富的颜色绘画； 3. 学习用线条和图形表现不同物体的基本结构和主要特征； 4. 能初步安排画面中物体的左右、上下空间关系； 5. 能较为连贯地讲述自己的绘画作品，敢于表达；他人讲述或表达时能够认真倾听。	1. 能创造性地运用不同技法表现自己的思想和感受； 2. 学习使用冷暖色调表达情感，注意色彩的整体感和内容之间的关系； 3. 学习完成形体复杂的物体画、情节画、具有民族特色的图案装饰画； 4. 能有目的地安排画面，并注意形式美； 5. 能连贯、完整地讲述自己的绘画作品，敢于表达；他人讲述或表达时能够认真倾听，学会向他人学习并尝试反思与自我调整。
美术欣赏	1. 从水粉画艺术作品中可以享受到视觉艺术的美； 2. 喜欢观看、欣赏水粉画作品； 3. 愿意参加水粉画欣赏活动，并养成集中注意力欣赏的习惯； 4. 初步体验水粉画作品中具有不同“性格”的线条； 5. 学习欣赏同伴和教师的作品； 6. 学习欣赏与自己生活经验相关的、具有鲜明色彩和简单造型的水粉画作品； 7. 初步学习运用动作、表情等方式表达自己欣赏后的感受。	1. 学习体验不同水粉画作品中的线条、形状、色彩的变化； 2. 感受水粉画作品的色彩变化与主题的关系； 3. 初步感受水粉画作品中形象的对称、均衡、节奏等美学特征； 4. 学习欣赏与自己生活经验相关的水粉画作品； 5. 学习并欣赏水粉画作品中的色彩的变化与统一美、构图的对称美和均衡美，理解水粉画的主题，能尝试用自己的语言、表情、肢体等表达自己的理解、感受； 6. 学习欣赏、评价同伴和教师的水粉画作品； 7. 尝试给简单的水粉画作品命名。	1. 逐步形成从生活环境中发现美的能力； 2. 能够在水粉画欣赏的过程中注意运用有关的概念、知识加强、深化自己的感知和理解，知道从不同作品中能获得各种经验； 3. 欣赏并感受作品中的色彩的情感表达性和对称、均衡的和谐美；能用各种方式表达自己对油画棒作品的理解和想象； 4. 学习从不同形式和内容的角度评价同伴、教师的作品； 5. 命名和讨论水粉画作品的基本内容； 6. 初步养成有注意、情感参与的安静观赏作品的习惯； 7. 喜欢与他人分享观赏及谈论水粉画活动的快乐。

四、组织幼儿园水粉画教育活动的注意事项①

(一)关注良好水粉画活动常规的建立

常规就是需要经常遵守的规则和规定。常规的建立对水粉画教育活动的顺利、有效开展有着非常重要的意义，例如促进幼儿对水粉画材料的认识，增进幼儿对水粉画技能的掌握，增强幼儿与同伴之间的协调能力等等。因而在实施水粉画的活动时，教师需要逐步引导幼儿建立起相应的水粉画活动常规。其中，主要包括取水、倒水、用水的常规和材料摆放及使用的常规。

水粉画教育活动的开展离不开水。对于刚开始学水粉画的小班孩子来说，动作控制能力尚待发展，所以取水、倒水活动可以由老师和保育员来完成。但是，随着孩子年龄的增长和动作控制能力的发展，可以请部分幼儿来完成取水、倒水的活动，最后可以形成按顺序轮流完成取水、倒水活动的规则。

取好的水和绘画过程中用到的调色盘等绘画工具材料应该放在什么位置，这也是值得我们仔细考虑的。对此，教师可以组织幼儿观察并尝试不同的摆放方式，寻找大家共同认可的方便、安全、卫生的方式，以避免活动过程中桌子上滴水、水桶打翻等各种问题。

教师还可以用拟人化的手法引导幼儿管理作画工具。孩子的年龄小，自控能力和识别能力比较弱，作画用的工具很难保管好，经常是撒得一桌子都是，作画的时候颜料也经常弄错了。为了解决这个现象，我们可以让孩子每个人给自己的颜料盒上贴个自己喜欢的人物或动物的标签，并取一个好听的名字，比如“丁丁家”“贝贝家”等，再给每支颜料贴上孩子熟悉的标记，并取个相应的名字，比如：红颜料上就贴个松鼠标记，取名“红红”，绿颜料上就贴个青蛙的标记，取名“小绿”，所有的颜料都是这个家里的孩子，不能少掉一个。当孩子“乱丢”颜料的时候，老师可以提醒他：“丁丁家有一个宝宝找不到家了，他一定很伤心，你快帮帮他吧！”如此，孩子不仅能很快地按要求拿出颜色，还养成了不乱放工具的好习惯。

活动组织过程中，合理进行换色洗笔可以避免水粉画活动中常会出现的“乱涂乱画”现象，因为幼儿在画画时没有及时进行换色，而换色的基础就是洗笔，洗笔之后蘸的颜色自然是干净的颜色。因此，在幼儿开始学习水粉画活动时，教师可以引导幼儿形成“用好一种颜色之后马上洗笔，然后再蘸另一种颜色继续画画”的习惯。同时，为了避免幼儿因洗笔(玩)而忘画画的现象，教师可以采用“配音儿

---

① 参见马文娟：在大班开展水粉画活动的有效方法，《幼教天地》，2011年第5期。
王平：关于幼儿学习水粉画的三个问题，《早期教育》(美术版)，2011年第11期。
汤毛琴：幼儿水粉画教学初探，《江苏教育研究》，2010年第32期。

歌”的方式，让幼儿边洗笔边念儿歌：“小朋友，洗毛笔，千万记得上下洗，上下洗，真有趣，毛笔变得真干净！”念完儿歌笔就洗完了，儿歌的长度也帮助幼儿掌握了洗笔的时间。这些常规的建立会使水粉画活动开展越来越顺利。

（二）丰富绘画形式，采用多样性的教学方法

求异、好奇是儿童的重要心理特点，一成不变的绘画形式和教学手段，只会使儿童感觉索然无味。儿童在绘画活动中表现创造的热情在很大程度上取决于某种动力，这种动力既来自于儿童固有的自我表现欲望，也来自教师的鼓励、支持和新颖有趣的教学方法。因此，教师要巧妙地抓住儿童容易被新鲜事物吸引的特点，依据其兴趣，采用多样化的绘画形式和教学方法，进行有计划、有成效的挖掘和培养。

如在“鸡冠花”活动中，教师在指导幼儿创作鸡冠花时，一改往日在教室内的教育组织方式，而是带孩子来到户外进行观察、欣赏鸡冠花，交流鸡冠花造型和多种色彩，由于活动形式的变化，孩子的参与兴致都很高，掌握了画鸡冠花的方法。随后，把孩子的作品展示在鸡冠花之中，把两者结合在一起欣赏，幼儿感受到了每一个人画相同的花都是不一样的，学会了仔细欣赏不同的美。正是由于教师选择合适而又灵活多变的教学方式，极大地调动了幼儿活动的兴趣，激发了其活泼自由的思维，唤起了他们真挚而丰富的情感，真正实现了审美教育的价值。

案例十一

鸡冠花（大班）

设计意图

鸡冠花是在秋天里常见的花，它的外形特点明显，色彩鲜艳，易于种植和管理，是幼儿园中常见的花卉之一，常常也是孩子们作为科学活动中进行观察的对象。鸡冠花的外形上呈三角形，花有自然的同色系过渡，在花的上面是很多的皱折，而花的表面看上去是毛茸茸的，表现出鸡冠花的特点可以运用点的方法表现，用笔点取两种颜色，在画的过程中自然表现出花色彩的变化。对于以上这些方法大班孩子是有经验的，教师可提取孩子已有经验表现鸡冠花。

活动目标

1. 从实物观察、图片欣赏中，交流鸡冠花特别的造型和色彩，尝试用线与点表现出鸡冠花的造型。

2. 通过对美术作品的观察和欣赏，讨论、学习画鸡冠花的方法。

3. 自己使用的材料和工具能有序地整理好。

活动准备

1. 画好底色的纸。

2. 老师的作品两张和画家的作品、画鸡冠花的流程图。

3. 颜料：红、黄、桃红、深绿、棕、白。

4. 工具：5号笔、抹布、调色板。

5. 颜色多样的鸡冠花若干盆。

6. 户外绘画的桌子。

活动过程

1. 到户外观察、欣赏鸡冠花，交流鸡冠花造型和多种色彩。

(1)认识鸡冠花。

指导语：这是什么花？人们为什么会给它取这个名字？

你喜欢什么颜色的鸡冠花？你认为哪一朵鸡冠花样子更特别？

(2)观察鸡冠花的造型。

指导语：它长得什么样子？它像什么？上缘像什么？数一数有几层花边？下缘是什么形状？上面大下面小，可以说是一个倒三角形。

看看花的颜色，上面的颜色和下面的颜色比一比，哪个更鲜艳，哪个颜色深一点？鸡冠花的叶子是什么样的？叶子有哪些颜色？

(3)小结：鸡冠花常见的颜色有玫瑰红、大红、黄色、深红色，长得像扇子一样，上面大大的，下面小小的，上面有好几层像花边一样，颜色鲜艳，下面是一个倒三角形，颜色有点深。叶子细细长长的，有的淡绿，有的绿色深点，有的叶子前面还有点黄。

2. 观察多棵鸡冠花的排列方法。

(1)许多鸡冠花在一起，它们是怎样排队的？

(2)小结：有的高、有的低。它们排队像什么线？

3. 讨论学习画鸡冠花的方法。

(1)欣赏老师的作品，讨论鸡冠花的绘画步骤。

指导语：鸡冠花可以先从哪里画？先画花的上缘好画，还是先画下缘好画？看看绘画的步骤图，观察先画了鸡冠花的上面还是下面，是怎样画的？

(2)学习绘画的方法。

指导语：鸡冠花的上面用什么方法画，用什么颜色？

请孩子小结绘画的方法——先画花下面的倒三角，再画花的上缘，画好所有的花后，再画花的茎和叶子。

(3)教师做出重点的示范和提示：先画倒三角，三角形下面可以长一点，笔上的颜色可以不擦，再点上白色，用两种颜色密密地点在一起，要在倒三角形上点一些，否则上面的冠就会掉下来。

(4)欣赏作品，感受画家的表现方式。

指导语：看一看画家画的鸡冠花，会给你带来什么帮助呢？

4. 绘画鸡冠花，老师指导。

(1)找一个自己认为好看的位置，根据自己的意愿选择作画。

(2)绘画中老师重点指导：花的绘画顺序、用色的方法、花的排列方式。

在画之前，可以用手找一找你画的花怎样才能长得高高矮矮的。

5. 把孩子的作品展示在鸡冠花之中，把两者结合在一起欣赏。

指导语：你喜欢哪一幅作品，为什么？你认为哪一朵花最特别？

我们可以站在远处看，花排队像大海的波浪一样，有高有低，我们可以用一个词来形容——错落有致。每一个人画相同的花，都会不一样，都有不同的地方，仔细地欣赏它，都有不同的美。

（案例提供：南京市第一幼儿园）

另外，由于幼儿的注意是以无意注意为主导的，因而那些对新异的、形象鲜明生动而又富于多变的刺激物，容易引起他们的注意。因此，教师要多用生动活泼的教学方式，如电影、电视、参观、访问、表演、看幻灯、看录像、多媒体等，制作形象鲜明的教具、小木偶、小面具等，甚至用故事、游戏、音乐等方式创设情景，这样的教学方式要比单纯用语言指导进行效果要好得多。

如在“小蝌蚪找妈妈”这个活动中，教师采用故事的方式创设情景，以幼儿熟悉故事“小蝌蚪找妈妈”情节为基础，指导幼儿学习绘画连环画，用水粉脱色的方法表现故事场景。这种方式激发了幼儿参与活动的兴趣，很快融入到了活动主题中。幼儿的绘画兴趣和创作愿望在这种生动活泼的教学方法下被激发，他们不是被要求画画，而是迫不及待地想画，因而在他们的笔下画面多姿多彩，想象力丰富，非常有创意。

案例十二

小蝌蚪找妈妈(大班)

设计意图

“小蝌蚪找妈妈”是幼儿特别熟悉的故事，场景人物简单，适合采用连环画的形式进行表现。本次活动引导幼儿针对连环画进行了详细的思考，回顾幼儿看连环画的经验，并将这经验进行适当的总结、提升，创作出自己的连环画作品。水粉画仅作为表现场景的部分进行运用。

活动目标

1. 理解连环画的表现形式，学习绘画连环画，用水粉脱色的方法表现故事场景。

2. 尝试用简单的场景串联故事内容，展现故事中主要角色的外形特征和主要情节。

3. 选择自己喜欢的连环画形式，并积极思考完成自己的作品。

活动准备

1. 幼儿熟悉故事“小蝌蚪找妈妈”的情节，会画其中的主要角色。

2. 各种不同风格的连环画图书，为幼儿提供借鉴。

3. 根据幼儿绘画的需要，准备各种规格的纸张从小 32 开到大 4 开。

4. 会使用水粉画工具材料。水粉颜料：绿色、蓝色；水粉笔；油画棒。

活动过程

1. 出示各种不同风格的连环画图书，提出连环画概念。

(1)请幼儿看书，了解连环画的形式。

指导语：看看这是什么书，里面画了什么？

用什么样的方法讲述了故事？

(2)小结：用绘画的方式讲述故事。用几幅画把需要的情节串联起来，讲述故事的内容。

①在一张图上用几个场景表现故事内容。(用框线、折页表现一个一个的情节，用数字表示故事的发展顺序等等。)

②用几页纸，每页纸上画一幅场景故事。

2. 引导幼儿回忆故事中的主要角色以及故事的场景，对自己的作业进行构思。

指导语：今天我们来画“小蝌蚪找妈妈”的故事，想想看故事里有哪些小动物。(小蝌蚪、鸭、鱼、龟、鹅和青蛙——对角色的回顾和认知)

小蝌蚪和它们说话的时候，会是什么样子的？(围着它讲话)

故事发生在什么地方？池塘里有些什么？(对场景的联想)

3. 幼儿选择自己需要的材料进行创作，教师巡回指导。

作业指导：

(1)幼儿选择自己喜欢的连环画形式以及相应的纸张。

(2)帮助有困难的幼儿组织画面(构图指导)。

(3)提示幼儿在用水粉画出主体内容之后，用水粉脱色的方法绘画简单场景。

(4)教师观察幼儿是否明确自己需要表现的主题；提醒幼儿突出表现主要角色，鼓励幼儿大胆添画，表现动物形象，大胆设计画面。

4. 展示与欣赏评价。

(1)鼓励幼儿与邻座的小朋友互相欣赏和讲述表现故事的方法。

(2)教师对有创意的表现提方法，特别提出，引导幼儿观察欣赏。

（案例提供：南京市游府西街幼儿园）

(三)建立和谐的师生关系，营造自由、轻松和生动活泼的学习氛围

教学是教与学相互作用的过程，是师生双边的共同活动。良好的师生关系有利于幼儿活动兴趣的提高，教师应与幼儿建立良好的师幼关系，营造一个自由、轻松和生动活泼的学习氛围。

良好的学习环境是实现主体性教学和培养创新精神的基本前提。在指导幼儿开展绘画的活动过程中，教师要创设一个轻松、愉悦的学习氛围，支持幼儿发表不同的意见，鼓励他们无拘无束地表现自己的内心情感。美术教育活动不仅仅是传授知识、教授技能，更是塑造良好人格与个性、解放创造性的过程。

如在“竹林”室外游戏活动过程中，教师用朋友般的态度友善地配合孩子，尊重儿童不同寻常的提问和想法，并肯定其想法的价值，尽力去理解和接受儿童的想法，重视每个儿童的个性表现及艺术创造。同时，将自身的知识和情感融入教学中，这样就会产生群情激动、跃跃欲试的热烈气氛。幼儿的创造欲望和行为被激活，他们都愿意跟着老师在绘画活动的过程中获得快乐。

案例十三

竹林(大班)

设计意图

冬天,万物凋零,但竹子却还是那么青绿。幼儿在散步时,对幼儿园里的竹子产生了极大的兴趣。他们用充满好奇的眼睛去观望细细的竹叶,用小手去触摸长成一节一节的光滑的竹竿。因此,我便设计了这一活动,让幼儿在认识竹子的基础上,通过欣赏、交流等进一步去感受一片竹林的青翠与美,从而激发他们表现美、创造美的情趣。

活动目标

1. 通过观察、交流、比较和欣赏,进一步了解竹子的特点,感受一片竹林青翠、挺拔的美。

2. 尝试运用多种笔法(平涂、侧涂、提笔)表现一片竹林。

3. 能对画面布局进行思考,提高做事的计划性。

活动准备

1. 经验准备:认识竹子,有画单棵竹子的经验。

2. 竹林 ppt、背景音乐、有背景的作业纸、水粉笔、颜料。

活动过程

1. 欣赏、讨论竹林。

(1)提炼幼儿已有经验。

指导语:上周我们一起看了竹子,那竹子是什么样的?(请 1～2 名幼儿回答)

(2)初步感知竹林的美。

指导语:有很多竹子的地方,我们叫它什么呢?(竹林)

今天,我们一起去看一看,竹林又是什么样的呢?(播放 ppt)

我听见你们刚刚在说“哇”,是觉得这些竹林怎么样?美不美?美在哪儿呢?

请 2 名幼儿回答,后出示图片。

指导语:如果你走进这片绿色的竹林,心里有什么感觉?来,我们闭上眼睛,深深地吸一口气,觉得竹林里的空气怎么样?

(3)通过比较,进一步认识竹林。

指导语:我们再来仔细地看一看,竹林里有很多很多的竹子,它们除了有我们之前说到的不一样外,还有哪些不一样的地方?(竹竿:粗细、高度、形态、颜色,竹叶:颜色)

指导语:这些竹子,有许多的不一样,但它们都很美。

2. 与幼儿一起探讨竹林的绘画方法。

指导语：今天呢，我们也要来画一小片竹林。先来看看老师给你们带来的画纸(出示画纸)，上面已经有什么了？(背景)画的是什么？

指导语：那我们的竹子画在哪儿呢？先画什么？(竹竿)

指导语：如果我想画稍微粗些的竹竿怎么用笔？它很高很高，可以画到纸的什么地方？画细细的竹竿时要把笔怎么样？它矮一些，画到哪儿？

指导语：竹竿画好了再画什么？(竹节)怎么用笔？最后画什么？(竹叶)可以用我们学过的什么方法来画？(提笔)

3. 幼儿绘画，教师巡回指导。

指导语：好的，画画之前，先要仔细地思考一下，你准备画几棵竹子？竹竿怎么画好看？想一想，待会儿把它画出来。如果你想好了，轻轻走到后面的桌边，选一幅背景，开始画竹林。(播放背景音乐)

4. 欣赏评价与拓展。

指导语：看看，我们画的变成了一大片的竹林，觉得怎么样？这里面你最喜欢哪幅？为什么？老师今天还带来了画家绘画的竹林(出示图片)，这个和我们画的有什么不一样？

这是水墨画，它是用墨的浓淡来表现竹子，以后我们也可以尝试用墨来画一画竹林。

(案例提供：南京市第一幼儿园)

(四)通过欣赏作品，激发儿童想象力

幼儿的绘画作品是充满个性化的，有许多值得相互学习观摩的地方，在组织水粉画的过程中，教师要经常提供适合儿童欣赏的作品激发儿童的创作欲望。教师可选择有创意的、有独特想象力的幼儿作品供同伴欣赏，引导幼儿在别人的作品中寻找并发现优点，看看别人是怎样想的，怎样安排画面的，人物动态、形象、表情、色彩是怎样运用的，在学习的基础上从中受到启发，激发想象力，使画面更加丰富。

其次，还可通过欣赏、观摩大师的作品，了解作品中所表现的绘画技巧及使用的绘画工具，来扩大幼儿的知识视野，从中感悟体验很多知识，培养审美能力，激起其探究愿望。

(五)提升幼儿对色彩的运用能力

美丽的色彩是水粉画活动受幼儿欢迎的一个主要原因，幼儿喜欢各种色彩绚烂的颜色。教师可以在幼儿所喜欢的常见颜色的基础上，逐步引导幼儿认识更多的颜色，了解颜色有明度的变化，两种或三种或多种颜色调在一起会变成其他的颜色，提升幼儿在水粉画活动中对于色彩的运用能力。

教师可以利用日常的生活活动、社区活动等，引导幼儿观察生活和大自然，观察生活中和大自然中的色彩，结合水粉画活动中使用的色彩，逐步学会辨别红、玫瑰红、上黄、中黄、柠檬黄、湖绿、绿、黑、白、粉红等不同色彩，说出它们的名称。在水粉画活动中每次尝试运用2～3种颜色进行绘画，每次侧重2～3种颜色的认识和运用。在运用单色绘画时，可以引导幼儿寻找“有的画颜色亮，而有的画颜色暗”的原因：毛笔中蘸的水分比较多画面就会亮，而毛笔中没有蘸水或者蘸的水很少画面就会暗。在水粉画实践过程中，幼儿不仅了解到颜色有明和暗之分，明与暗的对比作用能增强画面的艺术效果，使画面主体清晰、明了、突出，而且也能掌握颜色变明和暗的方法。

在水粉画活动中也不总是需要将颜色分得很清楚，有些景物需要两种或三种颜色的叠加来实现。如明净的天空，它就需要将白色和湖蓝进行相加使用，大面积的天空只需要白色，加上少量湖蓝勾勒。在这过程中可以让幼儿开展玩色活动，自己发现较深的湖蓝遇到白色会变成很亮而淡的天蓝。在玩颜色的过程中，幼儿感受到了调色的魅力，也逐步地掌握了一定的调色规律，其画面表现能力也会随之增强。

此外，初学水粉画的幼儿在调色的时候往往对水分和颜料的比例掌握不好，会出现水分太多流到别的颜色上的情况，让画面显得很花，很脏。这个时候，孩子的状态一下子会变得很紧张，积极性也随之下降。这时，教师一是要注意做好安抚工作，稳定孩子的情绪，通过谈话、示范、游戏等活动调整孩子的心态；二是要告诉幼儿正确的处理方式，比如，等干了以后才可以修改等等；三是鼓励他们大胆实践，自主修改，相信孩子一定能独立做好；四是教学形式多样化，从易到难，循序渐进。

五、幼儿园水粉画优秀教育活动赏析与案例库

（一）幼儿园水粉画优秀教育活动赏析

案例十四

笑脸（小班）

设计意图

1. 为什么选水粉画作为绘画形式？

小班幼儿刚刚进入幼儿园，美术活动采取什么样的形式比较适合？显然，一味地撕贴画不能调动孩子们的兴趣。而油画棒过于强调线条和形状的表现。小班幼儿的手指骨骼发育不完善，他们的绘画无法细致精确，更无法花费过多的时间用于涂色，因此，幼儿常常在涂色的压力中丧失耐心，丧失对绘画活动的兴趣。

而水粉画的大胆、随意则更好地适应了幼儿的年龄特征，寥寥数笔，即可形成亮

丽、简练的画法和表现效果。让幼儿在轻松、愉快的环境和气氛中无拘无束地进行水粉画活动，从而提高幼儿对活动的兴趣，积极主动地学习，在游戏中大胆地表现和创造。

2. 为什么选“笑脸”作为创作主题？

“刚入园的小班孩子到底能画什么?”是许多老师思考的问题。通常，都是从线条、圆形开始往外发散。“笑脸”对于幼儿的技能要求不高，只需画大大的圆和简单的五官。教师将本节活动的重点放在了能将圆画大，同时，表现出笑脸上嘴巴的特征。

另一方面，刚入园的小班孩子情绪不稳定，“笑脸娃娃”能给他们一种积极的心理暗示，帮助他们感受快乐。

活动目标

1. 运用水粉大胆作画，有目的地表现创作主题——笑脸。

2. 通过观察和比较，尝试表现人们笑的时候，脸部特别是嘴角、眼睛的形态。

3. 感受人们的各种笑脸，感受喜悦、传递喜悦。

活动过程

1. 幼儿欣赏朋友们的各种笑脸。

(1)由照片导入，请幼儿欣赏各种笑脸。

指导语：今天我们小二班的宝宝第一次到大礼堂来玩，一定很高兴吧？

刚才有位摄影师，已经悄悄地把每一个宝宝的笑脸都抓拍下来了。想看看你们自己和朋友的笑脸吗？

ppt 展示本班幼儿的笑脸。

(2)重点观察照片中人物的脸部表情。

指导语：哇！好多张笑眯眯的脸呀！你们从哪里看出来他们在笑？

指导语：宝宝们红红的小嘴巴是什么样子的？黑黑的大眼睛是什么样子的？我们来学学！

指导语：那宝宝们什么时候会这么高兴地笑呀？你做什么事情的时候最开心？是玩娃娃的时候，还是钓鱼的时候？

2. 幼儿在报纸上尝试第一次画笑脸。

(1)鼓励幼儿作画，提出常规要求。

指导语：今天老师就要请宝宝们来画一张笑脸，后面的桌子上有许多好朋友在等你们呢？看，有毛笔宝宝、报纸宝宝，还有好多好多的颜色宝宝。

指导语：毛笔宝宝说：“欢迎大家来和我做游戏。可是做完游戏后，可要记得把我送回我原来的家哦，千万别把我送到别人的家。”

指导语：报纸宝宝说：“我也欢迎大家来和我做游戏，记得要在我的肚子上画个笑眯眯的脸，我可不喜欢生气的脸哦。”

指导语：如果你记住了好朋友的话，就请你到后面的桌子旁找个空位子站好，开始画吧。

(2)幼儿作画，教师重点指导。

①创作主题——笑脸。

②水粉笔用完放进颜料杯里，不混色。

③选择几幅作品作为观察对象。

3. 观察、比较第一次的作品。

(1)画面大和小的对比。

指导语：宝宝们的笑脸都画好了吗？毛笔宝宝、颜色宝宝还有报纸宝宝都等不及了，想看看呢！

指导语：毛笔宝宝说，这两个笑脸怎么看起来不一样呀？哪个笑脸更清楚？为什么？

指导语：你刚才是怎么画大的？（沿着纸的轮廓画。）

(2)教师示范画脸和眼睛、鼻子。

指导语：这个办法真好，我也来试试。毛笔宝宝抓紧我，出发啦！走走走，走走走，沿着边边走，拉个小手画个圆。嗯，这么大的圆，肯定能住得下眼睛、鼻子和嘴巴。

(3)画面中嘴部特征的对比。

指导语：颜色宝宝说，别急画，别急画！快来看看这两张脸呀，明明有张笑了，有张没有在笑，你看出来了吗？

指导语：你从哪里看出来，一个在笑，而另一个没有笑？两张笑脸上的嘴巴一样吗？（是什么样的笑？嘴巴有什么不一样？）

(4)教师示范画嘴巴。

指导语：哦，颜色宝宝别着急，我们知道了。人们笑的时候，嘴角是往上扬的。不信，请宝宝们都把小手伸出来，我们一起试一试。弯弯的小嘴，左边翘上去，右边也要翘上去。

4. 幼儿在卡纸上尝试第二次画笑脸。

(1)教师重点强调两个要求。

指导语：这次，老师请你们再来画一次笑脸。这一次我们要把笑脸尽量画大，让别人看清楚。还有，小嘴巴也别忘了要往上翘一翘哦。

(2)幼儿作画，教师个别指导。

①画完后，回到座位坐好。

②教师将幼儿画好的作品固定于展示板上。

5. 集体欣赏、感受快乐的笑脸。

指导语：哇，这么多的笑脸全都在对着我们笑，看得我都想笑了。

幼儿作品：

1～3号作品中幼儿表现了三种不同的嘴巴的造型，幼儿用自己的方式表达着对笑的理解：将嘴巴画成一个圆点；将牙齿用另一种颜色表示；将嘴巴画到了耳边。

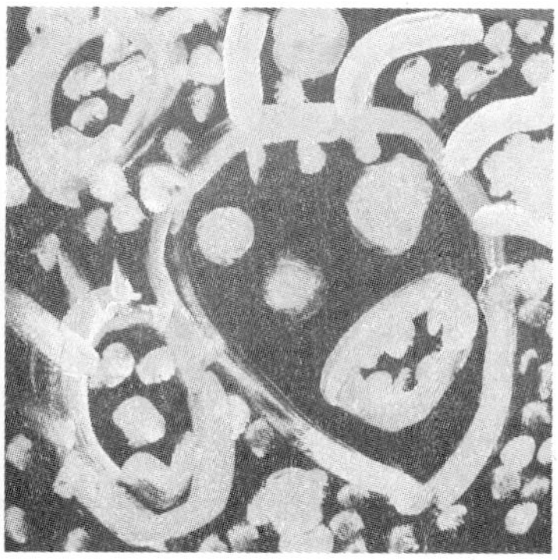

4号作品画的是胖哥哥和瘦妹妹，两个人在一起相亲相爱。5号作品相较其他作品，整个画面非常丰满，不仅有三个笑脸形象，整个背景也全部点上了点点。作者说，这是满天的星星，晚上大家在一起玩捉迷藏的游戏，所以才高兴地笑了。

（案例提供：南京市第一幼儿园）

赏析　这一活动内容是从发生在幼儿身边的现象中产生的，对于刚入园的小班孩子来说，"笑脸娃娃"能给他们一种积极的心理暗示，帮助他们感受集体生活中的快乐。所以，该活动选材适时，符合幼儿的年龄特征和情感需要。活动中，幼儿运用水粉大胆作画，有目的地表现创作主题——笑脸；这样的活动目标明确具体，幼儿知道要做什么。同时，活动过程中幼儿通过观察和比较，尝试表现人们笑的时候脸部特别是嘴角、眼睛的形态，感受人们的各种笑脸，感受喜悦，传递喜悦，这充分体现了审美教育对幼儿进行情感培养的目的，即通过"笑脸"活动丰富小班幼儿的情感心理感受与体验，并丰富幼儿对美的人、事物的认识。

导入活动环节，教师采用赏析本班幼儿的各种笑脸的方式，激发幼儿参与活动的兴趣，避免幼儿在整个活动中处于被动学习状态，继而在其后的作画和观察赏析活动中就会以主动状态参与。

案例十五

小白牙(小班)

活动目标

1. 在故事情境中,运用水粉画出人脸部五官,特别是嘴部形象特征。

2. 在长牙齿的故事情境下,尝试用点彩的方法画出嘴巴中的牙齿。

3. 乐于参与,大胆使用多种颜色作画。

活动准备

1. 经验准备:幼儿初步会画人的脸和五官。

2. 材料准备:范画、深色画纸、彩色颜料盒、水粉笔、展示板、桌布、音乐。

活动过程

1. 游戏引入,激发学习兴趣。

(1)游戏导入,引导幼儿猜测,增强对五官的认识。

教师:猜猜看,老师在纸上画的是什么?(一个大圆)

幼儿:蛋,脸……

教师:再猜一猜……(画头发,耳朵)

幼儿:脸……

教师:看看你们猜得对不对啊。(画眼睛鼻子)

你们都猜出来了,原来是一张宝宝的脸。那宝宝的脸还少什么啊?

幼儿:嘴巴。

教师:对了还少个嘴巴。(画嘴巴)

(2)幼儿在故事情境中,欣赏范画。

①重点观察范画中的大嘴巴。

教师:宝宝的嘴巴怎么样?

幼儿:张得大大的,歪的……

教师:哦,宝宝正张大了嘴巴。你们知道他为什么把嘴巴张那么大吗?

幼儿:吃东西,哭……

教师:那我来问问他。宝宝,你为什么把嘴巴张那么大啊?

原来啊,他饿了,想要吃东西。可是我们吃东西要靠什么啊?

幼儿:牙齿。

教师:我们的小宝宝还很小,还没长牙。他还不知道牙齿长什么样子呢?

谁来告诉宝宝我们的牙齿长什么样子?

幼儿:白白的,一颗一颗的。

教师：我们把白白的牙齿露出来给宝宝看看，这么漂亮的牙齿有什么本领呢？

幼儿：吃东西……

②增强对牙齿的认知，为画牙齿作铺垫。

教师：牙齿的本领可真不小，小宝宝一听有点着急了，他说我要吃好吃的东西，我也要快快长牙！你们有没有好吃的，我们一起帮帮他，让他快快长牙，好不好？

③引入故事情境。

2. 幼儿跟随故事情境，学习牙齿的画法。

(1)教师在情境中，示范用点彩的方法画牙齿。

教师：咕噜、咕噜……宝宝喝了一大杯牛奶，嘴巴里长出了两颗小白牙。

啊呜、啊呜……宝宝吃了一个大苹果，嘴巴里又长出了两颗小白牙。

你们还想给宝宝吃什么？宝宝又吃了……嘴巴里又长出了……

(2)幼儿用手作迅速点彩的书空练习。

教师：哎呀，宝宝吃了这么多的东西，越长越大，他的牙齿也越长越多，我都有点来不及画了，请一个小朋友来帮我画。其他小朋友把手伸出来，一起来帮忙。

啊呜、啊呜……宝宝吃掉了一个……嘴巴里又……

提醒学生注意点提的绘画方法。

(3)丰富“牙虫和刷牙”的故事情节，完成范画。

教师：小宝宝吃了这么多的东西，肚子饱饱的，慢慢地睡着了。

咯吱、咯吱……哎呀，是谁呀？有一个坏家伙，它的肚子也饿了，它要出来吃东西了。是谁啊？看一看！

教具操作：一只牙虫从宝宝的嘴巴里钻出来。

教师：哎呀，原来是一只讨厌的牙虫。小朋友们，你们知道它最喜欢吃什么吗？

幼儿猜测，回答问题。

教师：它最喜欢吃宝宝的牙齿。那可不行，我们一定要想个好办法。你有什么好办法？

幼儿联想，引入刷牙。

教师在故事情景中，示范泡泡的画法。

教师：那我们给宝宝刷刷牙吧，我刷我刷我刷刷刷，刷出了许多的小泡泡。我刷我刷我刷刷刷，又刷出了许多小泡泡。

这下牙虫被赶走了，小宝宝的照片也完成了。下面，我想请每个小朋友都来画一个自己的小宝宝和牙齿的故事。

3. 幼儿开始绘画，教师个别指导。

(1)绘画前教师明确要求。

教师：如果宝宝的嘴巴很小，你能看清楚里面长出的牙齿吗？

为了让大家都能看清楚小宝宝嘴巴里的牙齿，请你一定要把宝宝的嘴巴画得大大的。

请小朋友们轻轻走到后面的桌子旁边，选一个空位置开始画画。

(2)重点指导内容。

①尽量把宝宝的脸和嘴巴画大。

②引导幼儿画出牙齿和泡泡。

③水粉笔用完放进颜料杯里，不混色。

(3)教师将幼儿画好的作品固定于展示板上。

4. 律动游戏：刷牙。

教师：小二班的宝宝们快来看呀！这么多的宝宝都在刷牙呢！那我们也来刷一刷吧！

准备好牙刷、牙膏、杯子，把牙刷拿出来，挤点牙膏，开始刷牙啦！

哎呀，宝宝的牙齿刷得真干净。来，小嘴张大把牙齿露出来，转过身去问问客人老师，我们的牙齿是不是很白，很健康？

（案例提供：南京市第一幼儿园）

赏析　这一活动是以我们每个人都具有的器官——牙齿为主题的，幼儿对这个内容也非常熟悉，所以活动过程能够营造一种宽松的心理环境，使小班幼儿更加放松，能更好地融入活动中表达自己的想法。同时，该活动的设计也使幼儿在熟悉中有创意的表现。所以，该活动选材适时，符合幼儿的年龄特征和情感需要。活动中，幼儿要运用水粉画出人脸部五官，特别是嘴部形象特征，并用点彩的方法画出嘴巴中的牙齿，这样的活动目标明确具体，幼儿知道要做什么。同时，活动过程中教师鼓励大胆使用多种颜色作画，让幼儿大胆地在画纸上自由表现。这充分体现了审美教育对幼儿“喜欢用美术语言表达自己想法和感受”的关注。该活动将美术与卫生保健相结合，体现出不同学科领域之间的相互融合。在提高幼儿审美能力和绘画能力的同时，渗透牙齿的相关知识激发幼儿爱护牙齿的意识，培养幼儿勤刷牙的好习惯。

(二)案例库

案例十六

下雪了(小班)

设计意图

在小班初期进行水粉画教学，首先要考虑的是简单易学，富有情趣，能吸引幼儿学习表现。这个活动的设计,首先用单纯的白色以及最简单的点画技能来表现下雪的场景,适合小班幼儿的学习。出于对小班幼儿能力和对画面的美感的考虑,采用大班幼儿的简单风景画作为底纸,更增加了作品的美感,另外用“下雪啦,下雪啦,雪花雪花满天飘,一飘飘到××上”这种情境性的语言帮助幼儿带着美好的想象进行绘画表现,起到了增加作画情趣以及隐性控制画面的作用。

活动目标

1. 学习水粉笔蘸颜料点画的方法表现下雪的情境。

2. 认识水粉颜料和水粉笔,通过操作了解水粉颜料的性质。

3. 对水粉画活动有兴趣,愿意进行积极的尝试。

活动准备

1. 水粉笔、水粉颜料(白色);黑色、灰色纸张若干张、抹布若干。

2. 请大班幼儿在作业底纸上画上简单的风景(山、树、房子)。

活动过程

1. 教师讲述故事,引导幼儿对冬天下雪的情境进行想象。

指导语:冬天到了,天气越来越冷,刮起了大风,下起了大雪,小朋友,你们见过雪吗?雪是什么样子的?

2. 出示大班绘画的风景底纸,引导幼儿欣赏。

指导语:大班小朋友的画上有什么?下雪了,雪落在哪里啦?

幼儿根据自己的观察和经验进行自由讲述:雪落在房顶上、大树上、小花上。

3. 教师示范绘画下雪的方法,幼儿进行观察学习。

(1)认识水粉颜料以及绘画的方法。

指导语:今天我们画画不用蜡笔,而是用水粉颜料。

出示水粉笔和水粉颜料,让幼儿认识工具材料。

(2)教师示范用点画的方法表现雪花。

“小毛笔手中拿,蘸上颜料开始画——下雪啦!下雪啦!雪花雪花满天飘,一飘飘到大树上。”教师边念儿歌边进行蘸色示范点画雪花。

“雪花还落在哪里呀?”教师引导幼儿进行想象。

4. 幼儿操作活动,教师进行指导。

作业指导:

蘸上颜色的笔可以点上许多小雪花,没有颜色了再重新蘸颜色。

一边点画一边说,“下雪啦,下雪啦,雪花雪花满天飘,一飘飘到××上。”增加绘画的情趣,并控制幼儿绘画的量,尽量多地进行绘画尝试。

5. 展示与欣赏评价。

指导语:今天用什么来画画的?(画笔和颜料)

我们来看看，雪花飘到哪里啦？

用“下雪啦，下雪啦，雪花雪花满天飘，一飘飘到××上”来引导幼儿观察同伴作品。

活动延伸

本活动所使用的技能“点画”，也可以用在“花草地”“大树开花”等一系列的点画表现活动中，从单色到两至三种颜色的使用，并不断进行更加细致的常规练习，增加幼儿的表现经验。

（案例提供：南京市游府西街幼儿园）

案例十七

弯弯曲曲的小路（小班）

设计意图

小班幼儿在水粉绘画活动中，“拿着一支笔从头画到尾”的现象时有发生。经过一些需要多色绘画的活动以后，幼儿逐渐形成了换色的意识，但是画出粗细变化的线条还显得比较困难。以画地图上的小路的游戏形式，可以激励幼儿有意识地变换使用粗、细两支画笔，绘画表现宽窄不同的小路，还可以学习绘画直曲变化的小路，在游戏中学习。

活动目标

1. 尝试用水粉笔画连接线，知道中间不能断开。
2. 变换使用粗、细两支画笔，表现不同宽窄的小路。
3. 想好以后，大胆下笔，画流畅、连贯的线条。

活动准备

1. 作业纸：画好4～6种动物头像。
2. 水粉画笔（大、小号两种）；水粉颜料。
3. 未完成的范例一幅；实物地图一张。

活动过程

1. 出示实物地图，观察道路的部分。

指导语：这是一张地图，地图有什么用？

上面有些什么？这些弯弯曲曲的线表示什么？

2. 出示未完成的范例，观察学习道路的画法。

指导语：小象要出去玩啦，它也想画一张地图，看看怎么走可以到动物朋友的家。

(1)观察道路的画法。

指导语：小象准备去谁家玩？我们来看一看。

小象怎么去小猫家玩？

教师边示范边强调：连接线不能断开；每一个地方都要玩到。

小结：先拿一支粗笔，蘸上颜料，然后拿着笔，从小象家里出发，画一条线连到玩的地方。

画了一些粗粗的路以后，再换一支细细的笔，画些细细的小路。

(2)徒手练习画连接线。

指导语：伸出小手，我们带小动物一起去旅行吧！

3. 根据教师要求绘画小路。

指导要点：

(1)变换使用粗、细两支画笔，表现不同宽窄的小路。

(2)大胆下笔，线条流畅、连贯。

(3)找空地方画，保持画面的整洁。

4. 欣赏作品，相互评价。

说一说：你最喜欢哪幅地图？

哪幅地图看得最清楚？

哪幅地图上有大路，还有小路？

哪幅地图每一个地方都玩到了？

活动延伸

1. 作业纸上画好的物体，可以是动物头像，也可以是各种植物、建筑物、自然景物。可由本班幼儿事前在区角活动中画好；或邀请中、大班哥哥姐姐帮忙画好。在本次活动的作业纸上散点画好即可。

2. 也可以请本班幼儿把画好的物体先剪成纸片，归类放入盘中。待课上，幼儿先选择画好物体的纸片用胶棒粘贴在作业纸需要的位置上，再绘画弯弯曲曲的小路连接景物，完成地图绘制。

3. 还可以由教师带领本班幼儿剪一些废旧图画书上的现成图片，归类放入盘中，活动时提供给幼儿粘贴添画小路。

4. 以上3种安排，教师可以根据本班幼儿的发展情况选择使用其一。如幼儿绘画能力强，可由本班幼儿自己画物体；如造型有困难，可请中、大班幼儿帮忙，或剪贴废旧图画书上的现成图片；如幼儿操作速度快，画线条熟练，教师可让幼儿先选择粘贴，再添画小路，甚至可以加入剪小图片的环节；如幼儿动作不够迅速，则可省去剪小图片、选择粘贴的一至两个环节。

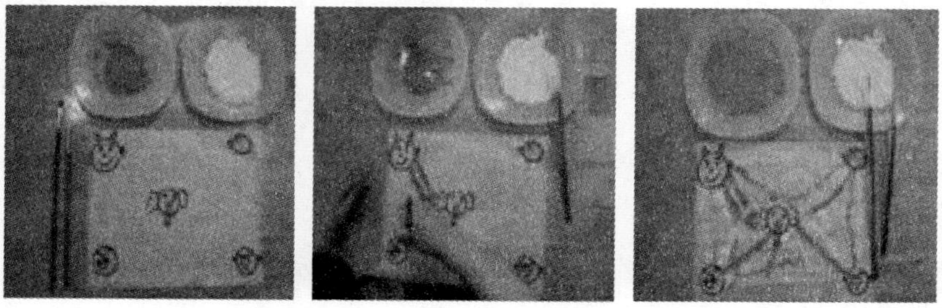

（案例提供：南京市游府西街幼儿园）

案例十八

秋叶（中班）

设计意图

在孩子们学习的很多作品中，秋天可能就是树叶变黄了，落叶了，一画到树，孩子们就会用黄色来涂树叶。可实际上呢？我们利用散步的时间，带孩子在幼儿园里观察，孩子们观察到原来秋天的树叶不一定都是黄色的，还有绿色的、红色的、橘色的，秋天也是很美的。结合这样的发现，我们设计了这个活动——水粉画“秋叶”。

活动目标

1. 通过欣赏秋天树林的画面，学习用同色系点彩的方法表现树叶。
2. 运用比较、观察的方法，尝试用深浅颜色叠加的方法表现树叶的层次。
3. 能与同伴合作作画，感受组画作品所营造的美的意境。

活动准备

幻灯片、画有树干的底纸、颜料、笔、抹布。

活动过程

1. 欣赏图片作品，感受作品中所营造的温馨、恬静的意境。

图1：这是什么季节？你是怎么知道的？

树叶什么颜色的？黄得一样吗？

树叶长在哪里？地上还有什么？为什么？

图2：这些树叶是什么颜色的？颜色一样吗？

图3：这也是秋天的一种树，你知道它的叶子叫什么名字吗？它们是什么颜色的？

总结：秋天到了，树叶宝宝穿上了彩色的衣服，有的黄、有的红、有的绿，阳光照在上面有深有浅，非常好看。风一吹，黄叶宝宝离开妈妈，纷纷飘落下来，铺满大地。

2. 欣赏绘画作品。

(1)指导语：画家叔叔也用画笔画出了这么美丽的景色，我们来欣赏一下他们的作品。

图1：他画的可能是什么树？你是怎么知道的？他的树叶画在哪儿？为什么有的都看不见树枝了？都是红色的吗？还有什么颜色？

图2：这也是用黄色系的颜色画的树叶，跟刚才的树相比，这些树的树叶茂密吗？树叶是怎么画的？

(2)小结：这种方法就叫作点彩。这位画家选了同色系的颜色用了点彩的方法点点点，就点出了树叶。

图3：这几幅图上的树叶主要是用什么色系的颜色来画的？他们的树叶是用什么方法来画的？

图4：那这幅是不是用点彩的方法来画的树叶？这里好像还透出了深红色的树叶，可能是怎么画的？

(3)小结，示范：我这儿也有一棵树，谁来试一试用点彩的方法来画树叶？

3. 幼儿创作。

(1)观察绘画工具和材料，提出要求：选色、用笔、还原。

(2)幼儿作画。

4. 评价。

(1)欣赏组画，教师：你们画的是什么色系的树？

(2)看ppt，想一想，这个可能是什么时候的树？

（案例提供：南京市第一幼儿园）

案例十九

美丽的菊花(中班)

设计意图

中班幼儿积累了初步的绘画表现经验，已经可以尝试创造，但是中班上学期的创造不宜过难。围绕花蕊添画出形态各异的花瓣，对于中班幼儿来说，结构表现难度适宜，用不同的线条表现菊花花瓣的发散点给幼儿预设了充分的创作空间，是幼儿经过努力可以根据意愿表现出来的。

另外，水粉颜料色彩丰富鲜艳，较厚重的视觉效果很适宜于表现菊花花瓣的质感，使得画面更具立体空间感。幼儿在使用水粉笔绘画操作时省劲、迅速，又沉迷、陶醉，绘画过程不仅是学习，更是一种享受。

活动目标

1. 在欣赏和讨论中丰富菊花造型的经验，感受菊花的多姿多彩。

2. 尝试用水粉工具绘画表现菊花不同的造型和色彩。

3. 体验和同伴共享资源、共同作画的快乐。

活动准备

1. 经验准备：课前认识过菊花；会使用水粉工具绘画。

2. 材料准备：教师：菊花主题的 ppt 一套；背景音乐；多媒体。

幼儿：深色画纸；水粉颜料；抹布；水粉笔。

活动过程

1. 提取已有绘画雏菊的经验。

指导语：前段时间，老师和小朋友一起画了雏菊，雏菊是怎么画的呀？

先在中间画花蕊，再在花蕊外面画花瓣，花瓣可以多画几层，像光芒一样。（教师边说边以手势动作说明。）

2. 欣赏菊花图片，感受菊花的多样性。

(1)欣赏连贯播放的单朵菊花 ppt 一，初步感受菊花的多姿多彩。

指导语：秋天到了，菊花开了。除了雏菊，还有什么样的菊花呢？

(2)欣赏菊花汇总图 ppt 二，进一步感受菊花花型、花瓣、颜色的多样性。

指导语：刚才我们看到了许多菊花，有些什么样的呢？

花瓣是什么样的？像什么？（光芒、球、风车、头发。）

还有什么样的菊花？

都能看见花蕊吗？都是开放的吗？有些什么颜色？

(3)观看 ppt 三，师幼共同小结。

指导语：有的花瓣粗、短、弯，有的细、长、直；

有的花瓣有点弯，有的全身弯；

有正面的，有侧面的(上下左右正)；

有开放的、有半开的，还有花苞；

红、橙、黄、绿、白，各种颜色都有。

3. 幼儿自主绘画，教师巡回指导。

(1)教师出示底纸，引导幼儿设想。

指导语：我们今天要在篱笆园里画一片菊花。

你想画什么样的菊花？花瓣画什么样的？想画几朵？

(2)幼儿作画，教师指导。

指导语：可以先画花，再加上茎和叶，换颜色时别忘了把笔在抹布上擦一擦。

4. 欣赏交流作品。

指导语：你觉得你的画哪里画得好？

哪里还可以修改一下，画得更好？

下次还可以先把花的位置找好，再画，可以是各个方向的。

活动延伸

1. 在以后的区角绘画活动中，教师可以侧重水粉笔正侧锋不同用笔方法的引导。幼儿可以根据需要，通过变换使用水粉笔正侧锋，表现出粗细不同的菊花花瓣，使得花瓣边缘具自然逼真的不规则起伏及弯曲变化。

2. 教师还可以在以后的区角绘画活动中，引导幼儿通过水粉颜色的调和搭混，随意表现出菊花花瓣色彩的晕染渐变。

课件制作建议：

为了在活动前期以更具强烈视觉冲击力的菊花形象打动幼儿，并帮助幼儿积累丰富的创作元素，为后期的自主创作做好铺垫，教师可以制作三组相对独立又相互关联的幻灯片，以引导幼儿逐步展开三个层次的欣赏活动，具体为：

ppt 一：欣赏连贯播放的单朵菊花，初步感受菊花的多姿多彩。欣赏目的是让幼儿了解除了雏菊，还有其他各种各样的菊花，强调菊花花瓣多瓣多层的共性。其中的菊花图片应是极具审美性和典型性的。

ppt 二：欣赏菊花汇总图，在对比观察中进一步感受菊花花型、花瓣、颜色等的多样性(个性)。如：花瓣像光芒、球、风车、头发等不同形象；花蕊能否看见；是否开放；颜色各异；花朵朝向正、侧、背等。

ppt 三：观看小结，梳理创作元素。(1)花瓣的直弯粗细长短；(2)末梢小弯或全身大弯；(3)花朵的正侧面、开放程度；(4)红、橙、黄、绿、白，各种颜色都有。

课件制作需遵循由整体感受到局部观察再到整体归纳小结的规律和线索，引导幼儿循序渐进地展开逐步深入的审美感受和审美体验。

（案例提供：南京市游府西街幼儿园）

案例二十

星月夜(大班)

设计意图

《星月夜》是一幅充满激情的风景画，短而粗的笔触、游动升腾的线条、回旋转动的形态、象征运动之势的蓝色和紫罗兰色，凡·高用他那特有的表现方式向我们展现了自然的力量，传达着内心中骚动不安的情绪。这幅作品给幼儿带来强烈的视觉刺激，欣赏时从短而粗的笔触入手，开门见山地引导幼儿关注画面中最有表现力的元素，然后从线条、色彩、事物的状态等方面不断深入，引发幼儿自己的想象和思考。欣赏中，《自画像》的迁移、身体动作的参与、风格迥异作品的对比、音乐与美术通感的运用、自主开放的创作，种种策略都为幼儿进入作品的世界，增强欣赏美的能力发挥了不同的作用。

活动目标

1. 在教师的引导下，感受画面中笔触、色彩、形象所传达出来的强烈情感。
2. 通过自己的绘画表达自己对《星月夜》的感觉。
3. 对美术欣赏活动有初步的兴趣。

活动准备

1. 教材《星月夜》、音乐《命运》、电脑。
2. 欣赏过中国画《夜晚》、凡·高的《自画像》。
3. 黄、深蓝、群青水粉画颜料、水粉画笔、铅画纸。

活动过程

1. 出示凡·高的《自画像》，回忆画家名字，通过对笔触的观察引出《星月夜》。

(1)这幅画画的是谁？谁画的？

(2)我们知道，凡·高画线条时用了短促而快速的方法，找一找，在哪里？

2. 出示《星月夜》,引导幼儿欣赏。

(1)今天,老师带来一幅画,你能找到和《自画像》相同的画法吗?找一找,在哪里呢?

(2)他是怎么画的?我们用手试一试。

(3)画家把星星、月亮、树木画成什么样子?请你用身体动作做一做。

(4)教师小结:画家用波浪形、螺旋形的线条来画天空里的东西,星星月亮好像在旋涡里面滚动,大树像火苗一样旋转着向空中上升,我们感到所有的东西都在转动。

(5)你从画面上还看到了什么?(可从色彩运用、对比手法等方面引导,如:画面上有哪些颜色?这些颜色是鲜艳的还是灰暗的?这些颜色在一起,你有什么感觉呢?)

(6)教师小结:画家用黄色、蓝色、紫色画画,色彩鲜明,让我们感到很强烈。

3. 出示中国画家的《梦故乡》,两幅画对比欣赏。

(1)两幅画都画了夜晚的月亮、房子、树,你们觉得相同吗?

(2)看了凡·高的画,你想干什么?看了中国的《梦故乡》,你又想干什么?做一做。

(3)两幅画上的线条怎么样?有什么不同?

4. 引导幼儿边听音乐《命运》边再次整体欣赏画面,给作品起名。

(1)老师带来一首音乐,我们边看画面边听这首音乐,说说自己想到了什么。

(2)如果给这幅画取名字,你觉得可以叫什么?

5. 用画画表达自己对《星月夜》的感觉。

(1)我们听了凡·高的故事,看了这幅《星月夜》,自己也来试试画出你想象中的夜晚。

(2)今天我们用颜料来画《星月夜》,看看有哪些颜色。

(3)想一想,你想画夜晚的什么?夜晚的天空什么样?用什么颜色?黄颜色画什么?是什么样的?

6. 幼儿根据自己对作品的理解和想法自由创作,教师鼓励幼儿大胆画出心中的夜晚,可以模仿大师的作品,也可以按照自己的想象创作。

7. 作品展示,交流分享自己的想法。

(1)展示幼儿作品,幼儿自由欣赏。

(2)请幼儿介绍自己的作品:你的画上有什么?是什么样的?怎么画的?

温馨提示

由于使用水粉颜料画《星月夜》,要等天空的颜色干了才能画星星,所以可以在活动前让幼儿先画好天空的颜色,活动中直接在上面用各种方式画星星月亮。

(案例提供:南京市北京东路小学附属幼儿园)

案例二十一

树的一家(大班)

设计意图

季节交替,大自然中的植物都在发生变化。树是植物中最为常见的。通过活动,我们让幼儿初步感受树在造型、色彩、排列等方面的美,并鼓励幼儿大胆想象和表现。

活动目标

1. 学习用水粉画的形式表现树,并能通过造型、色彩等变化,创造性地表现不同的树。

2. 借助对已有观察的回忆及作品欣赏,拓展对树的造型、色彩等表现方式的经验。

3. 通过欣赏表现各种形态的树,初步感受树的多样性。

活动准备

1. 课件:树的一家。

2. A3 铅画纸、油画笔、颜料。

活动过程

1. 通过谈话、欣赏活动,拓展幼儿对树的认识,发现树的多样性。

(1)通过谈话,帮助幼儿回忆树的不同造型。(3 个)

指导语:我们班小朋友都观察过许多的树,谁能说说,你们看过的树长的都是什么样子的呀?(有的高高的,有的矮矮的,有的树干是粗粗的,一个人都抱不过来,有的树干是细细的,有的树干笔直得像个金箍棒,有的树干弯弯曲曲的像小蛇一样,有的树冠是大大的像个大房顶,有的树冠尖尖的像个火箭。)

(2)欣赏图片,引导幼儿观察画面的颜色和布局。

指导语:今天我们带来了不同画家画的树,看一看,你喜欢哪一幅,为什么?

画家是用什么色调表现的?(冷色调,暖色调。)

你是怎么看出来的?

看到这幅画,你心里有什么感觉?(火热、苍凉、温暖、宁静、安静。)

引导幼儿观察图1:这棵树上的树叶都是绿颜色,但它们的颜色一样吗?为什么有的颜色深、有的颜色浅?(光线照到的地方就浅,光线照不到的地方就深。)

引导幼儿观察图2:画面上有很多的树,树叶都有哪些颜色?(树干的颜色各不相同,一个运用了深咖啡,一个运用了浅咖啡,使我们在同一画面既看到了不同颜色的树,也看到了不同造型的树。)

引导幼儿观察图3:这些树是怎么排列的?(树密密麻麻地层叠在一起,一层一层的,一层红、一层黄,满眼都是树,看不到尽头。)

引导幼儿观察图4:这幅图上的树是怎么排列的?最前面的树是从哪里起笔的?后面的树从哪里起笔?为什么?(这幅图中的树是有规律的排列的,通过枯枝、老树干以及灰色背景的衬托让我们感觉到悲壮、苍凉。)

2. 幼儿创作:树的一家。

(1)现在要请我们的小朋友来画树的一家,可以画你见过的树,也可以画你想象中的树,看看谁动脑了。

(2)鼓励幼儿大胆绘画,画与别人不一样的树。

3. 交流,相互欣赏。

(1)幼儿作品展览。

指导语:我们的画连在一起变成了一片森林。

你喜欢哪幅画,为什么?

(2)幼儿收拾材料。

(案例提供:南京市北京东路小学附属幼儿园)

案例二十二

向日葵(大班)

设计意图

在日常的美术教学活动中,经常会遇到构图的问题,而作为老师的我们有时会因为不知道该怎么和孩子们说明总是“绕道行驶”。为了解决这个问题，我于是选择从三角形这个对于大班上的幼儿来说还是比较熟悉的形状着手，从三角形构图作为切入点，尝试与幼儿探讨关于美术活动中的构图问题。

活动目标

1. 欣赏向日葵的图片，感受绘画中的三角构图。
2. 通过观察、交流、操作的方法学习在画纸上定位，体现三角形构图的方法。
3. 感受自己动手进行水粉画绘画的乐趣。

活动准备

1. 水粉笔小号，颜料若干颜色，水粉纸。
2. 向日葵的单个或多棵组合图片。

活动过程

1. 欣赏图片，了解向日葵的主要颜色、特征，感受三角形构图的基本特点。

(1)欣赏单朵向日葵，结合已有经验讨论向日葵的画法。

提出：

①花园里开满了各种各样的花，都有哪些花呢？老师这里也有一种花，请你们看一看，是什么花？

②向日葵是什么形状的？花心、花瓣、花茎都怎样？

③花心的颜色比较深，比较重，就好像很多颜色堆在一起的感觉。花瓣的颜色比较浅，颜色比较亮。

(2)欣赏三朵向日葵花。

提出：

①这幅图上有几朵花？它们是怎么排的？我们把这三朵花的花心连起来，是一个什么形状啊？原来是一个三角形。这就叫三角形构图。

②这里还有很多的图片，请你们来找一找，哪些图上也有像刚才一样的三角形呢？

总结：原来有很多的图片都是运用了三角形构图的方法，有的花高，有的花低，有的两朵紧紧地靠在一起，有的松松地排开，还有的花被旁边的花挡住了，但是三朵花的花心连起来都是三角形。

(3)出示三朵花，进行操作。

提出：现在王老师这里有三朵花，如果请你来用这个三角形构图的方法来排列，你会怎么放？(请 2～3 个幼儿)

2. 幼儿绘画，教师指导。

提出：今天，就要请小朋友们自己动手来画三朵向日葵，在画之前，要请小朋友们先想好，自己要把这三朵花画在纸的什么地方？有什么方法可以帮助我们呢？

重点指导：定点、笔触。

3. 欣赏评价。

请个别幼儿上台介绍自己的画。

要求：

(1)构图。

(2)颜色。

强调绘画常规。

（案例提供：南京市第一幼儿园）

案例二十三

天鹅(大班)

设计意图

本活动以审美为重要的价值，运用图片、音乐、动画等手段综合呈现天鹅之美。运用故事打动孩子们的心灵，引领幼儿进入审美情境。在表现天鹅的画法过程中，重点突出天鹅脖颈的动态之美，有了脖子的动作，天鹅也就活了。个别幼儿的局部示范尝试，加上教师的补充示范，对其他幼儿的学习起到借鉴的作用，使他们从被动学习到尝试探索，到自主表现对天鹅之美的理解和认识。

活动目标

1. 欣赏天鹅的美丽姿态，并用水粉画的方式表现天鹅之美。

2. 通过观察欣赏图片、讨论尝试等方法，探索表现天鹅的姿态以及绘画的方法。

3. 在故事和音乐的伴随下，积极尝试用自己的方式绘画。

活动准备

1. 教学课件《天鹅》、背景音乐圣桑的《天鹅》、故事《天鹅的朋友》。

2. 作业纸：蓝色底色纸、水粉颜料、水粉笔；重点色：白、黑以及橙色。

活动过程

1. 欣赏课件，了解天鹅的基本形态以及动作，欣赏天鹅的体态美。

(1)故事：在湖边住着一只天鹅，它长着长长的脖子，羽毛像雪一样白。在湖中游动的时候，它就像一只平稳的小白船，船桨一样的脚在水中优雅地划动；它总是伸长脖子眺望远方，这是为什么呢？秋天的时候，由于它太小，没有能力跟上伙伴们而滞留在了这里。它太想它的朋友们了，在湖中游动的时候在想它们，捉鱼的时候在想它们，抬头看天空的时候更是想，什么时候才能再次见到伙伴们呀！

(2)欣赏 ppt。

指导语：你觉得天鹅美吗？什么地方美？（分析美的体态，重点在脖子上。）

用“××就像是××”来表述天鹅的优美之处。（长长的脖子弯曲的时候像××，伸直的时候像××；身体上洁白的像雪一样的羽毛；红色的嘴巴像擦了红色的口红。）

天鹅的脖子能弯曲成什么样子？可以用什么样的线条来表现？（边欣赏图片边用书空的形式表现自己看到的天鹅形象。）

天鹅在等待它的朋友，小朋友能帮助它吗？

2. 探索天鹅的表现方法。

(1)运用 ppt，讨论天鹅的动态表现（脖颈的弯曲等等）。

(2)个别幼儿用试画的方法表现颈部的动态（局部示范）。

(3)指导语：画天鹅，需要画哪几个部分？（头、脖颈、身体，脚等等）先画哪里，后画哪里？

(4)欣赏图片两只天鹅的互动表现。

指导语：两只天鹅，它们在做什么？（重点帮助幼儿观察图片中，两只天鹅的动态以及组合构图的方式，引导幼儿理解绘画天鹅中的构图并提供参考。）

3. 幼儿进行绘画表现，教师巡回指导幼儿作业。

作业指导：

天鹅颈部曲线延伸，动作的表达——想一想，天鹅在做什么？用什么线条表现？

在颈部的两端连接画上小小的头和像船一样大大扁扁的身体——想一想，哪里是头、哪里是它的身体？

羽毛、喙部等细节表现。

4. 展示与欣赏评价。

播放音乐，幼儿自由观察介绍自己的天鹅在做什么。随乐模仿天鹅舞蹈。

教学图片：

（案例提供：南京市游府西街幼儿园）

案例二十四

青花瓷盘(大班)

设计意图

大班下学期,幼儿经过小班、中班造型表现以及色彩使用的经验积累,水粉画方面的学习已经由单纯的观察模仿学习,逐渐向自主创造表现转变。在日常的水粉画教学活动中,教师可以在引导幼儿欣赏传统表现手法的基础上,让幼儿尝试自主设计与创造。

活动目标

1. 感受青花瓷盘的清丽美,初步了解青花瓷盘白底蓝花的装饰特点和几种吉祥纹饰。

2. 通过语言、绘画等形式大胆表达自己对青花瓷盘的审美感受和体验。

3. 激发对中国传统青花瓷艺术的喜爱之情,用心创造表现出独特之处。

活动准备

1. 青花瓷盘欣赏的ppt,背景音乐《空山鸟语》。

2. 纸盘、3种深浅不同的蓝色颜料、小号画笔。

活动过程

1. 谈话导入,激发活动兴趣,明确绘画主题。

指导语:你见过的瓷盘是什么样子的?是什么形状的?颜色和花纹呢?

2. 欣赏青花瓷盘,初步感受青花瓷盘色彩、纹样的美。

(1)欣赏青花瓷盘ppt,整体感受青花瓷盘色彩、纹样的美。

指导语:你们看到了许多瓷盘,这些瓷盘美吗?哪里美?

(2)观察青花瓷盘白底蓝花的色彩装饰特点。

指导语:这些深深浅浅的蓝色,又叫作"青色",用青色在白色底子上画出的花纹叫"青花"。这些有青花的瓷盘叫什么呢?

(3)了解青花瓷盘上的几种吉祥纹饰。

指导语:你最喜欢哪个青花瓷盘?上面有什么花纹?

小结:缠枝花纹是一种吉祥的花纹,寓意是希望我们的日子越过越好。

(4)进一步观察青花瓷盘装饰花纹的分布位置。

指导语:美丽的花纹画在了盘子的什么地方?

3. 介绍青花瓷悠久的历史。

指导语:这些美丽的青花瓷盘是哪个国家最先发明制作出来的,你们知道吗?青花瓷盘是怎么制作出来的呢?

4. 尝试绘画青花瓷盘，进一步感受与表现青花瓷盘的美。

(1)介绍绘画工具、材料。

指导语：今天我们要在哪里画画？用什么在盘子上画？颜料有几种颜色？每种蓝都一样吗？怎样搭配使用不同深浅的蓝色？蓝色不同，用笔时需要注意什么？盘子凹凸不平不好画怎么办？

(2)设想装饰方法。

指导语：你想画什么花纹？可以在纸盘的什么地方画？其他地方还可以怎么装饰？

活动延伸

1. 本活动可以用小号水粉笔绘画，也可以用棉签蘸水粉颜料绘画，或是用蓝色水彩笔绘画；可以在白色纸盘上画，也可以在覆盖白色纸膜的瓶罐上绘画。

2. 绘画过青花瓷盘后，教师还可以在后续活动中引导幼儿在覆盖白色纸膜的瓶、罐上绘画，成为青花瓷瓶、青花瓷罐，或是加入二方连续、四方连续等装饰手法，由平面到立体，增加活动难度，增添活动趣味，丰富作品的美感。

教学图片：

(案例提供：南京市游府西街幼儿园)

案例二十五

给蛋宝宝穿花衣(小班)

设计意图

班级开展了“可爱的蛋宝宝”研究性活动，在这个活动中有一个“蛋宝宝历险记”的活动，孩子做蛋宝宝的爸爸妈妈照顾它们三天，在这个比较有情趣的活动中，孩子们和蛋宝宝有了深厚的感情，孩子们把“蛋宝宝”当成了真的宝宝，便衍生出了“给蛋宝宝穿花衣”的课题。

怎样给蛋宝宝穿花衣？用什么形式穿呢？结合小班幼儿的年龄特点，我们选择了水粉颜料用点彩的方法来给蛋宝宝穿衣服。

活动目标

1. 能运用水粉颜料大胆地在蛋壳上装饰，初步尝试运用涂点、画线、平涂等技能装饰“蛋宝宝”。

2. 通过迁移，进行绘画活动。

3. 能专注地参加活动，体验成功带来的乐趣。

活动准备

颜料、鹅蛋壳、排笔、桌垫等。

活动过程

1. 导入活动，激发幼儿兴趣。

(1)指导语：今天有许多蛋宝宝来小五班做客，我们一起喊它们出来吧。

(2)欣赏 ppt，寻找装饰蛋宝宝的方法。

讨论：你喜欢哪个蛋宝宝，它穿的衣服是什么样子的？

(3)小结：这些蛋宝宝都很漂亮，有的蛋宝宝身上有大大小小的点点，有的蛋宝宝穿了横线、竖线组成的格子衣服，有的蛋宝宝身上有一圈一圈的螺旋线，还有的蛋宝宝穿上了五颜六色的衣服。

(4)指导语：刚刚我们看了那么多好看的蛋宝宝，鹅蛋宝宝也想穿花衣服，请你们用毛笔和颜料给他们画上好看的衣服好吗？

请幼儿说一说：你想在蛋宝宝衣服上画什么？

2. 幼儿装饰活动。

(1)边示范边提出操作要求：

先想一想你准备在蛋宝宝身上画什么样的衣服。

选一个喜欢的颜色，把笔蘸点颜料，拿出来的时候把笔头在瓶口舔一舔，把笔头上多余的水挤掉再画。

画蛋宝宝的时候手拿着下面的蛋托，可以边画边转。

每支笔都有自己的家，你在哪个盒子里拿的笔用完后要放回原来的颜料盒里，然后再换一种颜色。

画好后，把蛋宝宝放在桌上把它的衣服晾干。注意保护好你的蛋宝宝哦！

(2)播放音乐，幼儿操作；教师巡回指导并鼓励幼儿大胆选用各种颜色，绘制与众不同的蛋宝宝。

3. 展出幼儿作品。

(1)现在我们把蛋宝宝送上来,一起来看看大家打扮出来的蛋宝宝漂不漂亮。

(2)请两个孩子介绍自己装饰的蛋宝宝。

猜一猜:这个蛋宝宝穿的是什么衣服?它里面会变出什么颜色的小鹅宝宝?

(3)指导语:我们问问蛋宝宝喜欢它的衣服吗?

(案例提供:南京市第一幼儿园)

案例二十六

好饿的毛毛虫(小班)

设计意图

如果说有一条虫子能一路畅通无阻地从一个国家爬到另一个国家,那么就是它了!三十多年来,这条从艾瑞克·卡尔手里爬出来的红脑袋、绿身子、高高地弓起来走路的毛毛虫,已经"吞噬"了成千上万个孩子的心。这就是充满了诗情与创意的图画书——《好饿的毛毛虫》。今天的活动就来源于这本绘本,我们将绘本里有趣的情节、鲜艳的色彩、笨拙的形象与水粉游戏相结合,设计了适合小班幼儿年龄特点的美术活动。

在设计活动时,我们考虑的并不是如何教会孩子点印的技能,更多思考的是如何让孩子在有趣的游戏中,进行学习品质及思维挑战的培养。小小的、可爱的毛毛虫"爬呀爬,爬到小脸上,亲一下!爬到鼻子上,亲一下……"这样借助与幼儿的身体接触,消除幼儿的紧张感,并通过身体接触感受"点—提"的动作,再过渡到"肚子饿了,吃苹果",在游戏情景中帮助幼儿反复感受,为"点印毛毛虫"做充分的练习,从而激发幼儿对于活动的兴趣,使每一个孩子都参与到活动中来,并减轻幼儿在绘画中的困难。我们还提供了各种不同动态的毛毛虫,让孩子通过看一看、说一说、学一学,来帮助幼儿感受并表现毛毛虫变化、扭曲的身体。

我们将活动定位在"水粉游戏",就是希望我们的孩子在游戏中学习,在游戏中培养兴趣,而不是成为一名画匠。因此活动中教师考虑较多的是如何调动幼儿的积极性、主动性、参与性,活动中游戏的成分多一点、学习的压力少一点,让我们的孩子童年的生活更加快乐一点、更加有趣一点。

活动目标

1. 尝试用手指蘸颜料点印毛毛虫。

2. 借助身体接触、书空练习帮助幼儿学习用手指点印毛毛虫。

3. 体验点印活动的快乐。

活动准备

1. 颜料、抹布、勾线笔、作业纸。

2. 大苹果、毛毛虫ppt、指偶毛毛虫、实物投影仪。

活动过程

1. 开始部分。

(1)出示图书封面、指偶。

指导语:看,谁来了?我让毛毛虫从书上爬下来和你们玩,好吗?

(2)示范"点—提"动作。

指导语:毛毛虫爬呀爬,爬到小脸上,亲一下。

爬呀爬,爬到鼻子上,亲一下……

(3)幼儿练习书空"点—提"动作。

指导语:你们想不想有一条毛毛虫呀?(拿出指偶)

让你们的毛毛虫也来爬一爬。

(4)进一步练习"点—提"动作。

指导语:毛毛虫玩累了,肚子也饿了,看看,我给他带来了什么好吃的?

教师出示大苹果。

指导语:毛毛虫爬过来,张开嘴巴:啊呜,吃一口,啊呜,吃一口。毛毛虫是怎么吃的呀?

指导语:这个苹果好大呀,你的毛毛虫想吃吗?(幼儿练习)

2. 基本部分。

(1)观看视频——毛毛虫。

指导语:毛毛虫吃了大苹果,慢慢地长大了,他有圆圆的脑袋,还有圆圆的身体。咦?我发现毛毛虫的头和身体是一个挨着一个,紧紧靠在一起的。

(2)教师示范点印毛毛虫。

(3)拓展毛毛虫的不同形态。

指导语:毛毛虫有许多的好朋友,他们都在干什么呢?

你最喜欢哪一条毛毛虫?他的身体是怎样的?你能学一学吗?

(4)幼儿点印毛毛虫。

指导语:我们都很喜欢毛毛虫,今天就用小手来点一条毛毛虫。

3. 结束部分。

(1)介绍自己的毛毛虫。

指导语:你的毛毛虫在干什么呀?他是什么颜色的?

(2)用幼儿点印的毛毛虫装饰大书。

指导语:我发现你们的毛毛虫肚子都是瘪瘪的,是不是饿了?

这儿有许多好吃的东西,带着你的毛毛虫来吃东西吧!

(3)欣赏“好饿的毛毛虫”。

指导语:毛毛虫吃了许多东西,慢慢地长大了,长大以后的毛毛虫会变成什么呢?

现在我们也来变一只毛毛虫,毛毛虫长大了,毛毛虫为自己造了一间小房子,叫作“茧”,毛毛虫在里面睡了两个星期,毛毛虫咬破了茧,变成蝴蝶飞了出来,小蝴蝶们,我们一起飞啦!

亲亲我的小脸蛋

亲亲你的小鼻子

喂好饿的毛毛虫吃一个大大的苹果吧!

自己做毛毛虫

我的毛毛虫

猜猜,我的毛毛虫在干什么?

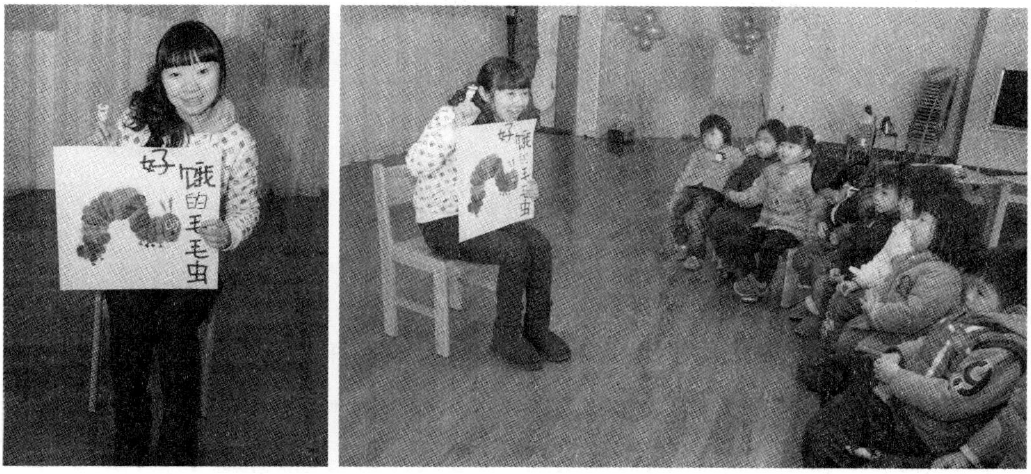

我们自己的图画书——《好饿的毛毛虫》!

（案例提供：南京市第一幼儿园）

案例二十七

哈哈大笑的人(中班)

设计意图

孩子们在平时都会画一些笑脸，这些是普通的脸。孩子们在平时也喜欢做夸张的表情或是做鬼脸，这能引发孩子愉快的情绪。我们这次活动就是通过张大嘴这个点，来让孩子表现自己张大嘴的夸张的样子，同时通过观察发现在张大嘴时五官的变化和不同的组合，也可以来表达不同的情绪，来让孩子绘画出不一样的我。除了用绘画的方法，我们还运用一些辅助材料来制作头发，这可以让画面更生动且有立体感，增加画面的层次性。在活动中，通过观察发现嘴的细节，以音乐为引导，鼓励孩子做出各种不同的张大嘴的夸张表情，体验其中乐趣。

活动目标

1. 能画出自己张开大嘴不同表情的样子，并用报纸制作头发。
2. 通过观察发现嘴里的细节和眼睛的变化与自己表情之间的关系。
3. 体会不同表情的有趣和快乐。

活动准备

1. 牛皮纸、水粉笔、水粉颜料。
2. 已做好头发的报纸、胶棒。
3. 镜子。
4. 音乐：《清晨》《假如你》。
5. 画好脸的画纸。

活动过程

1. 用镜子观察自己嘴的细节。

(1)提取生活经验。

指导语:这是什么?嘴唇是什么颜色的?看看,你旁边小朋友的上嘴唇和下嘴唇有什么不同?

(2)观察张大的嘴。

指导语:你张大嘴给旁边的小朋友看看,嘴里藏着什么?

牙齿是什么颜色的,舌头是什么颜色的?

(3)老师和孩子共同小结:脸上有嘴,嘴唇是红红的,上嘴唇有两个像小山的小尖尖。嘴巴是张得大大的,能看到里面白白的牙齿,一个跟着一个在嘴里排着队,红色的舌头,还能看到嘴巴里面像一个黑黑的洞。

2. 在音乐的引导下,探究张大嘴的表情。

(1)让孩子随着音乐做出张大嘴的喜怒哀乐的各种表情。

(2)观察自己张大嘴的不同表情和眼睛的变化。

指导语:我们来看一看小朋友张大嘴巴做出来的表情!你认为哪个好玩?

你认为他做出来的是什么表情?他张大嘴,你看到了什么?眼睛是什么样子的?

你喜欢看哪个小朋友的样子?你认为他做出来的是什么表情?你在他的脸上有什么发现?

你认为哪个小朋友的表情有趣?眼睛是什么样子的?眼睛是闭着的,眼睛周围有好多的线,这是皱纹。做这个表情时,他会说什么呢?噢!他在生气呢!

3. 创作表情画。

(1)幼儿绘画,提出要求。

指导语:画张大嘴的样子,张大嘴能看到牙齿、舌头也要画下来。最后用报纸做头发,头发有做好的头发,也有报纸,可以撕纸做头发,头发要用胶棒贴牢了。

重点指导嘴的细节表现、眼睛的样子。

(2)先画好的小朋友可以拿着给同伴和老师看一看,做一做你画的表情,让你的朋友和老师猜猜是什么表情。

4. 评价。

(1)请小朋友找一找最好玩的表情做一做,告诉大家最好玩的地方在哪里?

(2)欣赏视频:表情之王。

活动延伸

在区域中准备各种不同的五官造型和脸的模子，让孩子在区域中从镜子观察到自己不同的表情，把它拼在脸的模子上，可以和同伴玩玩猜猜“面具表情”的游戏。在区域中还可以布置一些有关图腾的图片，丰富孩子对表情的感受。

（案例提供：南京市第一幼儿园）

第四章　其他类型绘画创作活动的组织

第一节　棉签画教育活动的组织

一、棉签画的定义与意义

(一)棉签画的定义

棉签画是指直接用棉签来蘸颜色在纸上作画的一种绘画方式。

棉签画的工具包括棉签、颜料和纸。棉签可以使用医用的,也可以使用自制的。颜料可用水彩、水粉或国画颜料。纸使用一般的绘画图纸即可。

(二)棉签画活动对儿童发展的意义

棉签绘画活动一般在小班开展得较多,因为初学画的儿童手部的小肌肉还没有发展成熟,持毛笔或画笔作画对他们还有一定的困难,而用棉签作画相对来说更加简单易行,比较适合年幼儿童的年龄特点。用棉签绘画,这种绘画工具会激发孩子绘画的热情,用棉签画画直观、形象,快速作画是幼儿对棉签画感兴趣的原因之一;同时,用棉签画画让孩子易把握,能在短时间内形成有形的绘画作品,给幼儿带来一定的成就感。

另外,棉签画活动也可以促进幼儿小肌肉精细动作的发展,让幼儿体会艺术创造的乐趣,能够培养幼儿对于美术活动的兴趣。

二、儿童棉签画教育活动的年龄阶段发展目标

表 4-1　学前儿童棉签画教育活动的年龄阶段目标

	小班	中班	大班
绘画（平面）	1. 认识棉签、纸张等绘画工具和材料;能说出颜色名称,并对物体的颜色感兴趣;	1. 学习棉签画活动的基本方法; 2. 认识颜色的深浅变化,能大胆地使用丰富的颜色绘画;	1. 能创造性地运用不同绘画工具与绘画技法表现自己的思想和感受;

表 4-1 （续）

	小班	中班	大班
绘画（平面）	2. 掌握棉签画工具的基本使用方法，能辨别和感受直线、曲线、折线等线条变化； 3. 学习用线条和简单图形（圆形、方形、长方形、三角形等）画出日常生活中经常接触的、熟悉的、有趣的、轮廓简单的人与物； 4. 能大胆地在画纸上自由表现。	3. 学习用线条和图形表现不同物体的基本结构和主要特征； 4. 能初步安排画面中物体的左右、上下空间关系； 5. 能较为连贯地讲述自己的绘画作品，敢于表达，他人讲述或表达时能够认真倾听。	2. 能连贯、完整地讲述自己的绘画作品，敢于表达；他人讲述或表达时能够认真倾听，学会向他人学习并尝试反思与自我调整。
美术欣赏	1. 喜欢观看、欣赏棉签画作品； 2. 愿意参加棉签画欣赏活动，并养成集中注意力欣赏的习惯； 3. 学习欣赏同伴和教师的作品； 4. 初步学习运用动作、表情等方式表达自己欣赏后的感受。	1. 学习欣赏、评价同伴和教师的水粉画作品； 2. 给棉签画作品命名。	逐步形成从生活中发现美的能力。

三、棉签画教育活动的组织形式

（一）在一日生活中开展的棉签画活动

一日生活是小班进行学习活动的重要方式，在一日生活中开展的绘画创作活动能和儿童的生活经验紧密地结合在一起，符合生活即教育的原则，也体现了大自然大社会都是活教材的思想。下面我们来看一个小班的棉签画活动——蝴蝶花，看看在这个案例中老师是如何帮助儿童学习使用棉签进行绘画创作的，以及如何在一日生活中开展绘画创作活动的。

案例一

蝴蝶花（小班）

设计意图

蝴蝶花又叫三色堇，是一种春天开放的花，颜色鲜艳，有紫色、黄色、红色和白色等，开出的花有点像蝴蝶，所以人们叫它蝴蝶花。小班幼儿美术主要旨在培养孩子对绘画的兴趣，用棉签绘画，这种绘画工具就会激发孩子绘画的热情，这是孩子们绘画的兴趣之一；美丽的小花是孩子们喜欢的植物形象，颜料作画是孩子们的兴趣之二;用棉签画画,孩子们易把握,且绘画能在短时间内出效果,孩子们会有一定的成就感。

活动目标

1. 初步学习用棉签蘸上颜料进行作画,根据自己的观察画出一盆蝴蝶花。

2. 通过欣赏各种颜色的蝴蝶花,愿意用各种颜色的颜料进行作画。

3. 注意将棉签放回指定的颜料盘中,尽量保持手指和画面的干净。

活动准备

1. 制作好关于各种各样蝴蝶花的ppt、电脑。

2. 每组四种颜色的颜料(红、黄、绿、橘色),棉签若干。

3. 每组铺桌布、每人一张白纸。

4. 事先让幼儿们穿好护衣。

活动过程

1. 打开关于蝴蝶花的ppt,激发幼儿兴趣。

指导语:看一看,老师今天带来了什么好看的花?

你们觉得这个花像什么?

这些花有什么颜色的呢?

你最喜欢什么颜色的蝴蝶花呢?

2. 出示颜料和棉签,认识并了解作画材料。

(1)指导语:看一看,今天我们会用什么工具来进行作画呢?(棉签)

(2)教师边指着颜料边请幼儿回答:你们认识这些颜料吗?(请个别幼儿回答)

3. 通过教师的讲解示范,学习用棉签蘸着颜料进行绘画的方法。

(1)引导幼儿观察一盆蝴蝶花的构造。

指导语:要画一盆蝴蝶花都要画出什么呢?(花、盆)

(2)引导幼儿猜想绘画一盆蝴蝶花的步骤。

指导语:你们觉得要画一盆蝴蝶花可以先画什么呢?

(3)教师示范讲解用棉签画画的要领。

教师边讲解边示范使用棉签的方法:先将棉签在你要用的颜料中蘸一蘸,拿起来的时候,还要在颜料盒口边刮一刮,避免颜料滴下来。

提出规则:用完的棉签要放回原来的颜料盒中,需要其他颜色的颜料时就要换棉签。

4. 幼儿绘画,教师巡回观察指导。

(1)指导语:拿到纸后,要先想一想自己要用什么颜色画蝴蝶花,再开始作画。

(2)鼓励幼儿大胆地作画。

(3)用完棉签后，不要放错地方，避免将颜色弄脏。

(4)提醒幼儿画完画后将作品交给老师展览。

5. 欣赏幼儿棉签画"美丽的蝴蝶花"的作品。

指导语：你们最喜欢哪个颜色的蝴蝶花？

（案例提供：南京市北京东路小学附属幼儿园）

赏析　在这个案例中，教师在具体的活动设计前，就已经预先设想到让儿童使用棉签进行绘画创作能够激发儿童的创作热情，并且绘画的内容是儿童在生活中经常能够见到的蝴蝶花，和儿童的生活经验相关联，这就能使儿童对活动产生兴趣。

在活动过程中，教师首先引导幼儿欣赏关于蝴蝶花的图片，通过提问蝴蝶花的颜色、形状以及幼儿的喜好来引导幼儿进行观察。教师在介绍绘画材料以及讲解绘画步骤时循循善诱，并提出了使用棉签作画的规则，这对于小班的幼儿来说非常重要，只有掌握了棉签作画的规则，才能创作出成功的作品。在自由创作环节，教师鼓励幼儿在思考之后大胆绘画，并不时地提醒他们规则。最后的欣赏评价环节，教师将幼儿的作品进行展览，引导幼儿互相欣赏，给予幼儿表达的机会，激发了幼儿的自豪感。

(二)在室内外游戏活动中开展的棉签画活动

室内外游戏活动同样是幼儿绘画活动开展的一个重要载体，游戏化教学是幼儿园教学活动的一条重要原则，幼儿的身心发展决定了他们不可能像成人一样基本依靠听觉信息就可以从事学习。幼儿的学习不仅需要操作，还需要游戏化的操作，这样才能激发幼儿的兴趣，使学习活动符合幼儿的天性。

(三)在集体教学中开展的棉签画活动

集体教学是幼儿园教育活动开展的最主要环节，在美术教学中以集体教学的方式开展的活动所占的比例也最大。通过集体教学，可以高效率地在短时间内同时对一定数量的幼儿进行教学活动，让他们快速掌握绘画的知识和技能，并享受集体活动所带来的乐趣。

四、幼儿棉签画活动的注意事项

1. 每次作画前可以给每位幼儿多准备几支棉签，除了需要做到一色一支外，还需准备几支调色用，以防止幼儿混色。

2. 教师在为幼儿示范棉签作画时一般只对重点和难点部分进行恰当的示范表演，让幼儿在绘画时能有自己的想法，而不是机械枯燥地模仿。如果教师从头到尾地进行示范，幼儿创作的灵感可能就会被教师的思想所束缚，跟着老师的范例画，失去了创作的乐趣。

3. 小班幼儿由于年龄的限制，生活经验的缺乏，脑中积累的表象极其有限，这也就制约着他们想象力的发展，因此，我们为幼儿选择绘画的内容应是幼儿熟悉的、感兴趣的、喜欢的、简单的生活化事物，并以游戏的方法进行，因为游戏是幼儿的天性。把棉签绘画融入游戏中，更适合小班幼儿的年龄特点，体现对幼儿的尊重，从而引导幼儿从无目的涂鸦向有目的涂鸦推进，再从有目的涂鸦向创造简单的图形进行推进。

五、幼儿园棉签画优秀教育活动赏析

案例二

一串红(小班)

设计意图

平日在散步的时候，我发现幼儿对园内各种植物充满好奇和喜爱，因此让他们在花园中寻找一串红进行观察和绘画，以此激发幼儿的学习动机。此外用平时不常用的棉签进行点画，打破用笔绘画的常规，充满创意和乐趣。

指导要点

1. 教师引导幼儿观察一串红的生长特点，知道花是长在花茎的两边，教师示范时重点突出从左到右画小短线，中间要经过花茎。

2. 小班幼儿没有平均分布的意识，绘画时容易将花集中到一起，教师要提醒幼儿画一笔空一点。如：小花和小花之间都要留点空让它们晒晒太阳。

活动目标

1. 初步学习用棉签点画一串红的花瓣。

2. 尝试在花茎的两边点画花瓣。

3. 用完的棉签能放在指定的地方。

活动准备

1. 一盆一串红，棉签。

2. 装有红颜色的调色盘、画纸、范画。

活动过程

1. 室外游戏：寻找一串红。

指导语：今天，有一种红红的一串一串的花在花园里和小朋友们玩起了捉迷藏的游戏，我们一起把它找出来好不好？

2. 室内活动，集体观察。

将一盆一串红带回室内，进行集体观察。

(1)提问：你们知道这是什么花吗？

你们能猜一猜它为什么叫一串红吗？

你们觉得一串红像什么？

(2)认识一串红。

①引导幼儿从下往上观察一串红。

②认识花茎、花瓣，说一说花瓣长在花茎的什么地方。

3. 教师示范画一串红。

(1)出示画有花茎的一串红范画。

指导语：这儿有一盆一串红，可是它还没有开花呢！我们来帮帮它吧！

(2)示范点画方法。

①介绍点画工具：棉签。

②示范点画方法：提示幼儿讨论花瓣点在什么地方。

③点画要点：蘸一下，点一下；点一下，提起来。

4. 幼儿操作。

(1)师幼讨论：用完的棉签放在哪里呢？

(2)幼儿点画，教师巡回指导。

(3)教师帮助能力较弱的幼儿。

5. 欣赏作品。

(1)将幼儿的作品展示到展板上，组织幼儿评价。

(2)提问：你最喜欢哪盆花？为什么？

6. 延伸活动。

在平日的散步活动中，可让幼儿多次欣赏一串红。

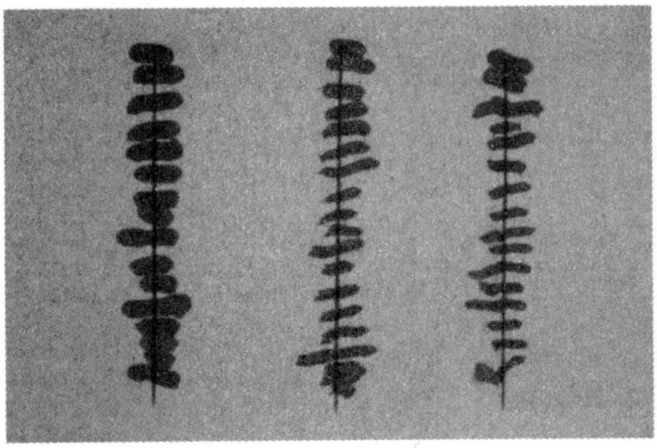

（案例提供：南京市第一幼儿园）

赏析 本活动选取了儿童日常生活中非常喜爱的植物——一串红，作为绘画对象。而棉签画对于小班孩子来说也易于掌握。指导要点也比较详细，教师从一串红的生长特点到花朵的平均分布画法都有所涉及。在活动目标中，除了掌握棉签画画法、一串红花瓣的画法外，建议老师在活动中还可以增加儿童情感态度领域的目标。

教师以带领幼儿寻找幼儿园中的一串红作为引入，并将一串红带入班级中进行欣赏和观察。在欣赏和观察一串红的过程中，教师通过"是什么，像什么"引起幼儿的思考，留给幼儿想象的空间。在示范过程中，教师采用儿歌的形式讲解点画法的要点，并让幼儿讨论花瓣应该点在什么地方，让幼儿进行自主学习，自主探索。在幼儿自由创作环节，教师能够兼顾到每一位幼儿，关注到了幼儿绘画能力的个体差异性。欣赏与评价环节，教师不仅让儿童说出最喜欢哪一幅作品，还要说出原因是什么，给予了儿童思考的机会。

案例三

一篮小金橘(小班)

设计意图

小金橘是幼儿生活中常见的水果，教师通过变魔术的情境，引导幼儿了解、认识了金橘的外形特征——圆圆的，有的大有的小。并且通过用"魔术棒"(棉签)变小金橘的游戏情境，指引幼儿尝试探索涂抹圆的不同方法：先画外形再涂抹颜色；由一点转呀转，慢慢变大。幼儿在游戏的氛围中不知不觉地主动习得表现圆的不同方法，在游戏的情境中，幼儿不知不觉地画出了一篮小金橘。

活动目标

1. 欣赏大小不同的橘子，了解橘子圆溜溜的外形特征。

2. 通过迁移已有的棉签画经验大胆尝试，探索画小金橘的不同方法。

3. 在作画过程中，感受涂抹的快乐。

活动准备

1. 经验准备：会使用棉签作画。

2. 材料准备：红色、橘色、黄色的水粉颜料，画有白色水果篮的黑卡纸人手一张。颜料盘、棉签若干。

活动过程

1. 幼儿观察教师用变魔术的情景出示的大小不同的橘子。

指导语：我是一个神奇的魔法师，看看，我会从口袋里变出什么呢？这个小橘子是什么样子的呀？像什么呀？

指导语：咦，这里又一个鼓鼓的，是什么呢？和刚才的橘子一样吗？哪里不一样啊？

2. 教师出示底图和作画的材料，幼儿探索画小金橘的不同方法。

(1)教师出示作画材料和画有水果篮的底图，幼儿尝试使用棉签绘画。

指导语：这是一个水果篮，可是里面空空的。谁会用这个魔术棒（小棉签）在篮子里变出一个小金橘呢？愿意做魔术师的上来试一试。

(2)教师反馈并示范幼儿画小金橘的不同方法。

指导语：这个魔术师先画了一个小橘子圆溜溜的样子，然后再给它穿上衣服。

这个魔术师是用转转转、越变越大的方法变出小金橘的。这两种方法都很棒哦！

(3)部分幼儿使用两种方法绘画小金橘。

指导语：还有谁愿意使用这个魔术棒，变出一篮小金橘呢？

3. 幼儿作画，教师指导。

(1)教师继续添画，引导幼儿将篮子里装满大大小小的橘子。

指导语：一个大大的橘子，好甜啊！转转转……又撞进来了一个小橘子……

装了满满一篮子的橘子，有的大有的小。呀！都把一个小橘子挤出来，掉到篮子旁边了。

(2)幼儿作画，教师个别指导。

4. 幼儿互相欣赏展示的作品。

指导语：你喜欢哪个篮子里的小橘子啊？为什么呢？

幼儿作品：

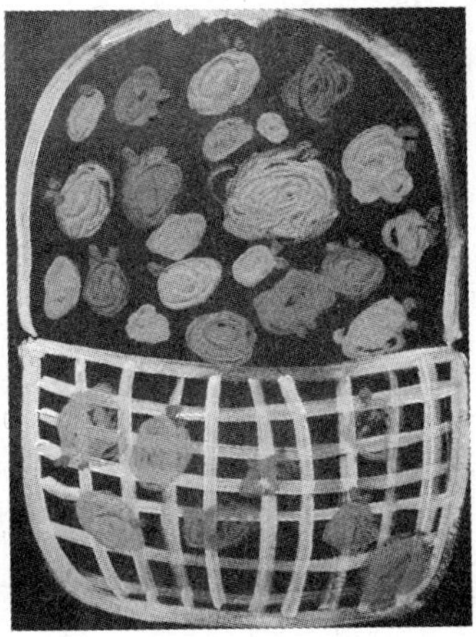

（案例提供：南京师范大学附属幼儿园）

赏析 在这个活动中，老师选取了幼儿常见的水果——小金橘作为绘画对象，将棉签棒变身为魔法棒，使整个活动充满趣味。活动目标的设计符合小班幼儿的年龄特点。活动准备从幼儿已有的经验准备入手，选取丰富的绘画材料，为幼儿的自由创作提供了物质保障。

在活动过程中，教师借用魔术场景变出小金橘，引起幼儿的兴趣。并通过不同大小橘子的比较，突出小金橘的特征，让幼儿充分感受小金橘的特点与不同之处。在介绍小金橘的画法时，教师首先教给幼儿一种画法，然后让幼儿自行探索其他画法。在添画的过程中，教师以故事的形式引导幼儿将花篮里填满小金橘，语言生动形象，幼儿易于接受。在评价与欣赏环节，教师让幼儿相互欣赏同伴画的小金橘，感受不同形式的绘画样式。

第二节 毛笔画教育活动的组织

一、毛笔画的定义与意义

(一)定义

毛笔画又称中国画，也叫作国画，它是用毛笔、墨及颜料，在宣纸或绢上画出的画。幼儿毛笔画一般以写意、工笔、白描等为基本表现形式，通过墨色和线条的变化来表现物象，体现幼儿天真烂漫的特点与水墨画的独特韵味。

毛笔画中所用的墨，可以通过不同的绘画技法，使单一的黑色产生色彩的变化，完美地再现物象。常见的墨色有“干、湿、浓、淡、焦”五种，如果加上“白”，就是“六彩”。其中“干”与“湿”是水分多少的比较；“浓”与“淡”是色度深浅的比较；“焦”，在色度上深于“浓”；而“白”，是指纸上的空白，它与“焦”在色彩上形成对比。

(二)对幼儿发展的意义

幼儿一般进入大班后，才会开始进行毛笔画的创作。原因是幼儿的肌肉发展水平和毛笔有别于其他绘画工具的特殊使用方法造成的。幼儿肌肉发展的规律是大肌肉先发展，其次才是小肌肉的发展，所以大班之前的幼儿握笔的力量不够，小肌肉的持久力不足，无法满足毛笔画的创作需求。而到了大班，儿童的身心得到了进一步的发展，已经有能力从事毛笔绘画活动。

通过毛笔绘画活动，首先可以锻炼儿童的手部肌肉能力，促进手部精细动作的发展。其次，毛笔画需要能“坐得住”，这就对儿童的耐心提出了一定的要求，学习毛笔绘画对幼儿园儿童持久性、坚持性的发展很有帮助。再次，毛笔画的持握技巧和绘画技法与毛笔字是相通的，儿童通过早期对毛笔画的学习，可以为以后，特别是学龄期写出一笔优美的字打下基础。最后毛笔画是中国传统文化的一颗明珠，让幼儿学习毛笔画，既是对幼儿文化底蕴的一种提升，也是对中华传统文化的一种弘扬。

二、儿童毛笔画教育活动的年龄阶段发展目标

表 4-2 学前儿童油画棒画教育活动的年龄阶段发展目标

	大　班
绘画（平面）	1. 认识毛笔、纸张等绘画工具和材料； 2. 掌握毛笔等工具的基本使用方法； 3. 能大胆地在画纸上自由表现； 4. 能有目的地安排画面，并注意形式美； 5. 喜欢用自己的绘画语言表达想法和感觉，喜欢毛笔画活动，并积极投入到绘画创作活动中。
美术欣赏	1. 知道从毛笔画作品中可以享受到视觉艺术的美； 2. 喜欢观看、欣赏毛笔画作品； 3. 学习欣赏同伴和教师的毛笔画作品； 4. 初步感受毛笔画作品中形象的对称、均衡、节奏等美学特征； 5. 欣赏并感受毛笔画作品中的情感表达性和对称、均衡的和谐美，了解毛笔画作品的背景知识； 6. 命名和讨论毛笔画的基本内容； 7. 喜欢与他人分享观赏及谈论毛笔画活动的快乐。

三、毛笔画活动的实施途径及组织形式

幼儿园的毛笔画活动同样可以从幼儿的一日生活中、室内外游戏活动中、集体教学活动中和其他领域的融合四个方面进行开展。毛笔画活动在导入阶段可以通过欣赏导入、语言导入和实物导入三种手段来进行。欣赏名作是幼儿学画中国画的重要前提，根据幼儿注重形象思维、强调直观教学的特点，在活动教学中需要通过欣赏的方式为幼儿积累丰富的经验基础。

美术课是一种技能性较强的课程，所以美术课在理论讲授环节的语言要求精炼、准确、富有感染力。中国画强调"以形写神""形神兼备"，即以写形为手段，达到写神之目的。表现对象的精神面貌历来是中国画之最终目标，虽然以此来要求幼儿进行毛笔画的创作幼儿并不能达到，但老师要特别注重语言的媒介作用，让幼儿真正地理解中国传统毛笔画的精髓。

在毛笔画活动中，真正能打动幼儿的心灵，并赋予他们想象的翅膀的往往是那些鲜明的、直观的形象。这些往往对于幼儿来说是至关重要的。教师可直接运用实物或现成的挂图把幼儿带入形象的世界中，调动幼儿多种感官参与感知过程，使思维更具体、更深刻，产生强烈的情感体验，这就有利于幼儿更好地进行毛笔画的创作。

国画是我国优秀的传统艺术，教学中我们要让幼儿了解其特点，掌握一些基本的表现方法与手段，感受到它的魅力，从中吸取丰富的营养。但又不能受传统国画理念的约束，仅限于传统技法的传授、内容的临摹。传统国画的用具主要限于笔墨纸砚，而幼儿毛笔画活动的表现方式具有多样性。如结合吹墨来画梅花，用揉纸的形式来表现草地，用对折的形式来表现小河的倒影等。国画作为幼儿的一种美术学习活动，目的在于提高幼儿审美素养，促进幼儿全面发展。幼儿国画教学，既要很好地植根于传统的土壤，又要紧随时代步伐开拓、创新，通过丰富多彩的教学活动，引导幼儿创作出具有时代特色和个性风格的作品。

四、组织幼儿园毛笔画教育活动的注意事项

（一）毛笔画前大量的欣赏必不可少，由于毛笔画常常用几个简单的线条勾勒出事物的整体特征，表意比较抽象，幼儿不易理解，所以只有在大量欣赏的基础上，幼儿才能积累丰富的表象经验，为之后的绘画活动打下基础。

（二）毛笔画的技巧较为复杂，在学习初期不应对幼儿提出过高的要求，应以体验为主，感受毛笔的独特画迹。

（三）毛笔画不论是哪种画法，对于幼儿来说都不是易于掌握的，教师在教授时应避免空洞的理论说教，多进行个别指导，让幼儿通过亲身体验理解不同的绘画技法。

五、幼儿园毛笔画优秀教育活动赏析与案例库

（一）幼儿园毛笔画优秀教育活动赏析

案例四

小蝌蚪（大班）

设计意图

1. 中锋运笔是国画的一种绘画技法。孩子最初对笔锋的控制是很难的，而一节课的重点和难点不应太多，所以我选择了以小蝌蚪这一简单而又熟悉的形象为

载体来学习中锋运笔。

2. 单纯地画小蝌蚪会显得单调而又乏味，所以在构图上做了一些变化，使画面更丰富更生动。

活动目标

1. 观察小蝌蚪的形体特征和生活环境。

2. 掌握中锋运笔的要领。

3. 学习国画构图方法。

活动准备

1. 工具：宣纸、墨汁、毛笔、毛毡、擦笔纸。

2. 范画、小蝌蚪找妈妈的一段视频。

活动过程

1. 谈话导入。

(1)播放一段小蝌蚪找妈妈的视频。

指导语：视频里是谁啊？

谁能说说小蝌蚪是什么样子的？

(2)请幼儿模仿小蝌蚪游动时尾巴的动作。

2. 学画小蝌蚪。

(1)出示第一幅范画，引导幼儿观察画面。

指导语：小蝌蚪游啊游、游啊游、游到水草里面去了！

小蝌蚪游啊游、游啊游、游到哪里去了？

出示第二幅范画：

指导语：第一幅画的水草和第二幅画的水草有什么不一样啊？

出示第三幅和第四幅范画：

指导语：什么叫构图？

构图就是安排物体的位置，水草可以长在两边或中间等等。

(2)教师示范。

作画之前要构思——构图。

注意：中锋运笔画小蝌蚪的脑袋和尾巴。

中锋运笔要领：笔杆垂直、笔尖作画、画出来的线条很细。

3. 幼儿操作，教师辅导。

4. 作品评价。

指导语：说说，你的画面是怎样构图的？

教师范画：

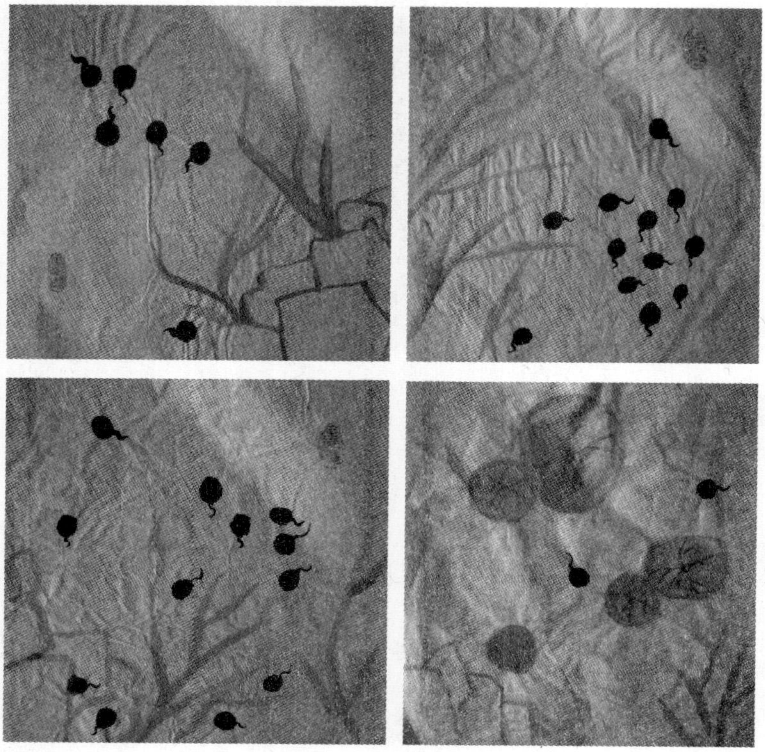

幼儿作品：

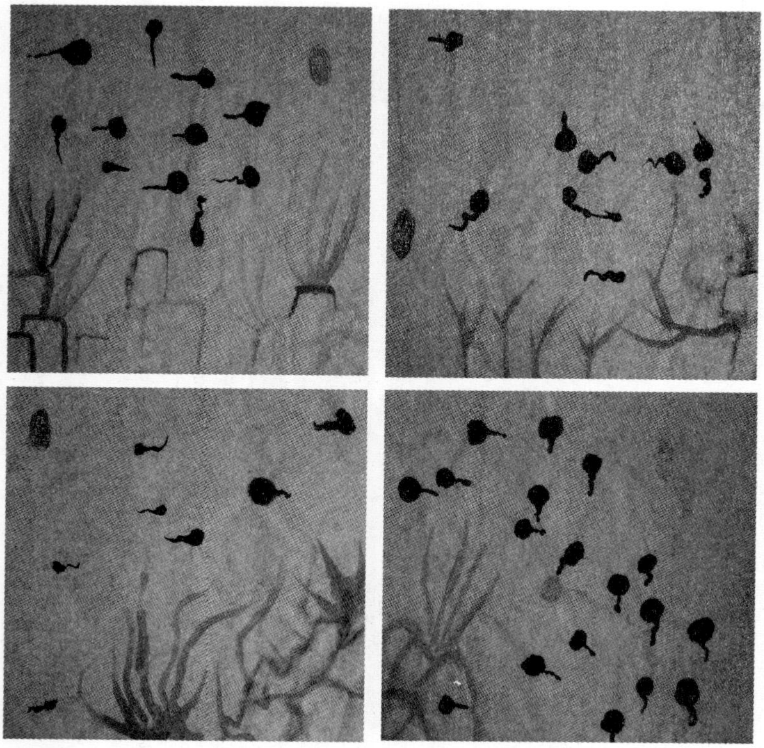

（案例提供：南京市第一幼儿园）

赏析 本活动选取了幼儿日常生活中非常喜爱的动物——小蝌蚪，作为绘画对象。教师以观看视频《小蝌蚪找妈妈》作为引入，并指导幼儿仔细观察、模仿小蝌蚪的形态动作，为接下来的绘画活动奠定基础。教师在让幼儿动手画画前先观察了4幅范画，在欣赏的基础上，幼儿积累了丰富的表象经验，为之后的绘画活动打下了基础。在具体指导过程中，教师不仅用儿歌的形式启发幼儿观察“第一幅画的水草和第二幅画的水草有什么不一样啊”，也用语言引导幼儿思考“什么是构图”，给予了儿童思考的机会。

(二)案例库

案例五

国画——观山图(大班)

设计意图

1. 山水画是国画表现内容上的一大类，学习国画必然要学习山水画。

2. 山水画讲究很多技法，而这些技法对孩子们来说是有一定难度的。因此，本次活动的重点是欣赏自然风光的美和观察山峦起伏、重叠的特点。

3. 用很简单的技法(中锋、侧锋)来表现浅绛山水的艺术风格。

活动目标

1. 学习调制墨色浓淡的方法，初步理解“近清楚远模糊”的视觉原理。

2. 观察欣赏图片，交流讨论山峦起伏的造型。

3. 自己使用的材料和工具能有序地整理好。

活动准备

1. 颜色：赭石、头绿。

2. 工具：墨汁、毛笔、毛毡、调色盘、擦笔纸、水。

3. 宣纸切成长方形。

4. 范画、图片。

活动过程

1. 视频导入。

(1)引导幼儿观赏黄山峰峦起伏的美景。

指导语：在刚才的一段视频当中你看到了什么？

(2)着重观赏峰峦起伏的一段并进行讨论，得出“近清楚远模糊”的原理。

2. 观赏国画大师笔下的山水画。

(1)体验山峰重叠的构图与布局。

(2)引导幼儿讨论如何用墨去表现山的清楚与模糊,如何调制墨色的浓淡。

(3)所用的颜色包括赭石、绿色。

(4)教师小结。

①最近处的山用浓墨,再远处的山用淡墨,越远就越淡。

②一定的墨加水越多,墨色越淡,加水越少,墨色越浓。

③以赭石色为主、绿色为辅的这种色调被称为浅绛山水画。

3. 教师示范,提示操作要点。

(1)近清楚远模糊。

(2)先勾出山的轮廓,然后再侧锋运笔用墨去着色。

(3)在调色盘上调制墨色,可以在报纸上进行尝试,加一次墨,逐步地加水。

4. 幼儿作画,教师巡回指导。

5. 作品评价。

指导语:你最喜欢哪幅画,为什么? 如何才能调制好淡墨?

教师范画:

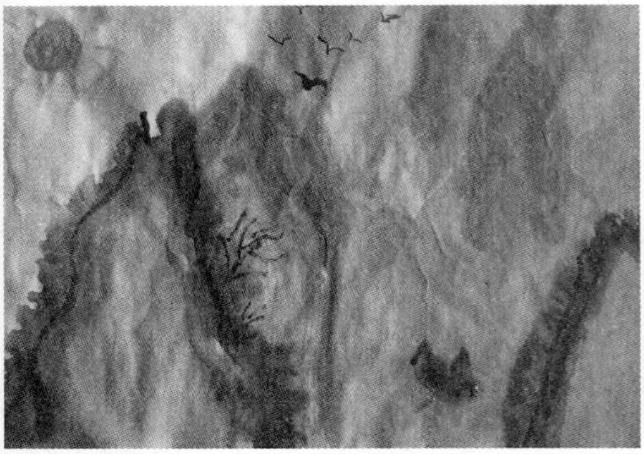

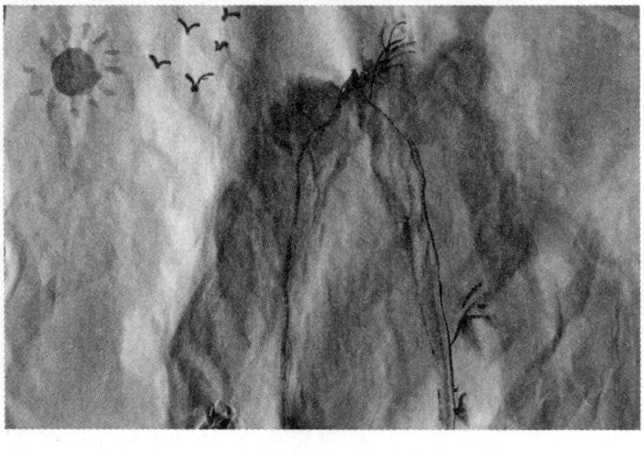

幼儿作品：

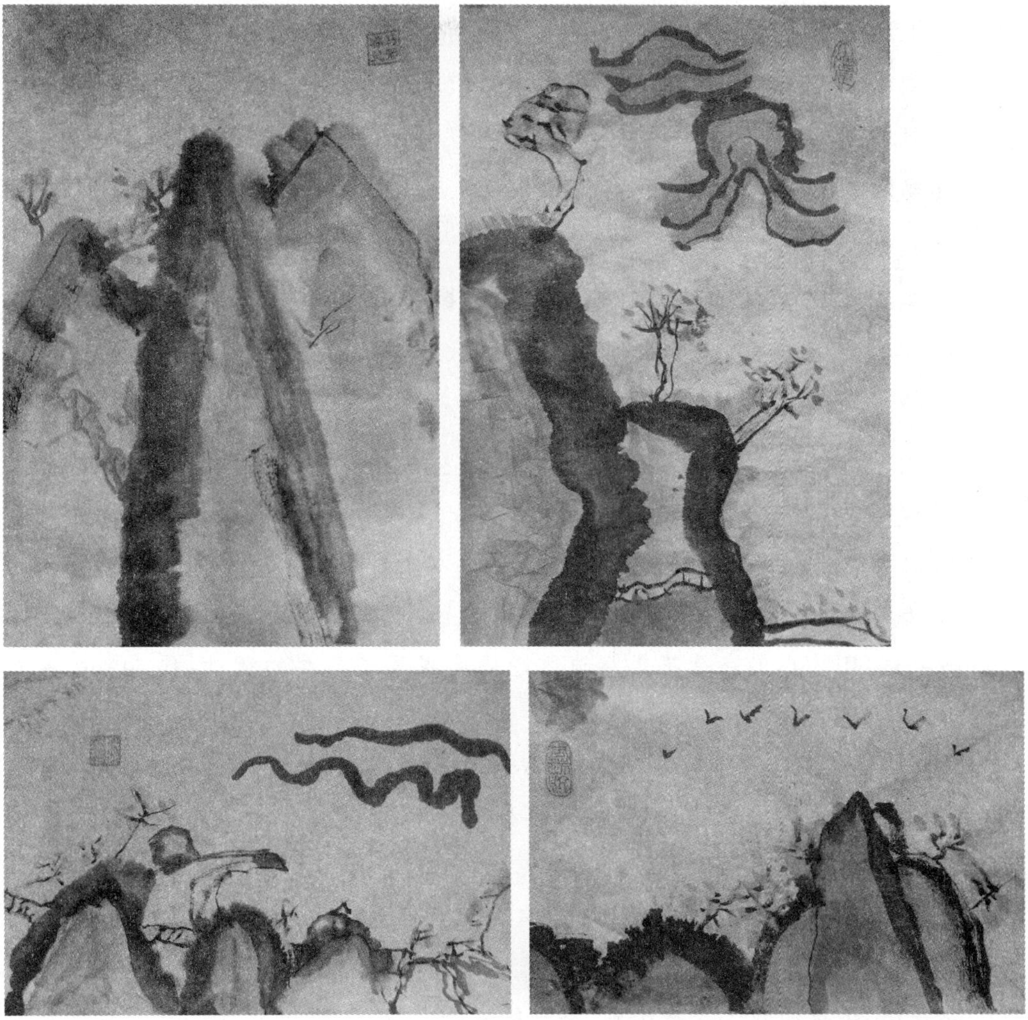

（案例提供：南京市第一幼儿园）

案例六

国画——枯荷小景(大班)

设计意图

1. 孩子对荷花池的印象大多是充满生机的、绿油油的景象，而很少去关注冬季沧桑枯萎的景象。我们充分利用幼儿园蜿蜒的荷花池，引导幼儿去观察荷花池冬季的变化，从而发现枯萎也是一种美！

2. 绘画风格设计类似于工笔，有利于对中锋和侧锋运笔加以复习。

3. 以小景的构图方式更具国画韵味。

活动目标

1. 观察冬季荷花池里的枯荷，学习绘画枯荷的特征和造型。

2. 通过对实物的观察、范例欣赏和示范讲解，讨论画枯荷的方法。

3. 自己使用的材料和工具能有序地整理好。

活动准备

1. 颜料：赭石。

2. 工具：圆形的宣纸、毛笔、墨、水、毛毡、擦笔纸。

3. 音乐：古筝名曲《出水莲》。

4. 枯荷图片、枯荷实物。

5. 活动前带领幼儿观察园内的荷花池。

活动过程

1. 引导幼儿观察枯荷的特征与造型。

(1)谈话导入。

指导语：刚才我们在荷花池岸边远距离地观察了冬季的荷叶，你看到的荷叶是什么样的呢？

你所描述的就是"枯荷"。远距离看到的枯荷是这样的。我刚才采了几朵枯荷，现在我们近距离地观察一下枯荷，看看它是什么样的。

(2)幼儿分组观察讨论。

指导语：看上去怎么样？有点像什么？

(3)教师小结。

指导语：干瘪的梗子上有小刺、细细的线条是叶脉、叶脉从叶子中间延伸到四周、颜色越来越浅。

(4)出示枯荷不同形态的图片，幼儿分组用肢体动作模仿一组枯荷造型。

2. 学习用水墨画出枯荷的特征与造型。

(1)出示范画，讨论画面构图及运笔方法。

构图：高低、大小的变化，倾倒的方向变化。

运笔：枯荷——中锋、水——侧锋。

(2)示范学画。

运用中锋运笔画出枯荷的外形。强调刮笔尖、蘸墨、坐姿、上色的运笔。

3. 幼儿作画(配乐)，教师指导。

4. 作品点评。

指导语：说说你作品中的枯荷是什么样子的。

教师范画：

幼儿作品：

（案例提供：南京市第一幼儿园）

案例七

水墨画——年年有“鱼”(大班)

设计意图

1. 年关将至,春节的气氛越来越浓。为了让孩子们体验到传统春节带给人们的喜悦与祝福,我们设计了这个活动。

2. 孩子们对金鱼并不陌生,有的甚至还养过金鱼,而且金鱼的外形特征比较突出,容易被孩子掌握。

3. 孩子们有了“小蝌蚪”“小草鱼”的前期绘画经验,在画面创造与构图方面具有一定基础。因此,本次活动的重点设置在掌握金鱼的外形特征与绘画步骤。

4. 采用小景扇形的构图方式更有国画韵味。

活动目标

1. 观察图片,了解金鱼的外形特征。

2. 从范画中讨论金鱼的绘画技法。

3. 能大胆和同伴交流自己的想法。

活动准备

1. 颜色:花青、曙红。

2. 工具:毛笔、墨、毛毡、水、擦笔纸、调色盘。

3. 把宣纸剪成扇形。

4. 图片、范画、画金鱼的流程图。

活动过程

1. 谈话导入观察图片,讨论交流金鱼的形体特点。

指导语:你在哪里看见过金鱼,金鱼是什么样的?我们来看看金鱼是不是真的长成他们说的那样呢?

小结:头宽背细、圆圆大大的眼睛在两侧,鼓鼓的肚子,彩带的尾巴,有黑色和红色的金鱼,还有花色的金鱼。

2. 学习画金鱼。

(1)出示范画,让幼儿感受画面的构图、用色、金鱼的运动方向。

指导语:猜猜金鱼是怎么一步步画出来的。

(2)出示金鱼的绘画步骤图并讲解。

(3)教师示范,提示操作要点:

曙红用水调匀画金鱼,花青画水草。

侧锋运笔画鱼的尾巴。

3. 幼儿操作,教师巡回指导。

4. 作品评价。

指导语:你想给自己的画取个什么名字?

老师给它取了个名字叫“年年有‘鱼’”,谁能猜猜“年年有‘鱼’”是什么意思?

幼儿作品:

(案例提供:南京市第一幼儿园)

案例八

水墨画——调皮的猴子(大班)

设计意图

在大班戏剧课程“猴子学样”这一主题中,幼儿表演非常精彩,从中受到启发。大班幼儿对猴子这一动物经过“猴子学样”有着丰富的认知经验,并且用水墨画小猴子很容易激发幼儿的学习兴趣,能够引导幼儿积极地参与到这个活动当中,表达属于他们的童真童趣。同时,可以自然地将水墨画教学内容与园本课程进行整合。

活动目标

1. 学习观察、分析和表现猴子的特征和动作。

2. 通过猜图、排序、现场示范等方法，观察分析猴子的绘画技法。

3. 体验猴子活泼可爱的天性。

活动准备

1. 国画颜料。

2. 工具：宣纸、毛笔、调色盘、毛毡、擦笔纸、水桶。

3. 范画若干。

活动过程

1. 出示范画，引发幼儿作画兴趣。

(1)通过猜测游戏“谁藏起来了”，逐步地揭开图片。

指导语：有一只小动物藏在这几张纸的后面，每一次它只会露出一点点让你来猜它是谁。看谁最先猜出来？

(2)引导幼儿观察猴子，说出猴子身体各部位的主要特点。

猜到猴子的时候，教师有选择地进一步引导幼儿分析猴子的特点。

(3)小结猴子的特征。

明确划分各部位的名称：头、身子、前肢、后肢、手、脚。

2. 示范猴子的绘画技法。

(1)观察分析猴子头部的画法。

①引导幼儿分析猴子头部的绘画顺序。

②幼儿根据已有经验分析猴子头部的绘画技法。（中锋、侧锋、墨色）

指导语：如果让你画一只小猴子，你会先画小猴子的哪个部分？

这里有小猴子头部的绘画步骤图，你们来帮我排排顺序，好吗？认真观察哦，先画什么，然后画什么，最后画什么。

用的是什么笔法？什么是中锋，什么是侧锋？

小猴子的头画好了，然后画上小猴子的身体、后肢、前肢、尾巴、爪子。

(2)模仿猴子动作。重点观察猴子身体与四肢的关系。

指导语：谁来学学这只猴子的有趣的动作？

提醒幼儿模仿之前要认真地观察猴子的动作特征。

谁愿意来自创一个小猴子的动作？

(3)示范猴子画法。顺序：头、身体、前肢、后肢。

3. 幼儿作画，教师巡回辅导。

(1)教师注意指导幼儿的构图、物体的大小。

(2)教师注意指导幼儿调整毛笔笔锋、执笔及运笔方式。

(3)提醒幼儿注意画面、衣物的清洁，养成良好作画习惯。

4. 活动评价。

指导语：请你找出最喜欢的一只猴子，并模仿这只小猴子的动作，让其他小朋友来猜，你喜欢的是哪一幅画。

（案例提供：南京市第一幼儿园）

第三节　综合使用多种工具材料进行绘画创作

前面我们介绍了许多种适合幼儿的绘画创作类型以及相关的绘画工具。这些绘画工具既可以单独使用，也可以综合使用。综合使用多种工具材料进行绘画创作更能够激起幼儿的兴趣，增加幼儿画画的表现手段，丰富画面的绘画效果。

一、综合使用多种工具材料进行绘画创作的基本概念

（一）定义

综合使用多种工具材料进行绘画创作是指在一幅绘画作品中同时使用多种工具材料进行美术作品创作的绘画方式。

比如，将水墨画和水粉颜料相结合后就变成了彩墨画，这种方法可以使画面色彩更加厚重、艳丽。在水粉画的基础上可以用彩色水笔、麦克笔、彩色铅笔或油画棒进行点缀，它们都会得到许多不同的特殊效果。我们还可以根据油和水不相溶的特性，让幼儿先用蜡笔或油画棒在纸上进行绘画，再用水彩或水粉颜料覆盖，这样画面就会产生斑驳的色彩效果。

（二）综合使用多种工具材料进行绘画创作的主要内容

综合使用多种工具材料进行绘画创作的种类非常丰富，常见的有指印掌印画、印章印画、撕纸拼贴画等。

指印掌印画是一种主要用手指或手掌蘸颜色在纸上进行作画的方式，这种方法在幼儿园很受幼儿欢迎，幼儿可以放松自如地运用自己的身体来绘画花朵、叶子、小动物等等。指印掌印画能表现出有力、粗犷、朴实的绘画效果。一般运用的技法有点触法、平按法、拖画法等。点触法就是用指尖来蘸色以点的方式来绘画；平按法就是以手指的螺纹面或手掌蘸色，在纸上按出图形；拖画法是用指尖或手的上半部分蘸色拖动，画出长条形的色带或色块。

印章印画可以用蔬菜、橡皮、肥皂、泡沫塑料等材料制成，既可在上面刻上一些简单的图案印画，也可以直接用来蘸上不同的颜色在纸上成画。印章印画是一

种结合了刻、印、画的活动，可以发展儿童的多种能力。

撕纸拼贴画是一种将儿童纸工活动和绘画活动相结合的活动类型，它既可以将纸撕成各种物体的形象，也可以是随意的形状，再对撕出的造型进行拼贴和绘画。这种方法创作出的作品朴素、稚拙，富有童趣，适合积累了一定造型经验的幼儿进行操作。

适合综合使用的绘画工具材料一览表：

1. 自然环保系列材料：布、麻绳、瓦片、废旧报纸、瓶罐、纸箱、塑料袋等。

2. 彩虹屋系列材料：各种模型的海绵、刷子、毛根、印章、珠片、花样裁剪工具等。

3. 不同材质的纸张系列：卡纸、报纸、海绵纸、包装纸、水粉纸、宣纸、毛边纸等。

4. 正规性工具材料系列：型号不同的毛笔、排笔、颜料、蜡笔、粉笔、水彩笔等。

5. 非正规性工具材料系列：蔬果、纸团、车轮、气球、鱼儿、服装、鞋袜、椅子等。

(三)对幼儿发展的意义

综合使用多种工具材料进行绘画活动是现代儿童美术活动发展的新趋势，综合使用不同材料能让幼儿打破创作的常规，给幼儿带来更丰富的艺术体验。幼儿对各种物质材料都有着本能的好奇心和探索的欲望。不论是棉花、纸片、绳子，还是树叶，生活中每件随手可得的物品都会引起儿童摆弄的兴趣。相比单一的绘画材料，儿童更喜欢沉浸在这些物质的材料中，乐此不疲地用各种方法把他们堆砌在一起，进行美术创造。基于儿童的这种特点和《幼儿园教育纲要》中提出的“给幼儿提供自由表现的机会，鼓励幼儿用不同的形式大胆地表达自己的情感”的要求，幼儿园在开展儿童绘画活动时，应尝试将各种安全的不同的综合材料引入，积极开展利用多种工具材料让幼儿进行绘画创作活动。

皮亚杰提出“儿童的智慧源于操作”。操作活动是幼儿美术活动中最感兴趣的活动之一。在操作活动中，幼儿将物质材料和自己的主观经验加以组合，制作出对幼儿个人来说新颖的作品，并以此获得各种新的知识和经验。综合材料的美术活动给幼儿操作活动的自主探索、自我学习提供了空间，在与材料互动的过程中习得的技能使他们终身受益。同时，活动过程也促进了幼儿观察、比较、分析、选择等能力的提高，加深了幼儿对形状、空间、色彩的认识，幼儿开始学会用不同的材质、不同属性的材料，用不同的方式表达自己的情感。多样化的材料更能激发幼儿的创作灵感，开阔幼儿的眼界，使幼儿从中获得了更多的自信与成就感。与此同时，夸张的变形，大胆的用色，自由的心态，丰富的想象，使幼儿创作的作品与艺术大师的作品有着许多相似之处。

二、综合使用多种工具材料进行绘画创作活动的年龄阶段发展目标

表 4-3　综合使用多种工具材料进行绘画创作活动的年龄阶段发展目标

	小班	中班	大班
绘画（平面）	学习使用多种工具画出日常生活中经常接触的、熟悉的、有趣的、轮廓简单的物体。	1. 学习用线条和图形表现不同物体的基本结构和主要特征； 2. 喜欢用绘画语言表达自己的想法和感觉，并能大胆地按照意愿作画。	学习综合使用多种工具和材料进行绘画创作，能创造性地运用不同技法表现自己的思想和感受。
美术欣赏	1. 愿意参加美术欣赏活动，体验欣赏过程中的快乐，并养成集中注意力欣赏的习惯； 2. 学习欣赏同伴和教师的作品； 3. 初步学习运用动作、表情等方式表达自己欣赏后的感受。	1. 学习体验不同作品中的线条、形状、色彩、质地的变化； 2. 学习并欣赏作品中的色彩的变化与统一美、构图的对称美和均衡美，理解作品的主题，能尝试用自己的语言、表情、肢体等表达自己的理解、感受； 3. 尝试给简单的美术作品命名。	1. 学习从不同形式和内容的角度评价同伴、教师的作品； 2. 命名和讨论绘画作品的基本内容； 3. 初步养成有注意、情感参与的安静观赏绘画作品的习惯。

三、综合使用多种工具材料进行绘画创作活动的组织

兴趣是儿童学习美术的动力，它像催化剂一样，能不断地促使儿童去实践、探索，提升自己的审美感知、想象、情感和理解力。但儿童的兴趣往往很难持久，常常在活动伊始时兴趣较大，当活动内容或材料对其失去新意时，兴趣就逐渐减退。这种现象部分是因为儿童在美术活动中目的性较差，往往依靠外界环境的人与物给其提供各种适当刺激，才能维持活动的持续，而较少自己去做意志上的努力。所以为了使儿童对绘画活动保持持久的兴趣，在绘画活动中保持积极的情绪，教师在美术教学活动中不仅要选择有趣的题材，还需要为儿童提供多种工具材料，让儿童体验使用多种工具进行美术创作的乐趣，创造自己喜爱的美术作品。《纲要》中也要求我们“指导幼儿利用身边的物品或废旧材料，制作玩具、手工艺品来美化自己的生活或开展其他的活动”。所以综合使用多种工具材料进行绘画创作是幼儿园美术活动的一种重要组织形式，并且在小中大各个年龄班都可以进行，适用范围较广。

（一）在一日生活中开展的综合使用多种工具材料进行绘画创作活动

将绘画活动融于一日生活中需要教师为儿童提供充分的创作材料。让儿童自己选择工具、材料，在不同质地、不同颜色的纸上进行绘画创作，用不同的材料进行粘贴。这样不仅能发展儿童的审美感受和创作力，还能加强他们对各种材料

的认识。但儿童在自己选择材料后，常常会碰到一个重要的问题——怎样使用材料。这就需要教师和孩子一起探索材料的用法，给儿童提供一个支架，帮助儿童寻求解决的办法，但绝不能包办代替，急于帮助儿童完成作品，那样就剥夺了儿童发展的权利。下面我们就先来看一个在一日生活中开展的综合使用多种工具材料进行绘画创作的活动。

案例九

蔬菜盖印——一瓶花(小班)

设计意图

蔬菜是小朋友常吃常见的食物，而将蔬菜做成印章，让幼儿在美术活动中进行操作，这是幼儿从未尝试过的。在玩印章的同时，让幼儿认识和了解更多的蔬菜。

活动目标

1. 尝试用不同的蔬菜印章在纸上印画，在教师的鼓励下愿意尝试用不同的颜色反复印画。

2. 在教师尝试错误方法的启发下，学习将蔬菜印章竖直印的操作方法。

3. 能大胆地印，体验用蔬菜印章在纸上留下印迹的乐趣。

活动准备

1. A4 黑色卡纸人手一张，上面贴上用报纸剪的花瓶和绿色蜡笔画的枝叶。

2. 红、黄、天蓝、粉红、橘黄等亮度较高的颜料，每组两个颜料盘。

3. 用青菜、青椒、藕、芹菜、苦瓜制作的蔬菜印章若干，每组放不同的印章六个。

4. 教师示范用底图(只有花瓶和绿叶)。

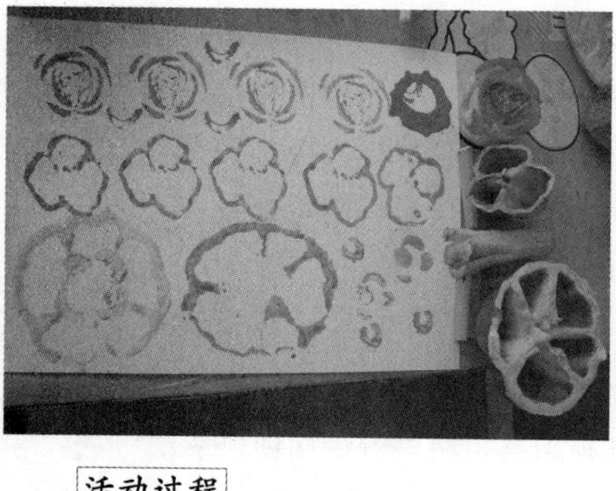

活动过程

1. 通过欣赏一瓶花，引起幼儿兴趣，初步感知花的不同造型和色彩。

指导语：这些花是什么样子的？

是什么颜色的？

你还见过什么颜色的花？

2. 出示范画（只有花瓶和茎叶），引起幼儿的兴趣。

指导语：谁能给自己的花瓶也插满花。

3. 教师示范讲解蔬菜印画的方法，幼儿观察。

（1）教师引导幼儿观察范画，明确盖印的位置。

指导语：花要印在什么地方呢？

（2）教师边示范边讲解印画的方法。

指导语：蔬菜印章快快来，蘸蘸红颜料，印在枝头上，红色花，真漂亮。

（3）教师示范错误的方法，组织幼儿讨论如何蘸色、如何印画。

（4）教师交代好小组的要求及常规要求。

4. 幼儿盖印。

（1）提醒幼儿印几朵花后要换一换印章，到不同的桌子上找不同的颜料来印出不同的花。

（2）教师提醒幼儿正确摆放纸卷，并保持衣服和手的整洁。

（3）教师鼓励幼儿尝试用不同的颜色反复印画。

5. 集体欣赏作品，引导幼儿观察蔬菜印章在画面上留下的痕迹。

指导语：你盖印的花是什么样子的？

幼儿作品：

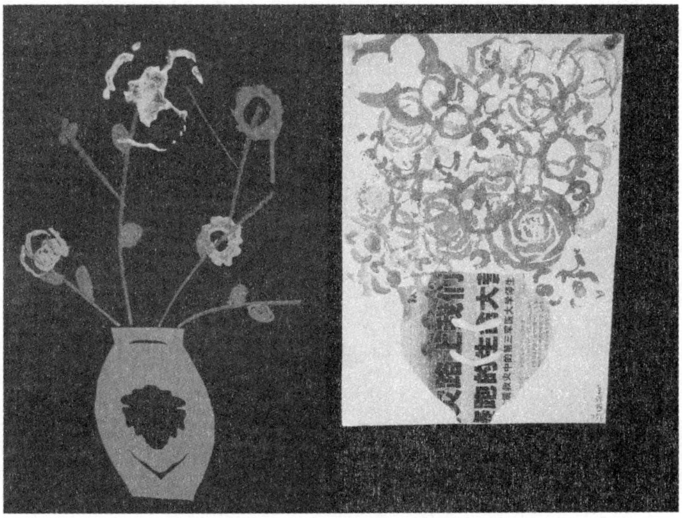

温馨提示

1. 在每组放上不同的颜料，让幼儿通过跑小组的方式盖印不同颜色的颜料，此方法可避免幼儿将印章放错颜料盘。

2. 在评价环节，让幼儿将蔬菜和画面匹配，使其关注材料和痕迹之间的关系。

（案例提供：南京师范大学附属幼儿园）

赏析 在这个案例中，教师把蔬菜引入了美术活动，将蔬菜做成印章，让儿童尝试操作，新颖有趣。同时在这一活动中，儿童也认识更多种类的蔬菜，丰富了生活经验。

活动准备中的黑色卡纸作为衬底既能突出花朵和花瓶的颜色，又能使幼儿在创作过程中感受这种色彩强烈对比中的美感。教师选用青菜、青椒、莲藕、芹菜、苦瓜制作蔬菜印章，既让幼儿认识到了不同蔬菜的横切面有不同的形状，同时也启发幼儿尝试探索使用其他蔬菜印章创作出不同的图案。

在活动过程中，教师首先引导幼儿欣赏一瓶花。在欣赏过程中，教师通过提问花的形状、特征以及颜色引导幼儿的观察和思考。在示范阶段，教师出示只有花瓶和茎叶的示范画，通过添画引入蔬菜印章的方法。其次教师还利用儿歌的形式便于幼儿记忆蔬菜印章的方法。在幼儿创作阶段，教师巡回指导。在集体欣赏阶段，教师建议让幼儿之间相互欣赏，除了让幼儿说一说你盖印的花是什么样子的，还让幼儿开动脑筋想一想，如果选取其他蔬菜印章，又会出现怎样的花朵？开拓幼儿的思路。

（二）在室内外游戏中开展综合使用多种工具材料进行绘画创作活动

室内外游戏活动中的很多材料都可以作为绘画创作活动的工具材料加以使用。在游戏活动中进行绘画创作，往往更能引发儿童的兴趣，使儿童在游戏中创造出更加奇妙的美术作品。下面我们通过几个案例看看在室内外游戏中可以怎样去开展综合使用多种工具材料进行绘画创作活动。

案例十

车轮印画——车轮滚滚（小班）

设计意图

滴滴叭叭——马路上奔驰的小轿车，工地上劳作的大吊车，会唱歌的洒水车……各种各样的车辆吸引着孩子的目光、激发了孩子的好奇心。对于小班的孩子来说，各种“汽车模型”是每个孩子都喜欢的玩具，不同车型的车轮大小、纹理等各不相同，丰富多样的纹理使幼儿产生了浓厚的兴趣，因此在这个活动中，我们抓住了这一兴趣点，让幼儿用车轮来玩弄五颜六色的颜料，使幼儿在发现、感受线条美的同时，大胆进行创作。

活动目标

1. 学习用车轮滚印颜料，对色彩和车轮的印痕感兴趣。

2. 借助玩玩具车的经验，学习用力来回反复滚印的动作。

3. 能大胆蘸颜料滚印，体验车轮在纸上留下印迹的乐趣。

活动准备

1. 黑色卡纸或白色作业纸，红、黄、蓝、粉红颜料装在垫有海绵的饼干盒盖上；擦手布。

2. 幼儿自带玩具汽车中选择有不同花纹、不同粗细的车轮。

3. 可请幼儿活动前穿好护衣。

4. 车轮滚画的范画一张。

活动过程

1. 出示范画，鼓励幼儿大胆想象并猜测绘画的方法。

指导语：这是什么？像什么？这是怎么画出来的？

2. 教师介绍绘画工具，示范车轮滚画的方法。

(1)出示玩具汽车、颜料和纸。

指导语：我们今天要用什么来画画呢？玩具车怎么画画呢？

(2)教师用儿歌边示范边讲解，帮助幼儿了解操作程序。

指导语：玩具小车手中拿，颜料盒上开一开；用点劲蘸颜料，再到纸上开一开；这边开、那边开，马路上的图画真好看！

(3)鼓励幼儿大胆绘画，用问题引导幼儿明确使用颜料的规则。

指导语：马路上的车可忙碌了，留下了很多美丽有趣的印痕。

换颜色时怎样才不会弄脏颜料盒中的颜色？（提醒幼儿看清玩具车上贴的颜色标记，放回到相同的颜料盒中。）

怎样才不会把颜料弄到手上？（强调：手拿车身）

颜料弄到手上有没有关系呢？可以怎么办？（用抹布擦，活动完后可以洗手。）

3. 幼儿绘画，教师巡回观察、适时指导。

(1)提醒幼儿手拿车身进行滚画，方便操作。

(2)鼓励幼儿尝试用不同的车轮在纸上印画，蘸不同的颜料反复印画。

(3)提醒幼儿注意看颜色标记拿取颜料盒中的玩具车，避免颜色混淆。

4. 陈列幼儿作品，组合成大幅，感受车轮滚画的轨迹和颜色带来的视觉效果。

活动延伸

1. 让幼儿在区角活动中继续用模型汽车进行车轮滚画，感受车轮轨迹和车轮纹路之间的关系。

2. 引导幼儿探索开玩具汽车的不同方法，发现在不同质地的地面上开玩具车的不同感觉和体验。

温馨提示

在调配幼儿滚画的颜料时，注意颜料的稀稠度，以车轮蘸上颜料后不滴为准。

（案例提供：南京市北京东路小学附属幼儿园）

赏析 这个活动将玩具小汽车作为绘画工具，通过车轮不同的印迹与各种色彩的结合，让幼儿在游戏中体验纵横交错的线条美，色彩变幻美。在活动准备中，教师选择黑色和白色作业纸作为衬底，更加突出其他色彩鲜明的特性。同时教师也选择了不同花纹、不同粗细的车轮，材料准备比较丰富，给予儿童更多选择和体验的权利。

在活动过程中，教师先让幼儿欣赏示范画，让幼儿猜一猜是用什么画出来的，引起幼儿的兴趣。在介绍绘画工具盒示范车轮滚画的方法时，教师采用儿歌的形式便于幼儿理解，理清操作步骤。而且创设马路上车水马龙的情境，引导幼儿大胆进行滚画。在幼儿自由创作环节，教师引导幼儿尝试使用不同颜色、不同花纹的车轮进行滚画。在欣赏环节，教师将幼儿共同完成的作品进行展览，使幼儿在视觉上获得冲击，给幼儿提供了感受美的机会。

案例十一

手印脚印(小班)

设计意图

在平时户外活动中,我发现孩子很喜欢用手去摸、用脚去踩各种各样的东西,于是我想,何不利用他们这种贪玩的天性,提供各种颜料,让孩子用手脚蘸上颜料来玩,这样既可以增强孩子对色彩的敏感性,同时也培养孩子对玩色的兴趣。

活动目标

1. 学习运用小脚、小手等感官,去感知不同事物的不同质地,激发幼儿主动探索外界事物的兴趣;

2. 认识红、黄、蓝、绿、黑等颜色,并能够蘸不同的颜色在纸上印画。

3. 体验玩色游戏的乐趣,提高幼儿对色彩的敏感性。

准备材料

1. 不同材质的纸;

2. 调好的红、黄、蓝、绿等水粉颜料,海绵,湿抹布等;

3. 手脚印示范画若干幅;

4. 背景音乐。

活动过程

1. 做赤脚操,引导幼儿用脚感受不同质地的材料。

放音乐,老师与幼儿一起做赤脚操。

老师念儿歌:"小猫赤脚走路静悄悄,小熊赤脚走路咚咚咚,小兔走路蹦蹦跳。"

2. 观察脚印示范画,学习脚印方法。

(1)让幼儿半月形围坐四周,老师用手和脚蘸上颜料,边听音乐边在纸上跳出一只大乌龟,激发幼儿玩色的欲望。

(2)出示其他脚印示范画,引导幼儿在游戏中看看玩玩,鼓励幼儿做出与教师不同的脚印画。当孩子在纸上踩出不同的脚印以后,可以玩跳脚印的游戏;将所踩的脚印进行不同位置的摆放,让孩子根据脚印的方向,分别迅速做出反应,对应做往前跳、往后跳、往侧跳等动作。然后,可以探索不同的跳法,如单脚跳、双脚跳、从高往下跳等。

3. 玩色游戏。

(1)让幼儿边听音乐边用小脚蘸上各种颜料,在不同质地材料上走、踩、跳等学各种动物走路,创造性地踩出各种各样的脚印画。

(2)把不同的手印脚印收集起来,教师组织幼儿一起看看、找找,分辨一下大小、掌纹的不同等。

(3)将印好的手脚印打乱顺序，散放在场地上，让幼儿根据大小、长短等进行目测，在规定的时间内，迅速找到自己的手脚印，并且左右不能搞错。

(4)放音乐做律动离场。并进行及时清洗小脚。

活动延伸

1. 手印的活动可以放到《手掌花》的美术活动中。

2. 把印好的手脚印剪下、塑封，作为孩子的印色作品；或者粘贴在走廊、楼梯口等地方，作为行走或指示的标志，提醒孩子文明行走。

（案例提供：南京市第一幼儿园）

赏析 手印脚印属于小班室内游戏活动。本活动的设计思路充分考虑到了幼儿喜欢用手和脚去感知事物的特点。将幼儿这一特点与玩色结合起来既有利于幼儿对色彩的感知，又使得活动富有游戏性。

在活动过程中，教师与幼儿一边做赤脚操一边念儿歌作为活动导入，让幼儿用双脚充分体验不同质地的材料。教师示范用手和脚蘸上颜料进行玩色引起幼儿兴趣。幼儿进行自由玩色活动时，教师鼓励幼儿进行创新，利用不同的跳法、脚的不同方向以及不同的颜色进行游戏。并通过印掌印，来辨认哪个是自己的手印。在活动过程中，教师播放与活动相匹配的音乐，营造欢快的游戏氛围，使幼儿在游戏中体验玩色的乐趣，寓教于乐。

(三)在集体教学活动中开展综合使用多种工具材料进行绘画创作活动

集体教学活动同样是开展综合使用多种工具材料进行绘画创作活动的最主要的方式，在集体教学中，儿童能够较快地学会综合使用不同的工具进行美术创作的方法，同伴间的相互学习也为儿童情感态度发展提供了支撑。

案例十二

球滚画(小班)

设计意图

本次活动将生活中随手可得的大皮球、小玻璃球作为幼儿绘画创作的工具，拓宽了幼儿美术活动的范畴，满足了孩子玩中画、画中学的需要，突出了艺术活动的新颖性、愉悦性。

活动目标

1. 学习用球滚画。

2. 比较感受大小不同的球滚过后所留下的痕迹的不同，由此激发想象并发现色彩的变化。

3. 尝试用滚画的方法装饰蝴蝶，体验用特殊工具创作所带来的乐趣。

活动准备

大皮球三个、玻璃球若干、纸、塑料盘、水粉三原色、抹布等。

活动过程

1. 游戏活动，引出课题。

(1)教师在地上铺上大纸，让幼儿围坐于纸四周并说说：这么大的纸像什么？

(2)出示皮球宝宝，做滚球游戏。

(3)用三个皮球同时滚，为球滚画做准备。

2. 了解方法，自由滚画。

教师示范用皮球蘸色滚画：把球在颜料盆中"洗个澡"——→将球轻轻放于纸上——→请对面的小朋友准备好——→把球滚给准备好的小朋友。

3. 集体合作，交流发现。

(1)用几个球蘸上颜料，你滚给我，我滚给你，直至把球上的颜料滚完。

(2)引导幼儿观察球滚过后留下的痕迹，交流自己的发现。

4. 寻找帮助，引出玻璃球滚画。

(1)老师在塑料盘里铺上印有蝴蝶的纸，用蝴蝶寻求帮助的形式，引出玻璃球滚画。

(2)老师示范玻璃球滚画，比较玻璃球与皮球滚画的不同之处。

(3)幼儿自由取盘子，用玻璃球滚画的形式，打扮蝴蝶。

(4)欣赏自己和同伴的作品。

活动延伸

在教室规定范围内，让幼儿自由寻找球形材料进行尝试探索，比较其轨迹不同。

（案例提供：南京市第一幼儿园）

赏析 本活动在设计意图上贴近幼儿的生活经验，选择了幼儿生活中经常玩耍的大皮球、小玻璃球。同时将这些小球作为绘画工具，在材料选择方面也有所创新。

本活动的目标也分别从知识与技能、过程与方法、情感态度价值观三方面进行阐述。

活动准备比较丰富，选取多种绘画工具和材料，使幼儿能够选择各种工具材料进行自由创作。但是缺乏幼儿的经验准备，在开展活动之前，只有了解了幼儿已有的学习经验，在此之上开展活动，才能够对幼儿能力的提高起到帮助。

在活动过程中，教师选择游戏进行导入，让幼儿进行滚球游戏，不仅激发了幼儿参与活动的兴趣，同时为下一步的滚画做了准备。教师示范皮球蘸色滚画的步骤并让幼儿进行尝试。在尝试的过程中，幼儿发现皮球滚落后留下的不同痕迹，通过幼儿之间的交流与思考，让幼儿主动得出皮球不同的滚落方式能够获得不同的痕迹。接下来教师利用玻璃球滚落后留下的痕迹，启发幼儿主动探索不同球类的不同轨迹。

由于小班幼儿精细动作尚完成困难，教师选择玩具球类作为幼儿绘画的工具，一方面符合幼儿身体发展规律，另一方面也拓展了幼儿绘画材料的种类，具有新颖性和游戏性。活动过程完整，从皮球游戏的导入到幼儿探索不同球类的轨迹，从欣赏皮球滚落的痕迹到欣赏不同幼儿的作品，不仅使本活动富于游戏性，同时使幼儿在活动中获得了审美体验。

案例十三

纸屑贴画——烟花满天飞（小班）

设计意图

过新年，真热闹！噼啪作响的爆竹声、绚烂多彩的烟花吸引幼儿打量这个多彩的世界。燃放烟花是过年的传统娱乐节目，在这里，本活动通过让幼儿欣赏、粘贴，进一步感受烟花燃放时所带来的惊喜和绚丽色彩的美。

活动目标

1. 通过自由摆放各种颜色的纸片来表现自己对烟花满天飞的概念。
2. 迁移手指点画的技能，掌握粘贴小纸片的方法。
3. 学习使用糨糊，知道每次用过后手指要在抹布上擦干净。

活动准备

1. 黑色卡纸、各色碎纸片、糨糊、人手一个衬衫盒（将黑色卡纸放入其中）。
2. 烟花图片、范例。

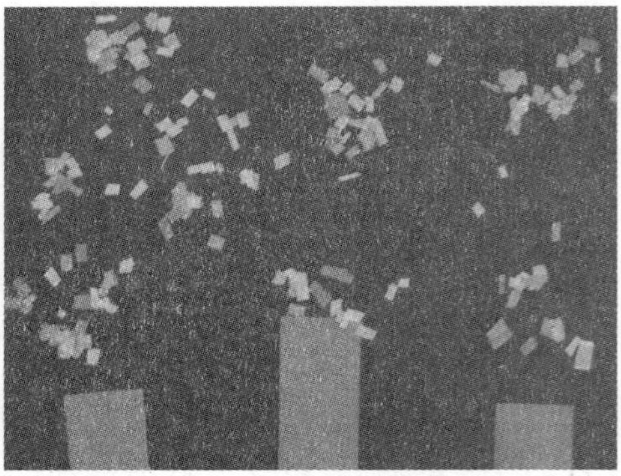

活动过程

1. 出示烟花图片,激发幼儿活动兴趣。

指导语:你们看看图片上都有什么样的烟花。

2. 教师示范,引导幼儿观察如何粘贴五颜六色的小纸片。

(1)教师引导幼儿迁移手指点画的技能,学习粘贴小纸片。

指导语:我们原来用手指点画西瓜籽的儿歌怎么念?(小手指,蘸一蘸,手指尖,点一点。)

(2)教师边示范边念儿歌。

指导语:小手指,蘸一蘸,手指尖,点一点,五彩纸片散上去。

3. 幼儿尝试粘贴五彩纸片,教师提示幼儿边念儿歌边进行粘贴。

(1)提醒幼儿用食指指尖点蘸糨糊。

(2)提醒幼儿先把纸片散在纸上,并轻轻按一按,然后将多余的纸片倒入衬衫盒里。

(3)将手上的糨糊在抹布上擦干净。

4. 展评幼儿作品,体验粘贴后的成功感。

幼儿作品:

温馨提示

在操作前,教师可预先暗示:"今天,你想做个什么样的烟花呢?"通过这样的语言,提醒幼儿在操作中不光注意烟花的颜色,还要注意烟花形状。以此培养幼儿有计划做事的能力以及发展其想象力,逐渐培养孩子做事的目的性。

(案例提供:南京市北京东路小学附属幼儿园)

赏析 这个活动将烟花作为美术活动主题,选用纸屑作为绘画材料。两者的相似程度比较高,便于幼儿理解。纸屑比较细小,且分散,容易摆出不同的造型,不同颜色的纸屑还能够贴出不同颜色的烟花效果。教师选择黑色卡纸作为衬底,使得五颜六色的烟花颜色更加鲜明突出。选择烟花主题，也很贴合过年的气氛，能够使幼儿更容易理解放烟花的意义。

在活动过程中，教师首先让幼儿欣赏不同颜色和不同形状的烟花图片，让幼儿对烟花有个初步了解。建议在此环节，教师可以让幼儿说一说自己曾经看到过的烟花是什么样子的，这样将幼儿已有的生活经验加以联结，使幼儿在创作时更有材料可选。教师在示范纸屑贴画的方法时，援引手指点画的主要步骤，使得幼儿更容易理解纸屑贴画的步骤（蘸一蘸，点一点），并编儿歌便于幼儿记忆。在幼儿自由创作环节，教师提醒幼儿贴画的步骤，以及创作的好习惯，在美术活动中融入日常规范。无形之中幼儿的行为也得到锻炼。在欣赏环节，教师引导幼儿评价作品，体验创作后的成功感。

案例十四

手掌印画——秋天的树叶（小班）

设计意图

“秋风起来了，秋风起来了，小树叶离开了妈妈……”孩子们雀跃地围绕在落叶飞舞的树下，稚嫩的歌声在风中回荡……当第一片树叶飘落时，秋天已悄然来临，这秋天的树叶像是精灵，正装点着秋天！孩子们小心翼翼地捧起一片片“精灵”，细细地端详着：“老师，你瞧！这片树叶像我的手一样！”是呀，孩子们的小手蘸上颜料，印出的图案，不正像那美丽的秋叶吗？我们希望孩子通过用和树叶形状相似的手掌，蘸上颜料印画的方式，描绘出美丽的秋叶，留住那难得的一抹秋色。

活动目标

1. 通过观看幻灯片，了解秋天树叶的色彩，感受成片的黄叶在一起所产生的美。

2. 在教师的动作示范和语言讲解下，尝试用手掌蘸颜料的方法，在底图上进行印画。

3. 愿意用手掌蘸颜料作画，知道更换颜色时要先用抹布将手上的颜料擦干净。

活动准备

1. 秋天的树叶图片、一片黄色的梧桐树叶。

2. 柠檬黄、中黄的颜料每组2盒。

3. 抹布每组2块。

4. 大树的底图每组一张（事先平铺在桌子上）。

活动过程

1. 教师边演唱歌曲《小树叶》边出示黄色的梧桐树叶，调动幼儿有关秋天树叶的经验。

指导语：呼……一阵秋风吹过，小树叶飘呀飘呀，落到了地上，小树叶变成了什么颜色呀？

2. 教师和幼儿共同观看图片，引导幼儿了解秋天树叶的颜色，感受漫天的黄叶叠加在一起所产生的美。

指导语：这里也有很多的小树叶。

小树叶有什么颜色呀？都在什么地方呀？

小树叶连成了一片，漂亮吗？

3. 教师出示大树底图和颜料，教师示范用手掌印画，引导幼儿观察学习正确印画的方法。

(1)指导语：老师今天也带来了一些秋天的树，可是这些树上没有树叶，我们一起来用小手帮大树妈妈长出小树叶吧！

(2)教师边讲解边示范用手蘸颜料在大树底图上印出树叶的方法。

指导语：颜料也要来帮帮忙，小手打开亲亲颜料，用力按一按，拿起来看一看，小手变成了什么颜色呀？(黄色)黄色的小手可真像一片小树叶呀！

黄色的小手亲亲树，用力压一压，一片树叶印出来。

印完一片树叶再印一片，手上的颜料印完了，再蘸一蘸颜料。

(3)引导幼儿换颜色印树叶时要用抹布将原有的颜色擦干净，避免混色。

指导语：老师为你们准备了深黄色和浅黄色的颜料，每一盒颜料的颜色都不太一样，如果我想换一种颜色的颜料，怎么做？

桌上的小抹布可以帮我们做什么？

4. 幼儿自由选择小组进行印画，教师适时指导。

(1)提醒幼儿印画时要整个手掌印在底图上，用力按一按。

(2)鼓励幼儿在同伴共用颜料的时候愿意等一等。

(3)提醒幼儿找空的地方印树叶，将底图印满。

5. 教师引导幼儿从颜色、构图等方面欣赏作品。

指导语：你们用了哪种黄色的颜料印树叶呀？

瞧！有的小树叶还被秋风吹落在地上了呢！

（案例提供：南京市北京东路小学附属幼儿园）

赏析　本次活动的主题由幼儿的一次偶然发现，我们的手掌和小树叶很像引出。可以说教师在日常生活中非常留心观察幼儿一举一动，活动的主题是从幼儿的生活中得来的。

在活动过程中，教师首先通过歌曲，同幼儿一起回顾了秋天的美丽景色。再通过各种秋天树叶的图片了解秋叶的颜色。最后与幼儿一起观察真正的秋叶。从听觉、视觉、触觉多通道让幼儿感受秋天的树叶。在示范环节，教师运用形象生动的语言为幼儿讲解了手掌印画的步骤。同时为幼儿提供深黄和中黄两种颜色供幼儿使用，使幼儿在创作过程中，对秋叶的颜色有进一步的认识和巩固。此外，在创作过程中，教师也会提示幼儿在构图方面多加创新。在欣赏环节，教师从颜色和构图两方面，有针对性地引导幼儿进行作品欣赏。

（四）与其他领域融合的综合使用多种工具材料进行绘画创作活动

各教育领域间相互融合是幼儿园教育活动开展的一个重要方向，如幼儿园常常开展的主题活动等。将美术活动与其他领域进行融合，能在发展儿童美术能力的同时学习到其他领域的知识，是一种非常好的教育教学方式。

案例十五

瓶盖印画——小鱼吐泡泡（小班）

设计意图

小鱼是幼儿喜欢的事物之一，他们平时总喜欢模仿小鱼游来游去、吐泡泡的样子。在这里我们尝试用瓶盖印画的方式，来表现小鱼吐出的泡泡。本活动让幼儿在玩颜料中体验美术活动的无穷乐趣，以培养幼儿对色彩的感受力。

活动目标

1. 尝试用大小不同的瓶盖印章在纸上任意盖印，初步培养颜色搭配的意识。
2. 通过教师的示范及儿歌的提醒，学习盖印泡泡的方法。
3. 能大胆地盖印，体验用瓶盖印章在纸上留下印迹的乐趣。

活动准备

1. 黑色卡纸，红、黄、蓝、绿颜料，瓶盖印章，泡泡枪，小鱼玩偶，各种颜色的圆形片。
2. 背景图1幅（只有小鱼和水草）。

活动过程

1. 出示小鱼，引起幼儿兴趣。

指导语：看看谁到我们班来做客啦，我们和小鱼问声好。

2. 教师演示泡泡枪，引导幼儿观察泡泡的外形特征和颜色。

指导语：泡泡是什么样子的？小鱼（用泡泡枪）吹出了什么颜色的泡泡？

幼儿每讲一种颜色，教师就在黑板上贴上相应颜色的圆纸片。

教师小结：泡泡是圆形的，有的大，有的小，而且每一个泡泡的颜色都不一样。

3. 出示只有小鱼和水草的底板，引起幼儿的兴趣。

指导语：小鱼有很多本领，不仅能在水中游泳，还能在水中吐出许多的泡泡。呜呜！我的泡泡都跑到哪里去了？谁来帮助我，让我的周围也有许多的泡泡。

4. 教师示范讲解瓶盖印画的方法，幼儿观察。

(1)教师引导幼儿观察范画，明确印的位置。

指导语：小鱼的泡泡吐在什么地方呢？

(2)教师边示范边讲解印画的方法。

指导语：瓶盖快快来，蘸蘸红颜料，印在水里面，红泡泡，真漂亮。

(3)请个别幼儿上来尝试盖印，帮助幼儿进一步了解盖印的方法。

5. 幼儿盖印，教师指导。

提醒幼儿印几个泡泡后要换一换印章，到不同的桌子上找不同的颜料来印出不同的泡泡。

提醒幼儿拿着印章的把子进行盖印。

6. 集体欣赏作品，引导幼儿观察自己所印泡泡的颜色和大小。

(1)教师引导幼儿观察泡泡的颜色、大小，并启发幼儿用语言说出来。

(2)教师边念儿歌边将瓶盖组合，引导幼儿进行想象。

指导语：小小金鱼，尾巴摇摇，张大嘴巴，吐出泡泡，一串一串，好像葡萄（雪人、糖葫芦、米奇等）。

活动延伸

在生活中，引导幼儿尝试用身边不同的材料蘸颜料进行盖印，观察盖印材料与盖印痕迹之间的关系。在不断丰富幼儿经验的基础上，鼓励幼儿用发现的眼光对待周围的事物。

温馨提示

1. 在制作瓶盖印章时，可在瓶盖上粘贴一个胶卷盒，这样便于幼儿拿取盖印。

2. 小班幼儿对于画面构图还处于一个无意识的状态，教师在评价环节可通过演示及儿歌的朗诵，帮助幼儿逐步从无意识构图过渡到有意识构图。

（案例提供：南京师范大学附属幼儿园）

赏析　本活动尝试用瓶盖印画的方法为小鱼添加泡泡，方便小班幼儿操作且易于掌握。通过帮助小鱼添加泡泡这种形象生动的方式，可以在这种玩色的过程中培养儿童对色彩的感受力。并通过绘画活动与语言等其他领域的结合，培养儿童多方面能力的和谐发展。

在引入环节，教师首先营造出小鱼做客的故事氛围，引起幼儿的兴趣。又通过泡泡枪喷出真实的泡泡，让幼儿切身体验和观察泡泡的形状、大小和颜色。在示范环节，教师通过儿歌的方式讲解瓶盖印画的步骤，生动活泼。在幼儿自由创作环节，教师也会提醒幼儿尝试进行色彩的搭配，使画面更加丰富。在欣赏评价环节，教师尝试引导幼儿说一说自己作品当中泡泡的形状、大小和颜色，促进儿童语言和数学能力的发展。并采用仿编儿歌的形式，发挥幼儿的想象力，说一说自己画的泡泡像什么，培养儿童的审美想象能力。

案例十六

弹珠滚画(中班)

设计意图

弹珠漂亮小巧，玲珑剔透，是幼儿喜爱的玩具。利用弹珠滚动的特性，开展弹珠滚画的活动，可以使幼儿在向各个方向滚动弹珠的操作中，逐渐掌握手腕有控制地微微转动的力度和方向，发展幼儿手眼协调能力，并感受弹珠滚动时留下的弯直交错、流畅行进的线条美。

活动目标

1. 在观察示范的过程中，了解弹珠滚画的操作步骤，初步学习弹珠滚画的方法。

2. 通过手腕有控制地微微转动，尝试向各个方向滚动弹珠，使图形纸上出现不同的花纹。

3. 通过玩色活动，锻炼自己的手眼协调能力。

活动准备

1. 玻璃弹珠、各种动物图形纸、圆形篓子、颜色盘。

2. 小勺子每个颜色一把。

活动过程

1. 出示玻璃弹珠，激发兴趣。

指导语：看看，老师手里有一样什么好玩的东西呀？

玻璃弹珠可以怎么玩呀？

2. 猜测使用玻璃弹珠作画的玻璃弹珠法。

指导语：你们会用玻璃弹珠作画吗？

想一想，用玻璃弹珠可以怎样作画呀？

3. 交流猜测结果。

指导语：说说看，你想到了哪些用玻璃弹珠作画的方法？

4. 观看教师示范，初步学习弹珠滚画的方法。

指导语：想不想看看老师是怎么用玻璃弹珠作画的？

先选择一个自己喜欢的动物图形纸，放在自己面前的篓子里，再用小勺，从颜料盒里取一个弹珠，放入自己面前的篓子，两手抓紧篓子来回转动，美丽花纹就出现啦！

注意：通过手腕有控制地微微转动，尝试向各个方向滚动弹珠，使图形纸上出现不同的花纹。

5. 共同回忆弹珠滚画的操作步骤及注意点。

指导语：刚才老师是怎么用玻璃弹珠作画的？

抓紧篓子转动时需要注意什么？

6. 尝试弹珠滚画。

要求：(1)手拿小勺从颜料盒里取弹珠时，小心别把颜料弄到外面。

(2)两手抓紧篓子来回转动时，尝试有控制地向各个方向微微转动。如果玻璃弹珠不动，再逐渐加大力量；一旦玻璃弹珠开始滚动，就控制这个力度不再加大，以免一开始就力度过大，导致玻璃弹珠滚出篓子，将颜料滚到各个地方。

(3)从哪里取的弹珠，用完后把它放回哪里去，然后换一种颜色的弹珠继续滚画，以免蘸有不同颜色的弹珠不按原来的颜色放而弄脏颜料盘。

7. 相互欣赏作品。

指导语：想不想看看别人的作品？

一边看，一边可以和旁边的好朋友说一说，你觉得哪幅画最好看？哪里好看？为什么？

活动延伸

开始活动时，教师可以提供玻璃弹珠引导幼儿滚画，在后续的区角活动中，教师还可以提供椭圆、正方、长方、三角等不规则小物体滚画，在增加滚画难度的同时，引导幼儿感受不同物体滚动时的不同摇晃力度，以及不同的滚画效果。

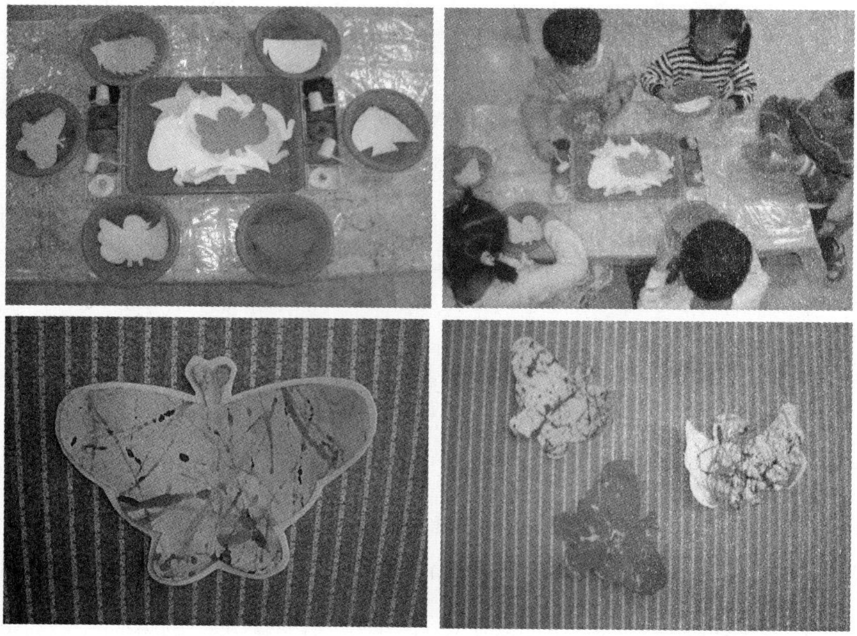

（案例提供：南京市游府西街幼儿园）

赏析 本案例中的活动将美术活动与科学活动结合起来，不仅让幼儿在创作过程中感受到了弹珠滚动轨迹的动态美，而且也发展了幼儿手眼协调的能力。活动目标除了学习弹珠滚画的方法和培养手眼协调的能力，还应增加情感类目标，例如“感受弹珠滚动时留下的弯直交错、流畅行进的线条美”。

在活动过程中，教师让幼儿猜测如何使用弹珠进行作画，引起幼儿的兴趣，幼儿尝试各种方法，给予了幼儿自主探索的机会。在示范环节，教师能够详细讲解手腕转动的力度这一要点。幼儿尝试进行弹珠滚画，使幼儿能够亲身感受弹珠滚动的动态美和线条美。在欣赏环节，幼儿之间相互欣赏作品，进行评价，也培养了幼儿如何欣赏美，鉴赏美的能力。

四、儿童综合使用多种工具材料进行绘画创作活动的注意事项

（一）为儿童提供丰富的材料是促进儿童多样化的作品呈现的基础。绘画创作必须要有原材料，原材料包括来自大自然的各式各样的物质材料和幼儿对生活的丰富感受。美国艺术心理学家阿恩海姆认为：绘画活动实际上是一种通过创造与刺激材料的性质相对应的一般形式结构来感知眼前的材料活动。综合材料活动中丰富的材料和工具，给幼儿提供了丰富的表现手段和内容，幼儿可以自由地探索绘画中的物质材料，并学会有选择地使用它们。但为幼儿提供的工具材料注重丰富的同时也要注意适量，因为在活动中如果一次性投入过多的材料会分散转

移幼儿的注意力，他们会集中于材料工具的选择上而忽视创作的目的。

（二）工具材料的提供最好能体现一种使用的变通性和综合性。这样能够较好地发散幼儿的创新思维和想象空间，同时做到一物多用，还节约了人力、物力、财力，实现资源共享。并且工具材料的选择上要充分抓住幼儿的年龄特点，注意难易程度，要适合儿童的发展水平。

（三）幼儿园的美术区角和美术工作坊的设立能非常好地体现幼儿的自主性，幼儿在这种宽松自由的环境中能够更加从容地使用综合工具去进行创作，也更容易激发他们的兴趣和创造潜能的发挥。

（四）掌握每种工具和材料的使用规则和技能技巧是保证幼儿创作的前提，如材料的使用、摆放、归类、整理、收集等，这些细节的忽视会直接影响幼儿的创作和思维。

（五）积极为幼儿提供展示作品的舞台和机会，这样更有利于幼儿体验成功的快乐。

总之，美术是一门实践性很强的活动，所有的艺术表现都建立在物质材料基础上。材料技法的适时传授对孩子的艺术学习起着巨大的作用，老师要通过一系列有技巧的练习和指导，让孩子在技法练习中既放飞心灵又能切实掌握材料技巧，通过新颖、有趣味性的美术教育工具，激发孩子的新鲜感，让儿童乐于去创作。在儿童完成作品时，应为儿童创设展示自己作品的地方，让儿童在相互欣赏、交流中共同提高。教师在评价阶段要读懂儿童的每幅作品，不能以成人的眼光去看孩子的作品，要以孩子的视角去欣赏他们、理解他们，充分了解儿童的创作心理，肯定儿童作品中的点滴进步，给予赞赏和鼓励，使幼儿对每次绘画活动都充满信心。

五、综合使用多种工具材料进行绘画创作优秀教育活动赏析与案例库

（一）综合使用多种工具材料进行绘画创作优秀教育活动赏析

案例十七

报纸撕贴想象画（中班）

设计意图

幼儿喜欢模仿，更乐于创造。进入中班，幼儿积累了一些基本的造型表现经验以后，教师可以有意识地提供一些废旧材料，鼓励幼儿自主创造。教师可以提供废旧报纸，鼓励幼儿撕贴报纸、想象添画，启发幼儿对不规则图形展开多角度的联想，并锻炼幼儿根据自己联想的表现需要“画龙点睛”，通过简单的想象添画，表现出具体形象的主要特征，从而最终实现幼儿的自主表现。

活动目标

1. 学习对报纸随意撕成的形象展开联想，通过简单粘贴添画表现出具体形象的主要特征。

2. 会将纸片转动不同的方向，进行多角度的想象。

3. 节约用纸，尽量尝试利用小纸片进行创作。

活动准备

范例、废旧报纸、胶棒、油画棒、画纸。

活动过程

1. 出示报纸，猜测报纸可以怎样作画。

指导语：这是什么？报纸可以干什么？报纸可以作画吗？怎么作画？

2. 出示范例，猜测制作方法。

指导语：老师用报纸作了一张画，猜猜看，是怎么作的呀？

3. 教师示范撕贴报纸，并通过简单粘贴添画表现出具体形象的主要特征。

(1)教师示范撕报纸。

指导语：刚才小朋友猜测了报纸作画的方法。

报纸到底是怎么做成画的呢？

看看老师是怎样把报纸变成画的。

怎么撕报纸呢？

小结：两手的大拇指、食指和中指的指尖分别捏住报纸的两边，然后两只手分别向不同的方向轻轻撕。撕的时候可以随意改变方向，就可以随意地撕出不同的形状了。

(2)尝试将纸片转动不同的方向，进行多角度的想象。

指导语：一块纸片撕好了，看一看，像什么？

还像什么呢？再转个方向看看呢？

小结：同样一片纸片，从不同的角度去看，就可以看出不同的东西。我们可以把撕好的纸片多变换几个角度，看看你一共可以看出多少样不同的东西。

(3)教师示范通过简单粘贴添画表现出具体形象的主要特征。

指导语：想出了许多东西，你觉得它最像什么呢？

你最想把它变成什么呢？怎么变呢？

小结：先把纸片撕出一个随意的形状，在纸上边转边摆，看看像什么。再把纸片根据需要，选择合适的角度，用胶棒贴在画纸上。最后用油画棒在纸片上想象添画，表现出具体形象的主要特征。

4. 随意撕纸添画，教师巡回指导。

制作过程提示：

(1)随意撕纸。注意不要先想怎么撕，应该先撕纸后想象。

(2)将想象好的作品贴在底纸上，进行加工。

(3)尽量通过添画相关的事物，表现出具体形象的主要特征。

(4)节约用纸，尽量把小纸片也利用起来。

(5)评价。

指导语：谁来说一说，自己变的是什么？

猜猜看，别人变的是什么呢？

活动延伸

此活动还可以和“废旧物品想象制作”相结合。教师和家长平时注意收集生活中的各类废旧物品，然后在区角活动中，将废旧物品提供给幼儿，启发幼儿变废为宝，综合利用废旧材料开展各类美工活动。如：瓶罐造型(塑料瓶或易拉罐)、点状物装饰贴画(植物种子及其外壳)、编织花衣服(塑料水果包装袋)等。

(案例提供：南京市游府西街幼儿园)

赏析　本次活动选取幼儿常见的报纸作为绘画材料，选材新颖且环保。同时，撕贴报纸和添画给予幼儿很大的想象和创作空间。通过本次活动可以看出，教师比较了解幼儿已有的学习经验，在幼儿已经积累一些基本的造型经验后开展撕贴活动，一方面有利于幼儿对已有造型知识的巩固，另一方面也为幼儿利用造型知识进行创作提供了机会。

活动目标层次较分明，由通过撕贴和添画创造具体形象，到多角度想象，再到幼儿节约意识、环保意识的培养，层层递进，目标明确。

在活动过程中，教师让幼儿自由讨论报纸作画的方法，引入撕贴法。并通过一系列的提问，引导幼儿进行想象。让幼儿进行自由撕贴和添画，给予幼儿自由创作的空间。最后幼儿之间相互欣赏，给幼儿提供了相互学习的机会。

案例十八

车轮印迹玩具印画（中班）

设计意图

幼儿喜欢游戏，在玩游戏的过程中作画，将更能打动幼儿。在蘸颜料开汽车的玩色过程中，幼儿可以轻松、快乐地开着玩具汽车，感受车轮印迹开过纸面所留下的纵横交错、斑驳断顿的行动轨迹，感受线条、斑点、形块间大小、粗细、疏密变化所造成的画面美。如是多色游戏，还可以在随意的蘸色游戏中，感受水粉颜料交融、渐变的色彩美。

活动目标

1. 复习巩固对红、黄、蓝、绿、紫、橙六种颜色的认识，感受色彩和线条的美。
2. 学习用玩具小汽车的车轮当作绘画工具进行滚画的方法。
3. 与同伴共同体验“开车作画”的乐趣，并相互交流“开车作画”的多种方法。

活动准备

1. 每人一辆不同车轮花纹的小汽车。
2. 红、黄、蓝、绿、紫、橙色的颜料各一盘。
3. 各种形状底图若干，如：小汽车、小房子、小衣服、小蘑菇等。

活动过程

1. 出示玩具小汽车，猜测使用玩具小汽车作画的方法。

指导语：这是什么？玩具小汽车是由哪几个部分组成的？

猜猜看，使用玩具小汽车，可以怎么作画呢？

2. 相互交流使用玩具小汽车作画的方法。

指导语：谁上来试一试，用玩具小汽车怎么画画？

3. 观看教师示范使用玩具小汽车作画的方法。

指导语：刚才小朋友想到了许多使用玩具小汽车作画的方法。想不想看看老师有什么不同的使用玩具小汽车作画的方法？

小结：先用玩具汽车的车轮在颜色盘里蘸上喜欢的颜色，然后在底图上来回滚动汽车的车轮，一条条彩色线条或花纹就出现了，汽车的车轮花纹不同，滚画出的线条或花纹也不同。

4. 徒手练习，回忆作画步骤。

指导语：把右手伸出来，我们一起来试着用小汽车画画。先用右手拿住小汽车，用车轮在颜色盘里蘸上喜欢的颜色，再在底图上来回滚动汽车的车轮。

5. 尝试车轮滚画，教师巡回指导。

要求：(1)蘸取适量的颜料，避免颜料过度洒滴弄脏画面。

(2)右手小心拿紧玩具汽车，避免手指蘸到颜料，或是不小心跌落玩具汽车。

(3)注意观察作业纸，尽可能向空白的地方开车，以避免颜色过度重叠影响画面美感。

6. 欣赏、展评作品。

指导语："开车作画"好玩吗？你是怎么"开车作画"的？

看一看，你最喜欢哪幅画？你觉得什么地方最好看？

活动延伸

除了水粉绘画活动之外，幼儿园里还可以开展许多引导幼儿玩颜色的活动。车轮印迹玩具印画活动开展以后，教师还可以引导幼儿开展玩具印章画、弹珠滚画、吹画《腊梅花》等多种不同的玩色活动。

教师还可以逐渐增加颜色的数量，引导幼儿在玩颜色的活动中，感受双色、三色、多色混合以后的色彩变化效果。

（案例提供：南京市游府西街幼儿园）

赏析 本案例和上一案例都是以玩具小汽车作为绘画工具，通过车轮不同的印迹与各种色彩的结合，让幼儿在游戏中体验纵横交错的线条美，色彩变幻美。不同的是面对的孩子年龄层次不同，中班的活动对儿童的要求就会相应提高一些。在活动目标中，教师能够根据幼儿已有的色彩经验进行巩固，并在此基础上学习车轮滚画的方法。材料准备比较丰富，除了准备不同车轮花纹的小汽车，还准备了各种形状的底图，便于幼儿能够根据不同的形状进行创作。

在活动过程中，教师先让幼儿自行探索小汽车作画的方法，然后总结得出将小汽车的车轮蘸上颜色，在画纸上进行来回滚动车轮，就留下了小汽车车轮的痕迹。在幼儿自由练习，尝试车轮滚画的环节，教师重点提醒作画的要求。在最后的欣赏环节，幼儿互相欣赏作品，给幼儿提供了感受美的机会。

案例十九

棉线合印画——蝴蝶（小班）

设计意图

春天是春光明媚的季节，美丽的蝴蝶在花丛中飞来飞去。在这里，我们让幼儿尝试用线条创造各种造型的花纹，并用合印画的方法装饰蝴蝶的翅膀。不仅让幼儿在欣赏和实践中感知了解图案的对称美，还让幼儿体验到艺术创作的乐趣。

活动目标

1. 初步尝试用棉线印画，能选择多种色彩表现蝴蝶翅膀美丽的图案。
2. 通过自己的不断操作，发现并感知蝴蝶翅膀对称图案的美。
3. 知道拿住棉线把手，并按颜色标记轻拿轻放，知道手脏了用抹布擦。

活动准备

1. 各色颜料（每组一份），抹布（每组两块）。
2. 做好颜色标记的棉线若干。
3. 用黑色卡纸剪好的蝴蝶外轮廓若干。
4. 将蝴蝶图片制作成 ppt。

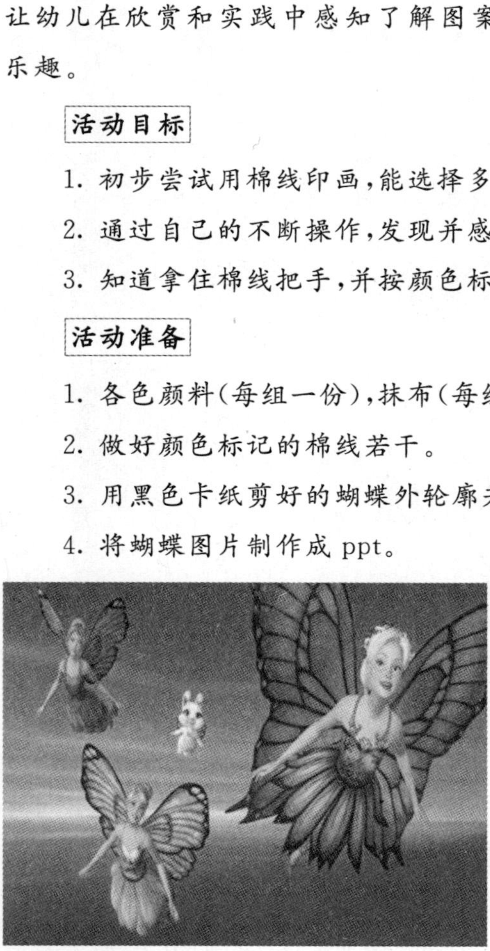

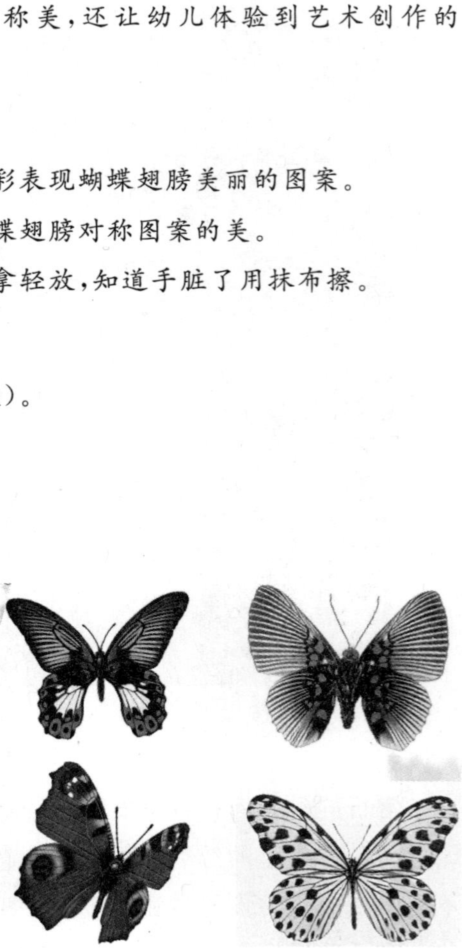

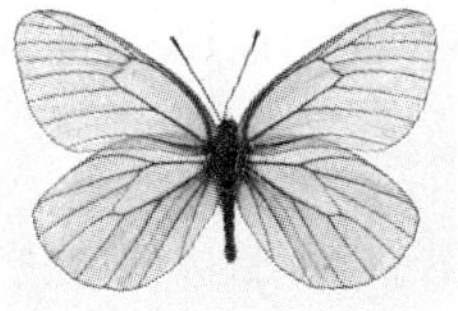

活动过程

1. 出示蝴蝶仙子，引导幼儿与蝴蝶仙子打招呼。

指导语：今天有客人到我们班来做客，看看是谁来了。

2. 出示蝴蝶图片，激发活动兴趣。通过迁移幼儿原有经验，尝试述说蝴蝶翅膀的花纹特点。

指导语：今天晚上要开蝴蝶晚会，所有的蝴蝶都要穿上最美丽的花衣裳。听完蝴蝶仙子的话，蝴蝶们都赶紧穿上了最美丽的花衣裳，你们看看，这些蝴蝶翅膀上有哪些颜色的花纹？（有五颜六色的花纹）

指导语：有哪些形状的花纹？（有不同形状的花纹）

指导语：蝴蝶两片翅膀上的颜色和花纹是一样的还是不一样的？（一模一样的，对称的花纹）

3. 引导了解印画工具，探索印画的方法。

指导语：可是有只蝴蝶在哭泣，因为它的花衣裳不见了，无法去参加晚会了。让我们一起来打扮它，给它穿上最美丽的衣服，好吗？今天我们要用棉线和颜料来帮助这只蝴蝶。

教师边讲解儿歌边演示印画的方法，帮助幼儿掌握印画方法，提醒幼儿尝试用不同的颜色进行印染。“翅膀打开了，棉线放一放，翅膀合起来，用劲按一按，翅膀打开来，棉线放回去。”蝴蝶两边的花纹是怎么样的？

4. 幼儿操作，教师指导。

能力强的幼儿，教师引导其用线条变出各种图案进行表现，发现对称图案的美。

能力弱的幼儿，教师帮助其学习对折压印的方法，鼓励其使用多种颜色。

常规提醒：用不同的颜色进行印染。

线条按照颜色标记取放，尽量不混色。

手脏了用抹布擦干净。

5. 作品评价，引导幼儿观察蝴蝶上的花纹，感知对称图案的美。

指导语：你最喜欢哪一只蝴蝶？为什么？

活动延伸

让幼儿在区角活动中继续进行印画活动，在不断的印画过程中，幼儿会发现线条组合图形的方法，使自己的印画活动更有目的性，提高幼儿参与活动的兴趣。

温馨提示

教师最好在高 30 厘米左右的台子上进行示范压印，这样不仅便于幼儿观察压印的过程，也便于教师将棉线摆放出不同的造型。

（案例提供：南京市北京东路小学附属幼儿园）

赏析 这个活动以蝴蝶作为绘画的主题，通过合印画让幼儿感受对称图案的美。在活动准备中，教师选取黑色卡纸制作出蝴蝶的形状，让幼儿在此之上选择其他颜色进行合印，能够突出其他颜色的鲜明之感。

在活动过程中，教师将蝴蝶仙子开办舞会的故事引入到活动中，引起幼儿的兴趣。同时让幼儿说一说自己见过的蝴蝶都有哪些花纹，将幼儿的生活经验加入到活动中。在示范合印画的步骤时，教师采用儿歌的形式便于幼儿记忆和理解，并让儿童注意棉线合印画的常规，注意保持创作过程中的卫生状况。在幼儿自由创作阶段，教师针对不同能力的儿童进行有针对性的指导，让每一位孩子都能够得到最优的发展。最后的欣赏阶段，教师引导幼儿欣赏图案的对称美，提升儿童的审美感受力。

案例二十

一群可爱的小瓢虫（中班）

设计意图

中班幼儿用水粉颜料画有多处重叠的瓢虫身体，并用相对粗大的水粉笔添画细小的瓢虫触角时，存在一些困难。如果让幼儿用剪好的红黄色系的纸片贴在背景纸上有意识地布局，再让幼儿用黑色水彩笔在纸片上添画瓢虫的斑点及触须，在贴贴画画中降低难度，幼儿可以享受更多创作表现的快乐。

以游戏语言视听结合引导幼儿观察欣赏，营造审美氛围深深打动幼儿，既给幼儿留下了深刻印象，又打开了幼儿艺术创作的思路。

活动目标

1. 通过摆图，学习在圆身体上添画表现瓢虫的细节特征(头、眼、触角、斑点、脚等)。

2. 在观察、欣赏的基础上，表现一群瓢虫游戏的场景。

3. 在斑点(大小、多少)和爬行方向上尝试创造。

活动准备

1. 瓢虫欣赏 ppt 两组。

2. 黑水笔、作业纸、剪好的圆(色彩、大小各异)、胶棒。

活动过程

1. 连贯播放 ppt 一，整体欣赏瓢虫。

指导语：春天来啦，小瓢虫们都出来玩啦！

(随乐播放)小瓢虫可顽皮啦，爬呀爬，爬到了花朵上：有的在花瓣上躲猫猫，有的在花蕊上说悄悄话；爬呀爬，爬到了叶片上：有的在绿叶上滑滑梯，有的在露珠旁喝露水；爬呀爬，爬到了植物的枝干上：有的排着队小心翼翼地走小桥，有的抓住草枝摇来摇去荡秋千……

2. 分步播放 ppt 二，了解瓢虫的基本外形结构和多样性。

观看正面完整瓢虫图，了解瓢虫身体的整体结构。

指导语：小瓢虫是什么样子的呢？

小结：圆身体、半圆头、有眼睛、两条触须、有分隔线、有小圆点、六条腿。

观看对比图，了解瓢虫的多样性。

指导语：小瓢虫都长得一个样子吗？

斑点可以有什么变化？比如大小、数量。

方向呢？可以向哪里爬？

3. 玩摆图游戏。

(1)了解瓢虫身体的结构。

教师出示分散摆放的瓢虫身体部位图，引导幼儿观察：

指导语：这是瓢虫的身体，还缺什么呢？谁来把小瓢虫摆出来？

(2)启发创造表现瓢虫方向和斑点(大小、多少)的变化。

指导语：黑板上的瓢虫是向哪里爬的？

如果是向下爬，可以把头摆在哪里？向左呢？

想要许多许多斑点怎么摆？很少呢？小斑点呢？

4. 介绍工具材料。

(1)教师出示作业纸，引导幼儿观察。

指导语：你们的瓢虫也很顽皮呢，爬到了各个地方……

(2)教师出示圆片，启发幼儿思考贴画方法。

指导语：盘子里有圆片，大小、颜色一样吗？可以干什么？

还有胶棒和黑色水彩笔，可以干什么？

先干什么，再干什么？

(3)教师引导幼儿设想画面布局。

指导语：你想画几只瓢虫？在干什么？

想好以后，在盘子里选出需要的纸片，贴在纸上需要的位置上，再用黑笔把瓢虫画完整，可以画不同个数的点，可以向不同方向爬。

5. 幼儿分组绘画，教师巡回指导。

重点指导基本结构和情境的表现。

6. 展评、小结。

指导语：看一看，小朋友们都画出了什么样的瓢虫呀？

你画的瓢虫在干什么？

个别幼儿介绍，集体幼儿观察欣赏。

活动延伸

1. 在以后的区角绘画活动中，教师可以将纸片贴画变化为水粉添画的绘画表现形式。先用水粉颜料在画好背景的作业纸上有安排地散画几个大小、颜色各异的圆形，待颜料干了，再用黑色水彩笔在画好圆形的作业纸上想象添画。即以水粉画圆代替贴圆纸片。

2. 待幼儿熟练掌握添画各种瓢虫的方法以后，教师还可以引导幼儿完全使用水粉颜料，进行想象画“一群可爱的小瓢虫”的水粉绘画活动，以增加幼儿绘画表现的难度，并激发幼儿更深入地创作表现的兴趣。

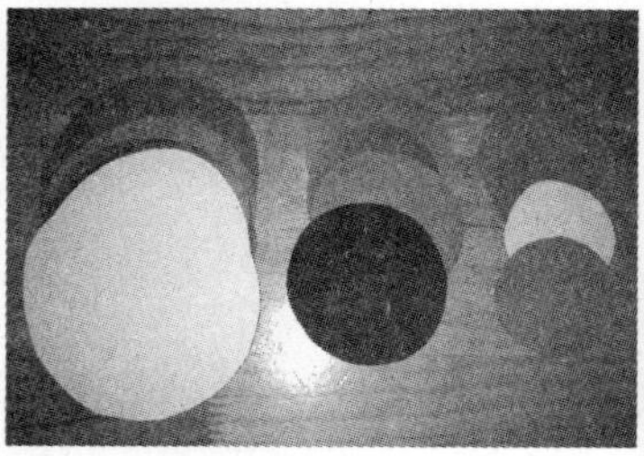

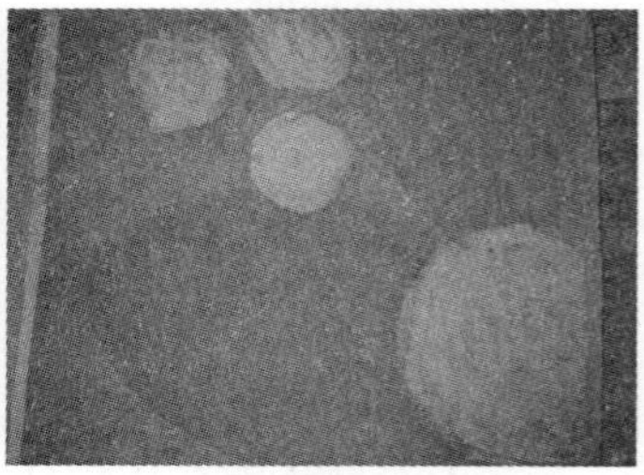

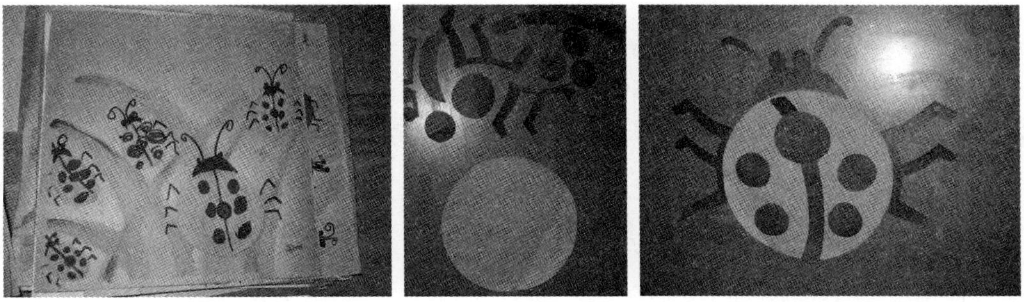

（案例提供：南京市游府西街幼儿园）

赏析　在这个案例中，教师以随乐观看 ppt 的形式，为幼儿营造出一群小瓢虫游戏的氛围，使幼儿获得一种情绪上的愉悦感。在设计意图中可以看出，教师比较了解班级幼儿美术发展的水平，先由贴画的练习再过渡到水粉画的学习，适合中班年龄阶段儿童的发展水平。在活动目标中既有对细部特征的造型练习，也有对整体画面构图的学习，目标层次分明。

活动过程以小瓢虫玩耍的情景开始，将幼儿置身于瓢虫世界之中，幼儿犹如身临其境，审美体验十分真切。之后教师引导幼儿仔细观察瓢虫身体的各个组成部分，并利用摆图游戏进行巩固，启发幼儿通过不同方向的摆放获得不同姿势的瓢虫形象。在介绍工具环节，教师详细介绍了各种工具的用途，并提出问题让幼儿进行思考，一方面给予幼儿以支架，另一方面也给幼儿的创作提供了空间。在展示评价环节，教师引导幼儿集体欣赏大家作品，让幼儿之间相互学习借鉴。并在活动延伸中提出等儿童熟练了瓢虫结构和绘画方法后，可以逐渐让儿童进行添画和全水粉作画，让儿童体会到同一主题不同创作方法所带来的乐趣。

（二）案例库

案例二十一

手指印画——小菊花（中班）

设计意图

绘画的材料多种多样，可以是画笔也可以是我们灵巧的手指。中班幼儿通过充分地与各种绘画工具材料接触，感受到绘画方法的多样性带来的惊喜效果，并在感受与体验的过程中，养成大胆作画的习惯。教师在绘画过程中，不断支持、引导并鼓励孩子将自己的发现表达出来，使得自己更大胆，对于绘画活动产生更多的兴趣。在分享与展示的环节中，幼儿更加能够积累自信。

活动目标

1. 学习用手指的指腹印画小雏菊，表现雏菊盛开的造型。

2. 通过欣赏小雏菊的图片，了解花的组成部分和构图，尝试使用手指的不同方位对小雏菊造型。

3. 感受手指印画带来的新鲜感。

活动准备

1. 经验准备：有手指点画的经验，使用过水粉颜料。

2. 物质准备：小雏菊的图片，红色、橘色、黄色、绿色的水粉颜料，颜料盘，毛笔，画纸，抹布。

活动过程

1. 幼儿欣赏，教师出示雏菊的图片。

(1)师幼欣赏第一幅图片，重点在雏菊的花瓣。

指导语：今天老师带来了一枝花，它叫作雏菊，我们一起来欣赏一下。

看看雏菊的花瓣是什么样子的，像什么？

总结：雏菊的花瓣细细长长的，像小兔子的耳朵一样。但是，它们都紧紧地和花蕊抱在一起。

(2)师幼欣赏第二幅图片，重点在多枝雏菊的构图。

指导语：这幅图上的雏菊有什么不一样？

总结：有的雏菊开得很大，有的雏菊开得很小。有的高有的低，有的靠在一起，像是在说悄悄话呢！

(3)教师依次出示雏菊的多幅图片，幼儿乐意积极参与绘画活动。

2. 教师出示作画的工具，引导幼儿探索作画的方法。

(1)教师出示作画的工具，幼儿思考作画的方法。

指导语：今天有很多画画的工具：毛笔、水粉颜料……你会怎么使用这些工具画出一朵美丽的雏菊呢？

(2)教师根据幼儿的推测，进行适当的尝试，肯定幼儿的想法。

3. 教师示范作画的方法，幼儿观看。

(1)指导语：你们想的都很好！不过，今天我们不用画笔来画花，而是要用我们的手指哦！

(2)幼儿认识食指和指腹。

(3)教师完整示范作画的步骤和方法。

第一步：用毛笔点画出花蕊。

第二步：用食指的指腹蘸颜料，沿着花蕊压印花瓣。

指导语：伸出手指头，往里蘸一蘸，靠着小花芯，轻轻按下去。花瓣都要和花蕊靠在一起哦。

第三步：用毛笔添画花茎和叶子。

4. 幼儿作画，教师巡回指导。

指导语：现在，请用你们的手指头变出美丽的雏菊吧，有的大，有的小，有的靠在一起，有的分开来了。你可以选择自己喜欢的颜色哦！

5. 展示幼儿的作品，互相欣赏。

指导语：你喜欢哪一幅雏菊呀？为什么喜欢它呢？

（案例提供：南京师范大学附属幼儿园）

案例二十二

版印画——人脸（大班）

设计意图

从欣赏毕加索画作中，幼儿感受到了人脸的夸张与变形；从欣赏漫画《哈哈大笑的人》，小朋友们感受到人脸部表情的夸张带来的诙谐与幽默。在有着丰富人脸表情经验的基础上，幼儿已能用水彩笔、水粉笔自如地表现夸张、丰富表情的人脸。而欣赏保罗·克利的作品《人脸》就似一幅版印画，给人古朴、严肃而又神秘的感觉，与前面欣赏的画作风格都有所不同。幼儿在欣赏了独特的画面效果后，在激发更多、更好的艺术创作灵感中，尝试用版印画表现人脸的不同组合形态及丰富的表情。

活动目标

1. 欣赏保罗·克利作品《人脸》，感受画面的形态和色彩夸张带来的独特视觉感受。

2. 迁移已有经验变形五官，并通过欣赏尝试用色块表现人脸。

3. 有序使用工具作画，绘画结束后自己收拾材料。

活动准备

1. 经验准备：有画变形人脸和制作版画的经验。

2. 物质准备：保罗·克利作品《人脸》，笔，纸，kt板，笔筒人手一份，抹布两人一块，颜料（冷色、暖色、中间色）每组一种色调。

活动过程

1. 欣赏保罗·克利作品，体验夸张、变形的艺术风格。

(1)整体欣赏保罗·克利作品《人脸》。

指导语：看到这幅画，你有什么感觉？你从哪里感受到的呢？

当孩子提到人脸变形了时，教师链接幼儿的创作。

(2)重点欣赏用色块表现夸张变形的脸。

指导语：除了五官变形了，还有哪里不一样？（颜色）有哪些颜色？

指导语：画家用一块块不同的色块表现了他的脸。一块红、一块白、一块粉、一块橙，还有一块红白混色。这样一个人给你什么样的感觉？让你想到什么？

2. 师生探讨如何用版画表现脸部的色块。

指导语：今天我们来学画家用版画画一个有丰富色彩的人脸。那你想想在纸上怎样才能表现出这么多的色块？（幼儿自由说）

3. 幼儿操作。

指导语：今天我们要用版画来画人脸，老师提供了“暖暖国”“冷冷国”和“中间国”的色彩，你选择自己喜欢的颜色会表现出一个怎样的人呢？去试试吧。

活动建议

1. 教学变式：在教学环节1，教师也可采用对比欣赏，感受到保罗·克利《人脸》的独特艺术风格。

2. 区角活动：在美术区角中，投放版印画材料，引导幼儿进行更多内容的艺术创作。如运动的人、风景画等。

保罗·克利的绘画作品：

（案例提供：南京师范大学附属幼儿园）

案例二十三

蓝白印象(大班)

设计意图

蓝印花布是中国民间的古老手工印花织物,用简单、原始的蓝白两色,创造出一个淳朴自然、千变万化的蓝白艺术世界。幼儿通过欣赏、迁移蓝印花布上图案排列的不同方法,大胆地设计纹样的不同排列组合,装饰自己的作品。幼儿可以感受民间工艺的艺术美,体验设计和制作蓝印花布作品的快乐。

活动目标

1. 欣赏蓝印花布的构图特点,尝试用蓝、白两色及拓印的方法装饰自己的作品。

2. 通过欣赏、讨论、迁移蓝印花布的经验,将自己设计的纹样进行不同的排列组合。

3. 喜爱中国传统的蓝印花布民间艺术,能大胆地构思,完成创作。

活动准备

1. 蓝印花布工艺品、服饰的展台。

2. 蓝印花布作品 ppt、展板、蓝印花布工艺品。

3. 鱼、扇面、帽子等简单造型的蓝色和白色卡纸。

4. 蓝色和白色颜料、水粉笔、幼儿制作的纹样模板 2～3 块。

活动过程

1. 幼儿介绍交流自己设计的模板,引起用模板装饰的兴趣。

指导语:这几天我们欣赏了很多蓝印花布的服饰和工艺品。小朋友们设计制作了很多模板!上面都有些什么样的图案、花纹呀?

2. 欣赏多幅蓝印花布,感受不同排列的装饰效果。

指导语:老师有一些工艺品的纸样,想请你们用设计好的图案和花纹把它们装饰漂亮,怎么用模板上的花纹装饰它们呢?我们一起看看设计师用了哪些方法。

(1)欣赏 ppt 第一页图片,单一图案的各种排列方式。

指导语:这些蓝印花布上的图案是怎么排列的?有什么不一样?还可以怎么排列?

(2)欣赏两种图案不同的间隔排列。

指导语:这几块蓝印花布上有几种图案,是怎么排列的?这种方法叫什么?

除了一排一排、一个一个间隔，还可以怎么间隔？

(3)欣赏有格子元素的蓝印花布。

指导语：这些蓝印花布有什么共同的特点？你找找格子在哪里？用你自己设计的模板可以怎么印出格子图案。

(4)欣赏多层围合的排列方式。

指导语：这幅蓝印花布的图案和前面的有什么不一样，是怎么排列的？

3. 介绍材料，简单讨论刻长条形模板方法。

指导语：今天我给小朋友带来了长条的模板，它适合刻什么呢？怎么刻花边？

4. 幼儿构思自己的装饰方法，尝试设计作品。

(1)交流自己设计蓝印花布的想法。

指导语：我这儿有一幅扇面，可以怎么排列你的模板装饰它呢？

(2)和旁边的小朋友说一说你准备怎么装饰。

指导语：看看你要装饰的作品是什么样子的，你准备怎么排列你的模板进行装饰呢？和旁边的小朋友说一说！

(3)个别幼儿介绍。

5. 装饰制作蓝印花布"工艺品"，教师巡回指导。

(1)幼儿了解制作要求和流程。

指导语：先在模板上涂抹颜料，然后用自己设计好的排列方法拓印到纸样上。

(2)幼儿操作。

教师巡回指导，关注幼儿拓印时有意识地构图，按自己的设计有计划地装饰。

6. 幼儿展示自己的作品，相互欣赏。

指导语：你喜欢哪幅作品？为什么？

小设计师们，这么漂亮的工艺品，你想送给谁？

活动建议

家园共育：家长和幼儿共同收集蓝印花布的服饰和工艺品，幼儿了解和感受蓝印花布制品的丰富多样。

活动延伸

美工区：教师提供宣纸、蓝色染料，引导幼儿学习染纸的方法，进一步感受和体验中国传统的民间手工艺术。

区域活动：教师将收集到的有关蓝印花布的扇子、伞、头巾等饰品放在小舞台上，幼儿用蓝印花布饰品装扮自己，进行表演展示。

ppt **图片**：第一页：

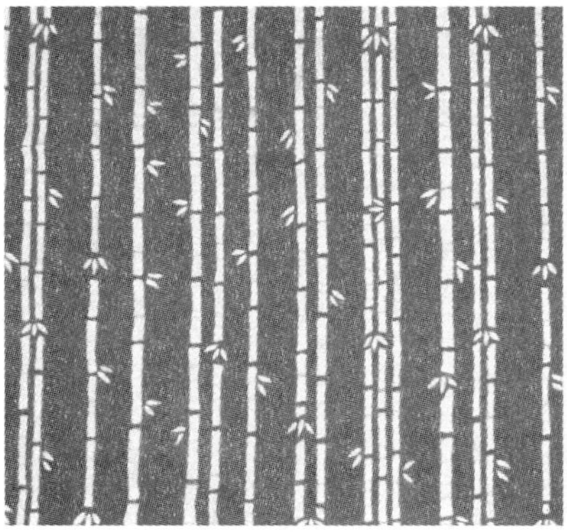

第二页：

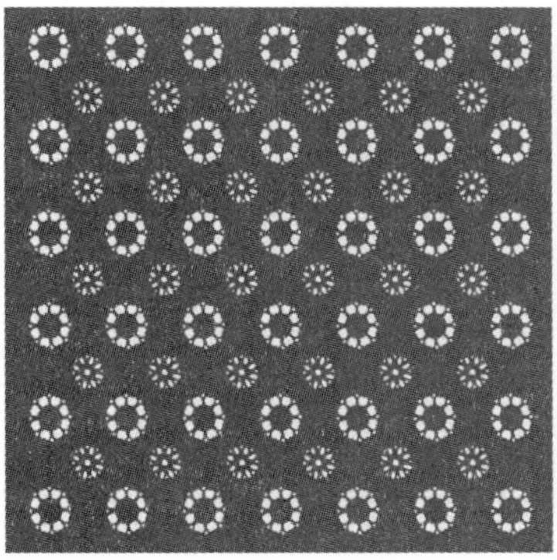

第三页：

第四页：

（案例提供：南京师范大学附属幼儿园）

案例二十四

颜料画——报纸印花(中班)

设计意图

报纸是生活中常见的物品，用颜料作画是幼儿园常见的美术活动之一，本活动将两者联系起来，赋予报纸新的功能，拓展颜料作画新的形式，使活动更富有创造性。在幼儿用不同方法玩报纸的经验基础上，在教师一步步深入的启发引导下，通过调动已有经验、观察同伴演示、观察教师示范等一系列策略，引发幼儿大胆尝试不同的摆弄变化报纸的方法，让幼儿在操作中发现用不同的方法变化报纸会印出不同的图案，让幼儿在不断变化中感受美术创作的乐趣。

活动目标

1. 尝试用揉、捏、盘绕、卷等方法变化报纸印出不同的花。

2. 通过迁移已有经验及观察同伴，想出不一样的变化报纸的方法。

3. 印花的时候，不混色，能将用完的报纸放进指定的位置。

活动准备

1. 教具：电脑、各种花的演示文稿。

2. 幼儿用材料和工具：分盘装各色颜料、报纸、湿抹布（一组两块）；画好叶子的底纸(4人一大张)。

活动过程

1. 出示底纸，引起幼儿作画的兴趣。

指导语：老师这里有几张画纸，可是只有叶子，没有花。今天想请你们来帮忙，在画纸上画上各种各样的花。

2. 欣赏ppt，发现各种花的特点。

(1)指导语：我们先来欣赏一些美丽的花。这朵花是什么样子的？好像什么？

(2)指导语：这些花一样吗？

小结：这些花各种各样，有的像太阳，有的像喇叭，有的像星星，有的像小碗……

3. 介绍操作材料，引导幼儿迁移已有经验，想出多种变化报纸印花的方法。

(1)指导语：以前我们玩过报纸，是怎么玩的？今天，我们用报纸和颜料来画花，用报纸和颜料怎么画出一朵花呢？

(2)如果幼儿能说出，请该名幼儿上来示范，然后询问大家：他是怎么做的。

如果幼儿不能说出，教师可以先示范一种方法，比如团成纸团蘸颜料在画纸上印出花。教师：我想到一个好方法，你们来看看我是怎么做的。

(3)启发幼儿想出不同变化报纸的方法。教师：还可以把报纸变成什么样来印花？

(4)请若干幼儿尝试并演示自己的方法，教师小结幼儿的多种方法，并鼓励幼儿自己试试还可以怎么变，和别人的方法不一样。

4. 提醒幼儿活动中要注意的问题。

(1)指导语：在印花的时候，请你先想好要怎么印，再拿报纸。

(2)指导语：一张报纸只能印一种颜色，如果印好了，将不用的报纸放进垃圾桶里。

5. 幼儿尝试创作，教师观察指导。

(1)提醒幼儿先想好怎么变化报纸的样子，再拿取报纸。

(2)鼓励幼儿尝试用不同的方式摆弄报纸，印出各种各样的花。

(3)提醒幼儿不混色，一张报纸用一种颜色。

6. 展示幼儿作品，交流经验。

指导语：哪朵花比较特别？你是用什么方法制作的？

（案例提供：南京市北京东路小学附属幼儿园）

第五章　泥塑教育活动的组织

第一节　泥塑活动的特点与幼儿泥塑活动的发展阶段

泥塑活动是指幼儿用双手和简单工具将泥塑造成各种立体物象的活动。

一、泥塑活动的材料、工具

幼儿园常用的泥工材料主要有橡皮泥、纸黏土、陶泥、面泥等，因为方便可取、易于操作而被广泛使用。

橡皮泥（彩泥）：一种人工合成的专供儿童使用的油性泥工材料，颜色丰富，易于造型。但在气温较低时会变干硬，气温较高时会变软易发黏，适宜在春秋两季使用，或者在使用前对其进行加工，如将橡皮泥放在塑料袋中扎紧，再放入热水或冷水中，来改变其太硬或太软的状态。用橡皮泥制作的成品放在外面久了容易风干。

纸黏土：是由纯木浆或纸浆加入黏合剂人工合成的一种手工艺材料。纸黏土包括传统纸黏土和超轻纸黏土两种。纸黏土颜色多样，不粘手，柔软性好，可塑性强，作品不需烘烤，自然风干，干燥后不会出现裂纹，也可以在干燥定型后的作品上上色（可涂上水彩或广告色），颜色干后再涂上光油，即可长期保存。

陶泥：是一种用于专业塑造的泥工材料，泥质细腻柔软，可塑性极强，除了专业捏塑还可以拉坯制作陶罐。陶泥作品需要阴干，干透后的陶泥可以进行彩绘。现在市场上还出现了一种更适合幼儿操作的新型陶泥——软陶泥，它是一种可塑性非常强的人工合成陶土，颜色丰富，质地柔软多变，易操作，可以用来做珠子、手链、小挂饰、小玩偶、花瓶、画框等等，制作好的产品只要将它放进烤箱中烘烤，就会生成质地坚硬、色彩艳丽的彩陶手工艺品，不变形，不褪色，可以长时间保存。

面泥：我国民间的面泥捏塑工艺历史悠久，用面泥塑造的形象细腻、逼真。在幼儿园，我们可以通过自制面泥作为幼儿泥工活动的材料。制作方法：小麦面粉或糯米粉加水，加凡士林油和水粉色揉成软硬适中的面泥，为使颜色艳丽、柔韧性好可以加适量的食盐，因为面泥容易发酵，想要反复使用可加入适量的防腐剂。此外，如果用小麦粉加一点蜂蜜制作的面泥，在孩子塑形过程中注意保持清洁卫生，可以把孩子的造型物蒸熟食用，这样会使幼儿对于面泥活动产生极大的兴趣。

为了使泥塑作品更加生动有趣、形象逼真，教师应指导幼儿学习使用泥工的辅助材料。例如，豆类可以做出动物的眼睛、嘴巴，羽毛可以做公鸡的尾巴，橡皮泥粘在木片上会变得更坚挺。泥塑活动中常见的辅助材料主要有牙签、线绳、纽扣、瓶盖、羽毛、小梳子、贝壳、木棍儿、冰棍儿棒、坚果壳等等。

泥工活动最基本的工具包括泥工板、竹签或小木棒、泥工刀、湿布以及各类扎花工具。

二、泥塑活动的基本技能

泥塑活动的基本技能主要包括团圆、搓长、压扁、粘接、捏泥、抻拉、分泥等。可根据幼儿的年龄，由浅入深地设计有趣的泥工活动内容，在游戏的氛围中进行练习。

团圆：将泥放在两手的手心，双手用力匀速转动，将手中的泥团成圆球。如塑“元宵”、制作“五彩项链”等都要用到该技法。

搓长：将泥放在手心，两手前后搓动，将泥搓成长条或圆柱体。如塑“油条”、铺“铁轨”等都要用到该技法。

压扁：用手掌或借助工具（瓶盖、积木等）将搓成的长条或团成的圆球压成片状。如塑“饼干”、做“糕点”等都要用到该技法。

捏泥：用拇指、食指、中指的指尖互相配合，捏成细节部分的技巧。如包“水饺”、捏“小猫的耳朵”等都会用到该技法。

抻拉：从一整块泥中，按物体的结构抻拉出各部分。如制作“大象的鼻子”和“茶壶的壶嘴”等都会用到该技法。

粘接：将塑造物体的两部分连接的技巧，一般有两种办法：一种是直接连接，可将需要粘接的两端塑成一边凸出另一边凹进，将两边插接后压紧；另一种是棒接，即用牙签等小木棍插接两端并压紧。如塑“小熊”和“雪人”等都会用到该技法。

分泥：用目测的方法将大块泥按物体的比例分成若干小块准备塑造。

三、幼儿泥塑活动的发展阶段

幼儿泥塑活动的发展也经历与绘画发展大致相同的阶段，但由于它是一种三维的创作，因而幼儿泥塑活动的发展也有其自身的阶段特点。

（一）小班幼儿泥塑发展特点：从原始性的感知泥土到有意地尝试表现简单事物

这个年龄阶段的幼儿由于手部小肌肉的发育不够成熟，认识能力也很有限，他们在塑造时并没有明确的目的，幼儿最初拿到黏泥只会无目的地用手拍、抓，或者把泥掰成一小块一小块的。幼儿这时候把泥作为一种玩具，觉得这种东西和别的东西不一样，很好玩，能变形，至于能做什么很少考虑。只是无目的地玩泥，在任意拍打、摆弄的过程中，偶尔发现自己塑造的形象与生活中的一些物品相像，于是给予命名。

经过更多的摆弄、操作后，在小班的后期，幼儿由无目的的动作逐渐呈现出有意地尝试。幼儿常常在塑造前就宣称他要做个什么，然后才开始着手塑造。而往往塑出的一个圆球可能就代表了一个人，或者一个动物、一座房子。这一点，与涂鸦期幼儿用大大小小的圆来代表一切事物是完全一致的。

(二)中班幼儿泥塑发展特点:从半立体造型向立体造型过渡

在小班塑造的基础上，已经初步具有了立体造型的意识。中班初期，幼儿往往以图画式的半立体形式去表现事物，可以说是浮雕式作品。如幼儿塑造的小飞机、小动物等，虽然已经具有了较完整的结构，并用棒状物结合起来了，但这样的作品只是一个两度空间样式，所有的棒状只是在一个平面上的结合，用这种方式做出的泥塑，更像一件浮雕作品，基本上是不能立起来的。

到了中班后期，随着幼儿对事物的观察、了解、概括能力以及空间感知能力的提高，幼儿能意识到要让自己塑造的人或动物站立起来，如在所塑事物的腿部多加泥，慢慢地尝试将人物和动物的下部塑造得较粗大，并使之立起来。同时幼儿尝试将塑造出来的立方体、圆柱体，用合成的方式组合成一些复杂的物体，如各种式样的汽车和不同的小动物。

(三)大班幼儿泥塑发展特点:开始借助各种工具、辅助性材料来塑造物体的细节特征，表达自己的意愿和情感

大班幼儿塑造的主题、表现的技能，都随着年龄的增长和知觉经验发展而提高，其泥塑造型能力、对客观事物的概括能力、运用泥塑表现情感的能力都大大增强了。

这一时期，由于儿童手部精细肌肉的发育，手眼协调能力增强，又学习了一些基本的手工工具和材料的使用方法，因而他们表现的欲望很强烈，喜欢用泥塑来表达自己的意愿和情感体验。他们会借助辅助工具来塑造物体的细节特征。所塑造的人物不仅更精细，而且已经有动作和神态，有的还反映了他们对人物职业的理解，如解放军的威武、小朋友过生日时的快乐等。大班后期，经过教师的引导，幼儿能抓住人物、动物的不同特征、习性、性格、神态等加以表现，如“淘气的小猫”“伸懒腰的懒猫”“玩尾巴的小猫”“护食的猫”“回头的猫”等。

幼儿泥塑能力的发展最终受幼儿心理发展的制约，并伴随幼儿立体知觉能力和知觉经验而逐渐发展。对于不同年龄的幼儿来说，由于个体成熟程度、生活环境以及教育上的影响不同，个体所表现出的差异也不一样，教师应明了每个幼儿的发展进程，进行有针对性的指导。

第二节　幼儿园泥塑教育活动的组织

一、泥塑教育活动的意义

由于泥具有柔软又可任意变形的性能，对幼儿有极大的吸引力，泥塑活动也深受幼儿的喜欢。在幼儿园中开展泥塑活动，对于幼儿的发展主要具有以下一些价值：幼儿通过操作锻炼手部动作的灵活性，发展手眼协调能力；幼儿在活动中学习并运用立体造型的方式表达事物，从而不断提高空间知觉和立体造型的能力；在泥塑活动中，幼儿创造性地表现自己对客观事物典型特征的认识与理解，发展想象力和创造力；幼儿通过接触泥塑，了解民间文化艺术，体验泥塑活动的快乐。此外，泥本身具有很大的可塑性、表现性、变化性，为儿童提供了无限的想象和表现空间，泥塑操作的过程能让幼儿充分感受到控制力和满足感，能起到疏解幼儿紧张或不良情绪的作用。

二、幼儿园泥塑教育活动的年龄阶段发展目标

表 5-1　幼儿园泥塑教育活动的年龄阶段目标

	小班	中班	大班
造型（立体）	1. 认识黏土、橡皮泥、面团、泥工板、纸张、剪刀等造型活动工具和材料； 2. 掌握泥工活动中搓、团圆、压扁、捏与纸工活动中撕、粘贴、折等造型活动的基本技能； 3. 了解不同泥工、纸工材料的性质，能用1～2种技法塑造简单物体形象； 4. 乐意参加泥塑活动，通过玩泥等活动体验立体造型活动中的乐趣，并对泥工等活动感兴趣。	1. 进一步熟悉泥塑活动中的工具和材料，喜欢探索和运用各种工具和材料，并能够创造性地选择、制作和使用工具和材料； 2. 会用橡皮泥、油泥、黏土等材料塑造物体的主要特征，会使用辅助材料表现简单情节，并能按意愿大胆塑造； 3. 能够主动注意泥塑等活动中的空间因素； 4. 在同伴和教师讲述时能够认真观察、倾听； 5. 初步理解泥塑活动中所需的合作要求，并知道如何与他人交往。	1. 能熟练地选择和使用泥塑活动的工具和材料； 2. 能够主动注意并使用泥塑活动中的空间规律进行造型活动； 3. 在同伴和教师讲述时能够认真观察、倾听，学会向他人学习并尝试进行反思与自我调整； 4. 理解立体造型活动中所需的合作要求，并知道如何与他人交往，体验并努力追求在与他人合作中获得快乐。

表 5-1 （续）

	小班	中班	大班
美术欣赏	1. 知道从泥塑作品中可以享受到视觉艺术的美； 2. 喜欢观看、欣赏泥塑作品； 3. 愿意参加泥塑欣赏活动，体验欣赏过程中的快乐，并养成集中注意力欣赏的习惯； 4. 初步体验泥塑作品中具有不同“性格”的线条； 5. 学习欣赏同伴和教师的作品； 6. 学习欣赏与自己生活经验相关的、具有鲜明色彩和简单造型的泥塑作品和物体； 7. 初步学习运用动作、表情等方式表达自己欣赏后的感受。	1. 学习体验不同泥塑作品中的线条、形状、色彩、质地的变化； 2. 感受作品的线条、形状变化与主题的关系； 3. 初步感受作品中形象的对称、均衡、节奏等美学特征； 4. 学习欣赏、评价同伴和教师的作品； 5. 尝试给简单的泥塑作品命名。	1. 主动参与泥塑欣赏活动，逐步形成从生活环境中发现美的能力； 2. 能够在泥塑欣赏的过程中注意运用有关的概念、知识加强、深化自己的感知和理解，知道从不同作品中能获得各种经验。 3. 欣赏并感受泥塑作品中的造型美、色彩的情感表达性和对称与均衡的和谐美，了解作品的背景知识，理解人们创造泥塑作品的立场和角度，能用各种方式表达自己对作品的理解和想象； 4. 学习从不同形式和内容的角度评价同伴、教师的作品； 5. 命名和讨论泥塑作品的基本内容； 6. 初步养成有注意、情感参与的安静观赏泥塑作品的习惯； 7. 喜欢与他人分享观赏及谈论泥塑创造活动的快乐。

三、组织幼儿园泥塑教育活动的注意事项

（一）给幼儿更多自由创作的空间

以往在泥塑活动中教师多采取讲解示范法，即教师完整演示泥塑作品的制作过程，幼儿按照教师的制作步骤模仿完成。这样塑造出的作品可能会比较“像”，比较接近“标准”。但是泥塑活动的重要目标应是鼓励幼儿根据自己内心的经验和对周围事物的感知、认识，运用他们所利用的材料，进行最恰当的表现。因此我们希望幼儿通过自己的观察体验创造性地制作出形态各异的作品，而不是最接近范例的作品。这就要求制作前进行有序的、充分的观察和欣赏，为幼儿的制作积累相关经验。同时教师要找准制作活动中影响幼儿塑造的关键问题，预想出解决问题的方法。此外，活动过程中还需注意观察幼儿表现，针对幼儿的具体情况予以指导。

在活动中还需要把握好技能培养与幼儿创新能力培养的关系。幼儿泥塑的魅力在于创作主体尚未受到任何理性的束缚，他们只是在泥塑的活动中，利用泥塑材料表达自己的认识、情感，大胆创新。然而由于受技能的限制，幼儿很难用泥塑形式表现自己的艺术感受和真实情感。因此，在教学中，在幼儿需要时，适时地

帮助幼儿掌握技能，并鼓励幼儿用学到的技法去表现泥塑作品的美，但并不是为了掌握技能而教技能。

(二)充分挖掘幼儿创作的题材，并做到内容的循序渐进

可以利用平时幼儿语言课上学过的故事、大自然中的动植物、日常生活中发生的有趣的事情作为幼儿创作的题材，甚至还可以将幼儿区角游戏活动所需的材料作为创作内容，如幼儿用橡皮泥自制药丸投放到“医院”游戏中。同时，还需要考虑幼儿的年龄特点、不同的认知水平，遵循渐进性的原则，为不同年龄班幼儿选择幼儿身边的、熟悉的、适宜用泥塑表现的事物作为塑造主题内容。如小班选择的内容可以食品类为主，如：圆球状系列（糖球、苹果、橘子等），长条状系列（面条、麻花等），扁平状系列（饼干、汉堡等）。让幼儿在对泥塑活动感兴趣的基础上，逐步提高泥塑技能。中班选择内容以蔬菜及较为复杂的动物形象为主，如：辣椒、豆角、小兔、鱼、小乌龟等。大班的内容就较为丰富，除小动物外，还涉及人物、建筑、景物等。大班幼儿还可以进行合作性主题泥塑活动，如热闹的大街、我们的农场等内容。鼓励幼儿间合作，互相商量，分配任务，将自己的作品和别人的作品有机组合，共同完成一件大的作品，从而体验到成功和合作的快乐。还可以引导儿童根据自己的或一个小组的泥工作品来编故事，发展儿童的想象力。

(三)提供丰富多样的辅助材料

为了满足幼儿创作的需要，从幼儿的特点出发，为泥塑活动准备各种辅助材料，如：小棍、豆子、毛线、纽扣、瓶盖等。在制作活动中，提供的材料越丰富，操作性越高，作品的表现力越强，幼儿创造的可能性也就越大。因此，在泥工活动中尽量给幼儿提供多样的辅助材料，并引导幼儿学习使用泥工的辅助材料进行创造性塑造。如豆类可以做动物的眼睛，羽毛可以做尾巴，火柴棒可以做蜗牛的触角等。通过辅助材料的使用更增加了幼儿的兴趣和创造力。

四、幼儿园泥塑优秀教育活动赏析与案例库

(一)幼儿园泥塑优秀教育活动赏析

案例一

彩色糖豆豆(小班)

设计意图

小班上学期的幼儿喜欢动手操作，但是手眼协调的能力还比较有限。在用油泥搓彩色糖豆豆的活动中，幼儿可以在游戏情境的激励下，反复练习搓圆技能，不

仅发展了手眼协调能力，更能享受到游戏情境带来的分享快乐。

活动目标

1. 学习使用团圆的方法搓制圆圆的糖豆豆。

2. 边仔细观察教师示范边尝试双手搓圆。

3. 喜欢使用不同颜色的油泥制作彩色的糖豆豆。

活动准备

1. 实物糖豆豆一袋。

2. 教师制作的彩色糖豆豆范例一组。

3. 多色油泥、泥工板。

4. 塑料盘(用来展示彩色糖豆豆)。

活动过程

1. 观察实物糖豆豆，欣赏它们的形状和色彩。

指导语：糖豆豆好吃吗？你们喜欢吃吗？

这些糖豆豆是什么形状的？有哪些颜色呢？

2. 营造游戏情境，明确制作任务。

指导语：小娃娃今天过生日，我们一起做许多彩色的糖豆豆，送给小娃娃当生日礼物，好吗？

3. 出示教师制作的糖豆豆范例，讨论是怎样做出来的。

指导语：老师也做了一盘彩色的糖豆豆，好看吗？

可是，这些彩色的糖豆豆到底是怎么制作出来的呢？

用什么做的？怎么才能做出圆溜溜的样子呢？

4. 观察教师制作糖豆豆的过程，学习制作糖豆豆。

指导语：老师来做一粒糖豆豆，你们仔细看看老师是怎么做的。

动作示范结合语言讲解：先从大团油泥上拽一小块油泥下来，再把这块小油泥放在自己的手心里。另一只手轻轻放在有油泥的手心上面，轻轻地转一转，揉一揉，再转一转，揉一揉。咦，变圆啦，一粒糖豆豆做好啦！

5. 在教师的动作提示下回忆制作的过程。

指导语：刚才老师是怎么做的？

6. 集体徒手练习搓糖豆豆。

指导语：伸出你们的小手，我们一起来试一试！

7. 制作糖豆豆，教师巡回指导。

要求：(1)用转一转、揉一揉的方法，搓得尽可能圆一些。

(2)使用不同颜色的油泥制作彩色的糖豆豆。

8. 展示、评价。

(1)相互欣赏同伴制作的彩色糖豆豆,说说你最喜欢哪盘糖豆豆,为什么?

(2)品尝真的彩色糖豆豆。

指导语:小娃娃要谢谢小朋友,要请小朋友和她一起吃糖豆豆!

活动延伸

1. 如班级幼儿动手能力强,一会儿就把糖豆豆做好了,教师还可引导幼儿用油泥制作点心盘,来展示幼儿制作的糖豆豆。

2. 在后续的区角活动中,教师可以启发幼儿制作出更多品种的糖豆豆。如双色混合口味,把两色油泥混揉在一起搓圆,感受两种颜色在一起之后的色彩变化,红黄混色后变橙色。也可做多色混合口味。

3. 还可以将糖豆豆用小棒穿起,制作一串冰糖葫芦;或是在团圆的基础上再压扁、印花、切边、穿棒,进一步加工制作成各种造型的棒棒糖。

(案例提供:南京市游府西街幼儿园)

赏析 因为这是一个小班上学期的泥塑活动,所以从内容的选择和目标的设定来看,都是比较容易被幼儿接受和达到的。从本活动的开展过程来分析,主要有以下三个特点。

第一,以游戏的方式展开,激发幼儿对泥塑活动的兴趣。

幼儿好动、好模仿,行为易受情绪支配,因此在泥塑活动中我们首先从激发幼儿的兴趣入手,赋予幼儿适当的角色。如在活动中利用小娃娃过生日,请幼儿扮演小娃娃的好朋友给小娃娃制作彩色糖豆豆,从情感上能充分调动幼儿的积极性,制作完成后请大家欣赏,谁做的糖豆豆颜色最漂亮,小娃娃最喜欢吃,最后请宝宝们吃糖豆豆等一系列的游戏化情境。在互动中,老师用拟人化的口吻为幼儿营造童话色彩的氛围,亲切自然,避免单一的技能学习带来活动的枯燥。

第二,体验操作的快乐,同时注重活动的审美性。

幼儿手工活动的前提就是让幼儿在操作、摆弄中体验活动带来的快乐。在该活动中，幼儿把这一小块油泥放在手心里，另一只手轻轻放在手心上面，转一转，揉一揉，再转一转，揉一揉。咦，变出一粒糖豆豆来！幼儿很享受这样重复的操作过程和操作带来的成就感。同时，教师还强调美术活动的审美性，尝试着做出各种不同颜色的糖豆豆，感受颜色的艳丽和丰富多彩。

第三，活动过程循序渐进、思路清晰。

整个活动过程环环相扣，从欣赏实物导入，重点感受糖豆豆的颜色美和形状美，激发幼儿想为小娃娃制作糖豆豆的兴趣。在具备了主动学习的动机后，教师引导幼儿思考用什么材料、什么方法来制作圆圆的糖豆豆，在充分思考的基础上，观看教师的示范操作，回忆制作步骤，熟悉制作方法，再尝试动手做出圆圆的糖豆豆，然后再提出挑战加大难度，做出不同颜色好看的糖豆豆。最后老师通过提问的方式来引导幼儿关注别人的作品，并反思自己的审美判断。整个过程充分考虑了幼儿的现有水平，在原有基础上一步步提高活动难度，前一过程是后一环节很好的铺垫。

案例二

小蜗牛(小班)

设计意图

小班幼儿年龄小，手腕肌肉尚未发育完善，眼手不能协调一致，再加上大多数幼儿在家中受到过分的保护，以致入园后普遍发现幼儿口语表达能力较强，而动手能力很差。针对这种情况，小班年级组适时开展了幼儿手工操作活动，以增强幼儿的手眼协调能力及动手操作能力。在幼儿美术教学中，泥工教学作为其中一个重要组成部分，深受幼儿喜爱。通过泥工教学活动，不仅能使幼儿掌握一些简单的塑造物体形象的方法和技能，也能增强幼儿手的协调性、灵活性，促进其智力的发展。

活动目标

1. 运用搓长、由内向外盘的技能表现出蜗牛。
2. 通过将平面形象向立体形象的迁移进行感知、表现。
3. 能专心地参与活动。

活动准备

1. 彩色油泥、泥工板人手一份。
2. 树叶、火柴棒若干。
3. 蜗牛图片。
4. 音乐磁带《摇篮曲》。

活动过程

1. 导入活动。

做手指游戏"小蜗牛"。

2. 欣赏蜗牛图片，了解蜗牛外形特点。

(1)指导语：今天蜗牛宝宝来到了我们班里，让我们一起来看看蜗牛宝宝长得什么样？

(2)播放多媒体课件，教师作简单解说。(蜗牛在散步、在睡觉、在说悄悄话等。)

(3)讨论蜗牛的外形特征。

指导语：刚才我们看了好多蜗牛宝宝，它们长什么样的呢？(引导幼儿说出身体、壳、触角。)

(4)观看其他材料制作成的蜗牛。

指导语：老师还带来了两只特别的蜗牛，我们一起来看看它们是用什么做成的。(树叶蜗牛、灯笼蜗牛。)

3. 教师示范讲解。

展示活动工具：橡皮泥、火柴。

指导语：今天我们也要来做蜗牛，我们可不是用树叶和纸做，我们用橡皮泥来做。

注意要点：先选一种颜色的彩泥把它捏软，团成球，搓长，做蜗牛的身体。并结合儿歌"橡皮泥呀真漂亮，小朋友来捏一捏，团一团呀团成球，搓一搓呀搓成条，一头粗来一头细，蜗牛身体长又长"进行教学。(提醒幼儿蜗牛的身体一头大一头小。)

再选另一种颜色的彩泥搓长，从一头开始卷，要卷得紧一点，做蜗牛的壳。并唱儿歌"橡皮泥呀真漂亮，小朋友来捏一捏，团一团呀团成球，搓一搓呀搓成条，搓成条后卷一卷，卷成蜗牛小贝壳"。最后在头上可以用火柴插小蜗牛的触角。(要卷得紧一点)

4. 引导幼儿操作。

(1)提出明确的要求。

指导语：这只蜗牛宝宝很想找朋友，我们来帮它做一些小伙伴好吗？橡皮泥、火柴是做蜗牛宝宝的，小朋友不能吃，不能往地上扔，不和别人争抢，好吗？

(2)和孩子一起制作蜗牛，注意用儿歌引导幼儿。

(3)重点帮助能力差的幼儿。

5. 展示作品。

幼儿送蜗牛宝宝回家，渗透幼儿保护动物的情感。

指导语：这里是蜗牛的温馨小家，请大家将做好的蜗牛搬到小家里来。

活动延伸

1. 画小蜗牛。

2. 雨后带幼儿到户外找小蜗牛。

（案例提供：南京市第一幼儿园）

赏析 蜗牛是幼儿较为熟悉并且非常感兴趣的事物，选择这一内容进行泥塑活动符合幼儿的情感需要。同时，本活动虽然是泥塑活动，但除了利用多彩泥以外，还借助了其他辅助工具——火柴棒。在操作过程中提供的材料越多，操作性就越强，提供其他辅助材料可以帮助幼儿了解各种材料的不同性质，发挥幼儿的想象力，创造性地表达事物的形象。本活动中涉及的技能对于小班幼儿来说难度较大，操作步骤比较多，动作技能比较复杂，因此教师在活动中自己创编儿歌，帮助幼儿在操作中进行自我提示，降低难度，儿歌与幼儿在学习折纸时给其提供折纸的步骤图，两者的作用有着相似性。此外，利用儿歌来引导幼儿捏泥，也满足了幼儿一边捏一边说一边听多通道地操作摆弄，这种方式符合幼儿的心理特征，提高了幼儿操作的趣味性。

案例三

美丽的雨花石（小班）

设计意图

《纲要》中的艺术领域明确指出：引导幼儿接触周围环境和生活中美好的人、事、物，丰富他们的感性经验和审美情趣，激发他们表现美、创造美的情趣。在此基础上，我设计了本节小班的美术泥工活动——美丽的雨花石。雨花石是幼儿生活中的一种常见自然物，幼儿在欣赏的过程中，不仅可以感受到生活中的自然美，同时，它的美丽、独特的花纹，也可引起幼儿无边的想象，为幼儿大胆地表现创造机会。教师提供不同颜色的黏土，幼儿根据自己的喜好，选择两种颜色的黏土，自由搭配，在做做玩玩中，感受色彩和花纹变化所带来的惊喜，体验自由创造的乐趣。

活动目标

1. 学习用混泥、捏、拉的方法制作雨花石，并通过团、搓等方法注意保持雨花石表面的光滑。

2. 在欣赏的基础上，尝试对雨花石的花纹进行大胆想象。

3. 感受两种黏土融合时，色彩和花纹变化所带来的惊喜。

活动准备

1. 实物：雨花石一袋，投影仪。

2. ppt：美丽的石头——雨花石。

3. 将各色纸黏土分成若干小团，并按颜色分别装在小盘子中。

4. 每组提供 4～6 份不同颜色的纸黏土，纸黏土的数量多于幼儿的数量。

5. 大白盘一个，用于装幼儿的作品。

活动过程

1. 教师创设送礼物的游戏情境，调动幼儿活动的兴趣。

指导语：老师今天给你们带来了一份非常漂亮的礼物，你们听听，可能是什么？

学一学，它的声音是什么样的？

2. 引导幼儿欣赏雨花石，并鼓励幼儿对雨花石的花纹进行大胆想象。

指导语：想不想知道到底是什么漂亮的礼物？怎么才能知道？

教师将雨花石倒入盘中。

指导语：是什么？你们见过吗？这是南京才有的漂亮石头——雨花石。

欣赏 ppt。

指导语：老师还带来了它的好朋友，我们一起来看一看。

指导语：漂亮吗？有什么颜色？雨花石整体看起来是什么形状的？像什么？里面的花纹看起来又像什么？

3. 教师通过实物投影仪，示范讲解雨花石的做法。

(1)指导语：想不想也来做一块漂亮的雨花石？看看，我们今天用的是什么材料？有哪些颜色？每人选两种你喜欢的颜色，你们想选什么颜色？

(2)教师示范拉长、揉捏的技能。

指导语：把两种颜色混在一起，拉一拉、捏一捏，伸出手来学一学，老师拉了几次？(3 次)不能拉太多，颜色全部混在一起，雨花石就不好看了。现在纸黏土变成什么形状了？(长长的)

(3)教师调动幼儿已有经验，引导幼儿将纸黏土搓圆。

指导语：怎么才能把长长的纸黏土变成圆圆的呢？揉一揉、团一团，像我们原来做的什么？(元宵、皮球等)变！变！变出一块雨花石，漂亮吗？

(4)提出制作要求。

指导语：看谁做的雨花石最漂亮，表面平平的，没有裂缝。

4. 幼儿制作雨花石，教师个别指导，重点指导幼儿注意保持雨花石表面的光滑。

(1)引导幼儿学习拉、捏的技能，提醒幼儿拉 2～3 下即可。

(2)引导幼儿团圆时略微用劲,注意雨花石表面的光滑。

5. 欣赏幼儿的作品。

指导语:谁愿意给大家看看你做的雨花石?他的雨花石是什么颜色的?花纹像什么?还有谁想给大家看看?

(案例提供:南京市北京东路小学附属幼儿园)

赏析 本次活动的重点就是两种不同颜色的纸黏土混合,制作出特殊的雨花石的纹理,体验颜色变化和特殊纹理效果带来的神奇魅力。从中可以看到泥塑活动的价值远不止于发展幼儿的空间知觉、创造力和动手操作的能力。这个活动给幼儿带来的审美教育的价值远远大于这些。事实上,教师就应该是美的发现者、活动价值的挖掘者。本活动的执教者正是敏锐地捕捉到身边的美,并充分挖掘这种纹理美带给幼儿审美教育的价值,再创造性地借助纸黏土这种材料,将其得以实现。

案例四

蝴蝶(中班)

设计意图

春天是一个充满生机的季节,到户外走走,我们很容易发现美丽的蝴蝶,它们就像会飞的花朵,这里飞飞,那里飞飞……

蝴蝶种类繁多,姿态万千。而色彩斑斓的翅膀是蝴蝶美丽的标志,能使人产生美的联想,激发人们的爱美之心。设置"蝴蝶"这个课题,目的是从观察蝴蝶的外形、花纹及颜色特征入手,引导小朋友欣赏蝴蝶的自然美,再通过泥贴这种美术形式去表现。以此培养小朋友的观察力、表现力,以及激发他们对大自然中美好事物的热爱之情。

活动目标

1. 学习用油泥搓长、团圆、压扁等方法组合制作蝴蝶造型。
2. 根据蝴蝶的特征,重点表现蝴蝶翅膀的对称图案。
3. 愿意和同伴共用油泥,知道适量取用。

活动准备

1. 彩色油泥每组一盒;黑色等深色底板人手一张。
2. 毛根制作的蝴蝶"触角"人手一根。
3. 各种蝴蝶图片或 ppt 若干张。

活动过程

1. 谜语导入，激发幼儿活动兴趣。

(1)教师出谜语，引导小朋友猜测：头上两根须，身穿花彩衣，飞舞花丛中，快乐又逍遥。

(2)幼儿尝试说出谜底：蝴蝶。

2. 观察蝴蝶图片，了解蝴蝶的身体结构，感知翅膀对称的特征。

(1)出示图片，教师边指认边提问。

指导语：看看图片上是什么？（蝴蝶）

蝴蝶由哪几个部分组成？（触角、身体、翅膀等）

蝴蝶的翅膀有什么特点？（对称：从大小、形状、色彩几个方面观察）

(2)教师小结蝴蝶的基本特征。

3. 迁移经验，讨论制作方法。

(1)教师：我们在小班时用合印画的方法装饰过蝴蝶，是用颜料合起来变出了两边对称、一模一样的花纹。今天我们换了一种材料，看看，是什么？

(2)出示油泥，教师：我们怎样用油泥来制作蝴蝶呢？

指导语：先做什么？再做什么？（学习分泥）

圆圆的油泥球怎样变成大大的翅膀？（压扁、搓长）

翅膀上的花纹我们可以怎样制作？用什么样的颜色搭配？（可以再次欣赏蝴蝶图片）

4. 制作泥贴蝴蝶，注意贴出色彩、花纹对称的蝴蝶翅膀图案。

(1)幼儿根据需要、喜好取泥制作蝴蝶，制作出完整身体、翅膀等部分。

(2)教师巡回指导，鼓励幼儿大胆制作。

做对称图案时，可将一份彩泥分成大小一样的两份油泥来使用。

用压扁、累加、围合、盘塑多种方法制作蝴蝶的翅膀及花纹。

边做边注意蝴蝶翅膀左右颜色、图案的对称。

(3)作品成型后，运用压实的方法完成作品。

5. 欣赏同伴作品，感受不同的花纹、色彩搭配的美感。

(1)引导幼儿交流制作方法，相互学习借鉴。

指导语：蝴蝶的花彩衣是怎么做成的？

(2)引导幼儿从蝴蝶花纹的对称、装饰美等方面进行欣赏交流。

指导语：你觉得哪只蝴蝶很美丽，为什么？

活动延伸

“蝴蝶”主题还可以用对称剪贴、绘画等多种美术形式来进一步表现幼儿的发现和创意！

温馨提示

1. 分泥技能是做出对称纹案的基础，教师要做出讲解和示范，帮助幼儿理解“一样”的含义，包括颜色、大小、形状等。

2. 活动中采取一组幼儿共用彩泥的方式进行制作，帮助幼儿形成初步的共用材料意识，为以后的合作创作建立基础。

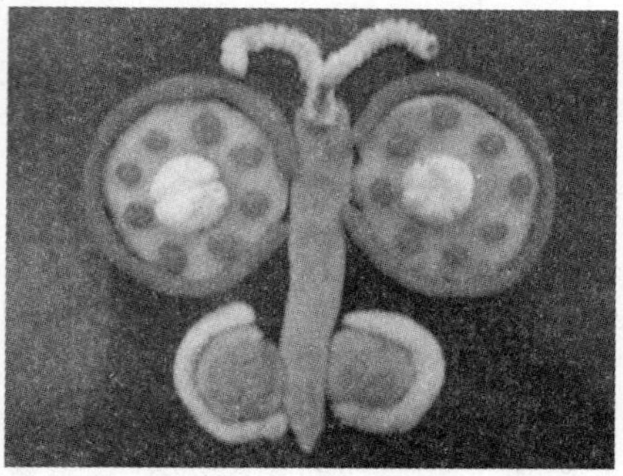

（案例提供：南京市北京东路小学附属幼儿园）

赏析 该活动的重点就在于用彩泥来表现蝴蝶的对称美。蝴蝶主题的美术创作以往多见于幼儿的装饰画中，作画时强调图案美、色彩美以及对称美。要将这些特点借助油泥这一材料来表现，应思考以下几个问题：一是将油泥塑造成什么形状来装饰，如团圆成彩色小球、压扁成彩色圆面、抻拉成长条围合彩条。二是如何表现对称，平均分泥是基础，通过平分彩泥获得两份相同颜色、大小的操作材料，再通过一样的泥工操作技法，塑造出相同颜色、几乎相同形状的形体，并将其对称地组合。这也是制作所有对称性泥塑物品的关键所在。

案例五

小鱼贴画（中班）

设计意图

泥塑，可以在平面上造型，还可以在立体物品表面。中班幼儿直接在立体物品表面泥塑造型，可能会有空间上的困难。如果先在泥工板上制作平面的泥贴小鱼，再将泥工板上造型好的小鱼转贴到立体瓶罐表面，加以简单布局，幼儿将会获得新的视觉体验和创作成就感。

活动目标

1. 综合使用搓、压、捏、团等方法，用油泥制作出多种造型和花纹的小鱼。

2. 用转着贴的方法，在瓶罐的每一个面都贴上小鱼。

3. 善于思考布局，争取把瓶罐的每个面都相互衔接好。

活动准备

1. 教室自然角内养殖盆装小鱼一群，小鱼的品种、颜色要多样。

2. 幼儿闲散时观察过小鱼、交流过发现。

3. 各色油泥、泥工板等泥工材料。

4. 拆去包装皮的饮料瓶子若干，大小不限，瓶子内用绿色的皱纹纸做成水草进行装饰。

活动过程

1. 自主观察自然角的小鱼，相互交流发现。

指导语：小鱼长得是什么样的？小鱼游泳时会做什么动作？

小鱼生活在哪里？水里除了小鱼，还有些什么？

2. 用清楚、连贯的语言形象描述观察所获，抽取创作表现元素。

指导语：小鱼是由头、身体、尾巴、鱼鳍组成的；头上有大大的眼睛、圆圆的嘴巴。有的小鱼头顶上或身体上还有红斑及其他好看的花纹。小鱼身上有好几对鱼鳍（背鳍、胸鳍、腹鳍、尾鳍），肚子大大的。小鱼喜欢吹泡泡，喜欢在水里摆摆尾巴和鱼鳍来游泳。小鱼游动时有几种姿态：

朝上游时，头上尾下；
朝下游时，头下尾上；
朝左游时，头左尾右；
朝右游时，头右尾左。

有的小鱼是一条单独游，有的是两三条鱼朋友一起结伴游。

小结：小鱼生活在水里，或独自或三三两两结伴游泳，喜欢吹泡泡。水里除了小鱼，还有水草、小石子等其他东西。

3. 根据创作元素，在泥工板上制作出各种造型的泥贴小鱼。

指导语：今天我们也要来做一群小鱼。

你想做什么样的小鱼？做几条？怎么排列？

先做什么？再做什么？还可以添些什么？

4. 用转着贴的方法，将泥工板上做好的小鱼粘贴到瓶罐上。

指导语：泥工板上的小鱼，怎么粘贴到瓶子上呢？

用转着贴的方法，在瓶罐的每一个面都贴上做好的小鱼。

看一看，是不是每个面都衔接得合适呢？

怎样才能让每个面看起来都很美呢？

太挤了，怎么办？太空、太分散了，怎么办？

5. 欣赏，交流作品。

指导语：谁来说一说海底小鱼们的故事？

温馨提示

1. 当直接将瓶罐的每一个面都相互衔接好、形成优美画面有困难时，可以先用手比量一下瓶罐表面，大概分配、布局一下，再用水笔做好标记，最后再按标记粘贴小鱼，先计划好再操作，以确保每个角度的画面布局都具美感。

2. 可以用幼儿“小鱼贴画”的作品布置主题为“海底世界”的泥贴展览，装饰班级环境，丰富幼儿创作表现的经验。

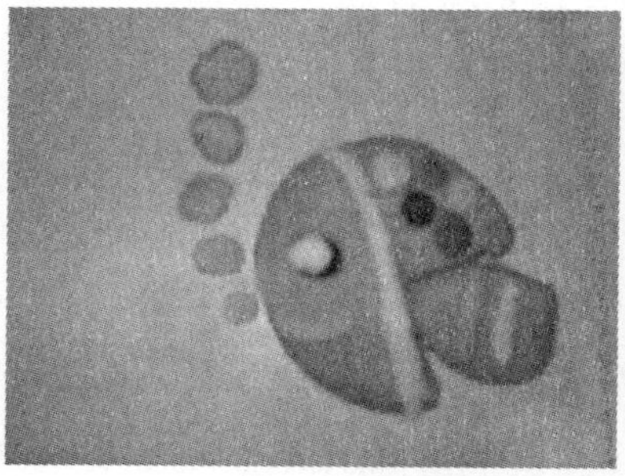

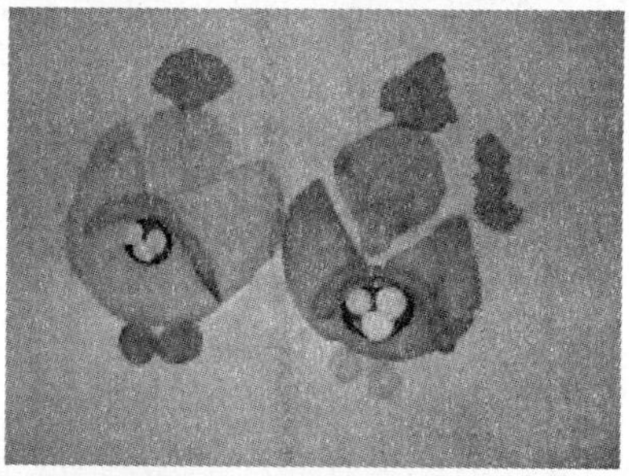
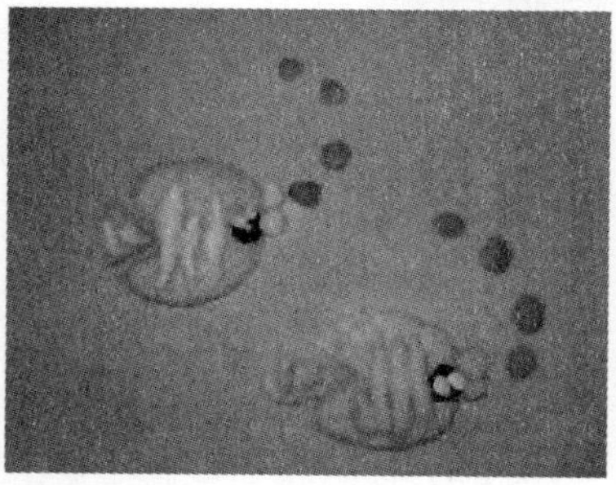
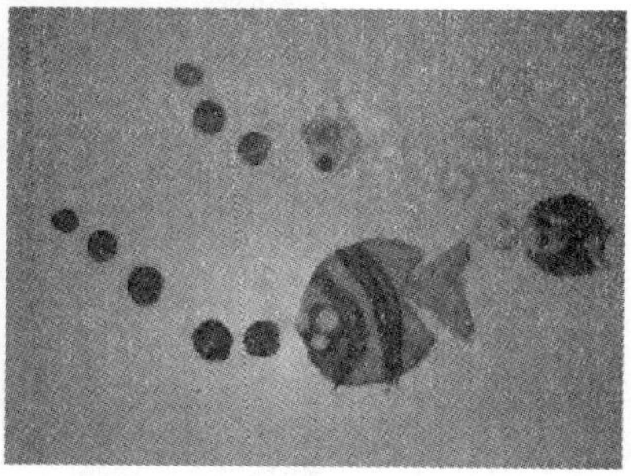

（案例提供：南京市游府西街幼儿园）

赏析 《小鱼贴画》是中班美工区的活动，美工区角游戏是幼儿集体活动的延伸，更是充分尊重幼儿操作兴趣，由幼儿自己决定玩什么、怎么玩的地方，在组织形式上更加灵活、多样，内容创作上更大程度地发挥幼儿的创造性。活动的材料相对较为开放。因此在本活动中我们可以看出教师充分发挥幼儿自己的创造性，让幼儿自己动手来做一幅海底世界的浮雕，从观察鱼缸中小鱼造型、特征，小鱼们游动时不同的姿态，以及海底世界中其他的事物分布，自己设计小鱼的造型、画面的构图、情节。在此，我们也看到了泥工活动和绘画活动的共同之处，或者说可以结合的地方，如对于事物造型、夸张特征的把握，对画面的构图，对颜色的把握和绘画活动有着异曲同工之妙。

（二）案例库

案例六

老虎（中班）

设计意图

工艺老虎的形象千姿百态、造型各异，是幼儿们喜爱的工艺品之一。通过引导幼儿欣赏、设计色彩鲜艳、花纹对称的工艺老虎，使其感受民间传统工艺的美。

活动目标

1. 学习用油泥累加、盘塑、围合等方法组合制作老虎身上的花纹。
2. 在了解工艺老虎身上花纹特点的基础上，设计简单的花纹进行装饰。
3. 愿意和同伴共用油泥，知道适量取用。

活动准备

1. 各色油泥、老虎底版。

2. 工艺老虎图片制作的 ppt。

活动过程

1. 谜语导入，引起幼儿的兴趣。

指导语：身穿黄袍战甲，山中自称大王，我说它是一只猫，可是人人都怕它。

2. 教师演示 ppt 图片，帮助幼儿了解布艺老虎的艺术特征。

(1)这些老虎与我们平时看到的老虎有什么不同？

(2)教师小结：把虎的形象进行夸张、变形，它具有造型粗犷、质朴、生动优美的特点，注重装饰性。老虎以头大、眼大、嘴大、尾巴大的造型来突出勇猛的神态，虎头及五官显得天真和稚气，透出可爱的憨态。有勇敢、强悍、吉祥之意。

3. 通过提问，帮助幼儿了解工艺老虎身上花纹装饰的特点。

(1)引导幼儿观察虎头，帮助幼儿了解老虎的五官特征。

指导语：工艺老虎的五官是什么样子的？(眼大、嘴大、炯炯有神的样子，嘴巴大大的显得很勇猛。)

(2)引导幼儿观察老虎身上的花纹特征。

指导语：老虎身上有哪些花纹？

小结：这些老虎身上的花纹各不相同，有点状花纹，有线状花纹，还有我们生活中常见的实物花纹。

4. 迁移经验，讨论制作方法。

(1)引导幼儿根据制作的需要进行分泥。

指导语：今天我们用油泥来装饰老虎。这么大一块泥，我只需要一点，怎么办？

(2)引导幼儿用累加、盘塑等方法制作花纹。

指导语：老虎身上的花纹我们可以用哪些方法制作？

(3)引导幼儿先做老虎的五官，再装饰老虎的身体。

5. 幼儿尝试用泥装饰老虎，教师进行指导。

(1)在教师引导下，幼儿用累加、盘塑、围合等方法制作。

(2)注意作品的平面感，运用压实的方法完成作品后能竖起展示。

6. 欣赏同伴作品，感受不同的花纹、色彩搭配的美感。

指导语：你们制作的老虎身上有哪些花纹？

你喜欢哪只老虎，为什么？

幼儿作品：

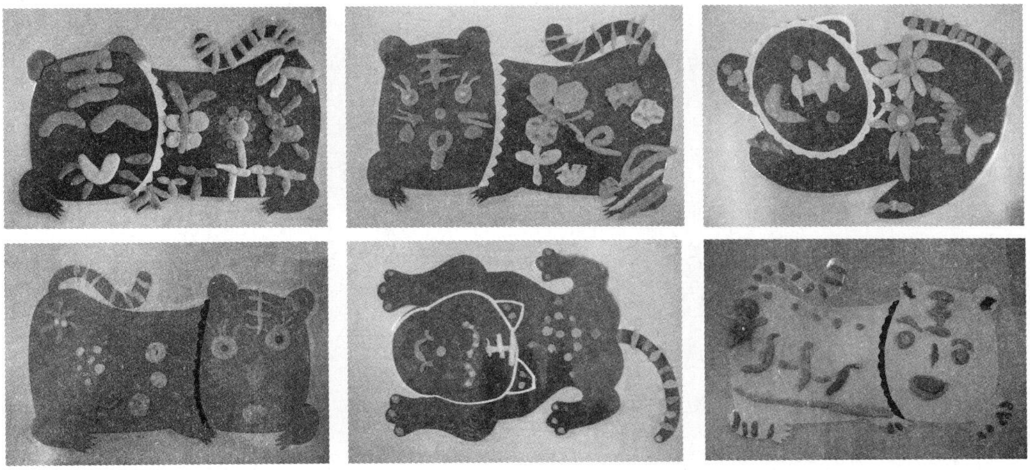

（案例提供：南京市北京东路小学附属幼儿园）

案例七

纸黏土——毛毛虫（小班）

设计意图

“在皎洁的月光下，一个卵静静地躺在树枝上，太阳暖暖地照着，啪！卵破了，从里面爬出一只毛毛虫来。”在日常生活中，当孩子们看到“毛毛虫”的时候总是会表现出好奇的反应。我们将利用纸黏土这一幼儿喜欢的美术材料，引导幼儿用捏、团等技能，组合成不同姿态和造型的毛毛虫。

活动目标

1. 学习用团、搓、压等方法制作毛毛虫，表现毛毛虫的不同姿态。

2. 通过教师的示范和讲解，能选择自己喜欢的姿态一节一节地进行粘贴制作毛毛虫。

3. 知道节约材料，不用的材料能及时放回油泥盒中。

活动准备

1. 展示平台或电脑。

2. 毛毛虫图片 ppt。

3. 每组各色纸黏土和剪好的火柴棒、每组一片用绿色吹塑纸做的树叶。

4. 毛毛虫玩偶一个、一节一节的毛毛虫玩具一个。

活动过程

1. 出示毛毛虫玩偶，引起幼儿的兴趣。

指导语：毛毛虫是什么样子的？它都有什么呢？（一节一节的，头部有触角，每节身体下都有一对脚。）

指导语：我们毛毛虫的身体特别的柔软，能做出不同的舞蹈动作，看看我的兄弟们都在做什么舞蹈动作。

2. 教师出示 ppt，引导幼儿观察图片中毛毛虫的姿态。

指导语：每个毛毛虫都做了什么动作？

小结：有的毛毛虫是平躺在地上的，有的毛毛虫正卷起来卷成了一个圆圈，有的是尾巴向上的，还有的毛毛虫正仰着头。

3. 在教师的引导下，学习制作毛毛虫。

指导语：我们一起来做一个跳舞的毛毛虫吧。

教师示范用搓圆连接的方法制作毛毛虫的身体。

指导语：怎么把毛毛虫的身体卷成圆呢？

教师演示用黑黏土和火柴棒制作毛毛虫的眼睛、触角和脚。

指导语：毛毛虫身体上还缺什么呢？（眼睛、触角、脚）

指导语：我们可以用黑黏土和火柴棒给毛毛虫添上眼睛、触角和脚。

4. 幼儿制作，教师指导。

指导语：你可以做平躺着的毛毛虫，也可以做向前爬行的毛毛虫，还可以做身体卷起来的毛毛虫，看看谁做的毛毛虫跟别人不一样。

鼓励幼儿摆出不同姿态的毛毛虫。

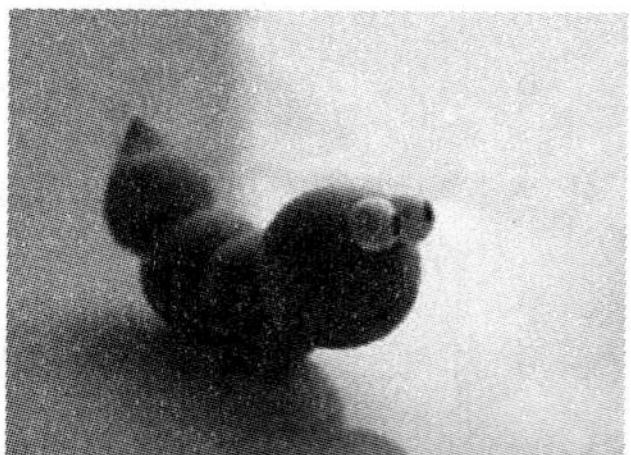

幼儿作品

提醒幼儿将不用的材料及时放回盒中，不然就要干掉了。

5. 作品展览。

通过提问，进一步帮助幼儿关注毛毛虫的不同姿态。

指导语：你的毛毛虫正在做什么动作呀？

（案例提供：南京市北京东路小学附属幼儿园）

案例八

小茶壶（大班）

设计意图

小茶壶是孩子们身边随处可见的生活用品。在孩子的眼中，小茶壶是十分有趣的，形状各异的，有的胖，有的瘦，有的高，有的矮，有的有长长的壶嘴，有的有短短的壶嘴。玩泥是幼儿们十分喜爱的活动，而且用泥来进行造型对于大班的幼儿来说相对容易。幼儿们可以运用已学过的搓圆、搓长、压扁、捏等手法来塑造茶壶的造型。通过制作茶壶可以提高幼儿小手肌肉的力度、精细动作等，还可以培养孩子的创造力。当形态各异的茶壶制作好后，幼儿会产生喜悦感、成功感和美感。

活动目标

1. 初步欣赏各种各样造型的茶壶，知道茶壶有茶壶柄、壶嘴、茶壶身和茶壶盖，并了解茶壶有不同的造型。

2. 通过观察各种造型的茶壶实物，用动作模仿的方式进行了解；尝试用紫砂泥捏出各种各样的茶壶，并大胆地创作不同造型的茶壶。

3. 在观看各种各样的茶壶时体验生活中的美无处不在。

活动准备

1. 每人一块紫砂泥、一块泥工板。

2. 各种各样的茶壶实物和图片。

活动过程

1. 欣赏各种各样的茶壶图片，引导幼儿观察其外形特征。

指导语：你最喜欢这些茶壶中的哪一个？它是什么样的？为什么？

幼儿用较具体的语言描述自己喜欢的茶壶。

2. 欣赏各种各样的茶壶实物，引导幼儿观察其外形特征并用动作表现。

指导语：这还有一些真的小茶壶，我们来看看是什么样的。

重点帮助幼儿回忆茶壶有几个部分，包括壶盖、壶柄、壶嘴。

指导语：谁会用动作来表现一个你喜欢的茶壶的样子？

幼儿变成各种造型的小茶壶。

3. 学习制作小茶壶。

(1)提问，激发幼儿制作小茶壶的愿望。

指导语：你们知道小茶壶是怎么做的吗？

你们想自己做一个吗？

(2)教师介绍制作茶壶的工具和材料。

(3)教师示范讲解，引导幼儿观看制作的步骤和方法。

教师演示操作方法：先将小团紫砂泥搓圆，然后根据自己的想法设计自己喜欢的茶壶造型。

教师讲解示范的过程中，幼儿一起徒手练习操作动作。

(4)提问回忆操作的过程，进一步明确要求。

指导语：茶壶是怎样做出来的，先做什么，再做什么，最后做什么，谁来说一说？

请个别幼儿讲述。

4. 幼儿动手，教师巡视。

(1)提醒幼儿注意捏出茶壶的基本特征，并在基本特征上进行创作。

(2)提醒幼儿在捏的过程中尽量将"壶"的表面抹光滑。

(3)鼓励幼儿在活动中遇到困难自己愿意寻找方法进行解决。

5. 通过作品展览幼儿进行相互学习，并说出自己在制作过程中的困难和如何解决的。

（案例提供：南京市北京东路小学附属幼儿园）

案例九

图腾柱(大班)

设计意图

图腾，从古代人的崇拜对象演变成了现代人的装饰品，更由于其神秘美丽、风格独特的造型，也成了广场、公园一道美丽的风景线。在活动中，我们将利用图腾奇异的造型和神秘感抓住幼儿的好奇心，引导幼儿用油泥夸张地表现图腾柱上人脸的形象，感受原始部落神秘的文化。

活动目标

1. 学习用油泥叠加、围合、盘塑等方法组合制作人物的五官。

2. 通过观察图腾柱的特点，尝试用夸张变形的方法表现柱上人脸的形象。

3. 感受原始部落神秘、奇特的文化。

活动准备

1. 各色油泥，底版。

2. 关于图腾的ppt。

活动过程

1. 出示哈里酋长，引起幼儿的兴趣。

指导语：今天我们班来了些客人，是哈里酋长和他的手下。他带来了他们村子里一些图腾柱的图片。你们看看图腾柱上有些什么。

2. 教师演示ppt，帮助幼儿了解图腾柱的艺术特征。

(1)引导幼儿观察图腾柱局部图，总结柱上人物特征——夸张变形。

指导语：图腾柱上是什么呀？

你们觉得这些人的脸和我们的五官一样吗？哪里不一样？(夸张变形)

小结：他们通过雕刻这些夸张变形的脸来吓唬野兽和敌人。

(2)欣赏组图，观察并表述五官的不同表现形式。

指导语：他们的鼻子、眼睛等五官有什么不一样的地方？

3. 迁移经验，讨论制作方法。

(1)指导语：今天我们用油泥来制作图腾柱上人物的五官。

(2)引导幼儿将整块泥分成自己需要的大小再进行制作。

指导语：这么大的一块泥，我只需要一点，怎么办？

(3)引导幼儿用叠加、围合、盘塑等方法制作人物五官。

指导语：人物五官我们可以用哪些方法制作？(叠加、围合、盘塑等方法。)

(4)引导幼儿讨论制作顺序。

指导语：先做人物的五官，再装饰脸部空白的部位。

4. 幼儿尝试用油泥装饰人物五官，教师进行指导。

(1)在教师引导下用累加、盘塑、围合等方法制作人物五官。

(2)提醒幼儿注意作品的平面感，运用压实的方法完成作品后能竖起展示。

5. 欣赏同伴作品。

(1)引导幼儿讲述自己的制作方法。

指导语：你们用了哪些方法制作图腾柱？

(2)感受不同的花纹、色彩搭配的美感。

指导语：你喜欢哪张脸？为什么？

幼儿作品：

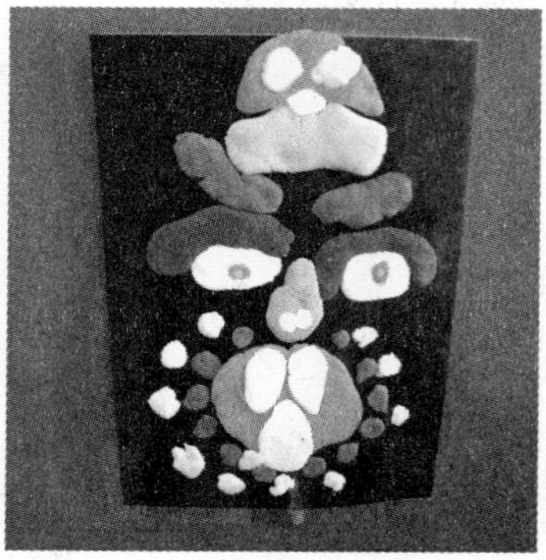

（案例提供：南京市北京东路小学附属幼儿园）

案例十

大海里的鱼（大班）

设计意图

鱼是幼儿比较熟悉的一种动物，但是相对来说，幼儿的经验比较单一，所以，教师通过结合一日生活及室内外游戏活动经验，通过对搜集的图片的欣赏，幼儿对鱼的外形特征有了更加丰富的体验。幼儿运用较为熟练的纸黏土使用技法，对图片中的鱼进行再创作。在活动过程中，使用了富于挑战性的游戏策略，激发幼儿的学习兴趣。同时在又一次的难度累加过程中，让幼儿勇敢地尝试。

活动目标

1. 在分享中，自带大海里的鱼的图片观察，掌握其造型特点。
2. 通过给图片中小鱼塑像的方式使小朋友们感受纸黏土的创作技法。
3. 期望达到激发幼儿关爱海洋生物的情感。

活动准备

1. 经验准备：每个参与活动的小朋友自己准备或选择教师准备的不同种类鱼的照片，并对图片中的鱼有一定的了解。

2. 材料准备：各种颜色的纸黏土若干，相应的纸黏土制作工具（刀具、碾辊），小鱼制作步骤图。

活动过程

1. 展示幼儿的小鱼图片，并针对图片进行造型介绍。

(1)幼儿介绍自己带来的小鱼图片。

指导语：我看到每个小朋友的手里都有一张小鱼的图片。谁能给我们介绍介绍你手里的图片是什么鱼？生活在哪里？爱吃什么？

小结：我们今天认识了好多种类不同的鱼，有的生活在海里，也有的生活在江里；有吃小鱼的，也有吃泥鳅的。

(2)感受不同小鱼的造型特点，并进行讨论。

指导语：我们来看看小鱼的造型，谁能介绍一下你的小鱼是什么样的？有哪些颜色？身体什么样？尾巴呢？还有鱼鳍呢？

个别幼儿介绍，教师引导幼儿。

指导语：每个小朋友都可以和旁边的小伙伴互相介绍一下你的鱼的造型。

2. 迁移已有的泥塑经验，说说自己的泥塑想法。

(1)迁移已有美术区游戏经验。

指导语：前面我们都学习了用纸黏土做鱼鳞和鱼尾，谁还记得是怎么做的？

(2)结合已有经验，分析制作步骤。

指导语：今天和以往不同哦！我们要做一条完整的鱼，谁能猜猜先做什么，后做什么？

(3)教师总结制作方法。

指导语：我们首先要做一个鱼的身体，这样才能将鱼身体的其他部位贴上，然后就可以做鱼头、鱼尾、鱼鳍、鱼鳞了，最后可以对小鱼进行一些装饰，这样一条漂亮的小鱼就做成了。

3. 根据图片，结合已有经验进行写生创作。

指导语：今天我们的创作要求比之前可要难很多，要做一条完整的小鱼。你们有信心接受这个挑战吗？

4. 欣赏与评价。

教师和幼儿共同从造型、装饰、色彩搭配等领域进行评价。

活动延伸

其他领域融合：

故事创编活动：我是大海里的一条鱼。

创设海底世界情境，小组合作，将大家所做的纸黏土鱼置于情境之中。幼儿根据情境，以“我是大海里的一条鱼”为主题，进行故事创编活动。

这是一个有区角活动铺垫的集体教学活动。

幼儿作品：

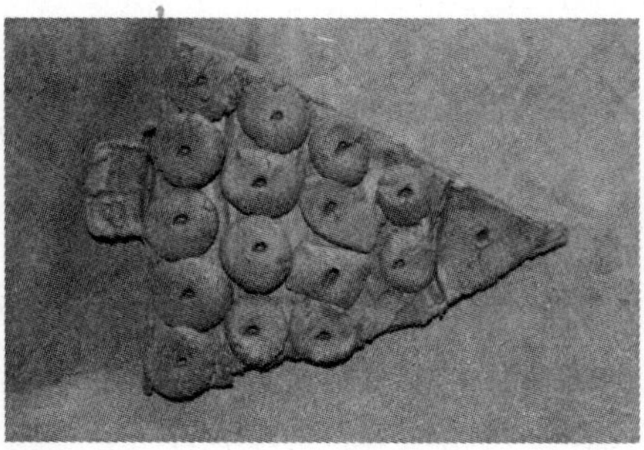

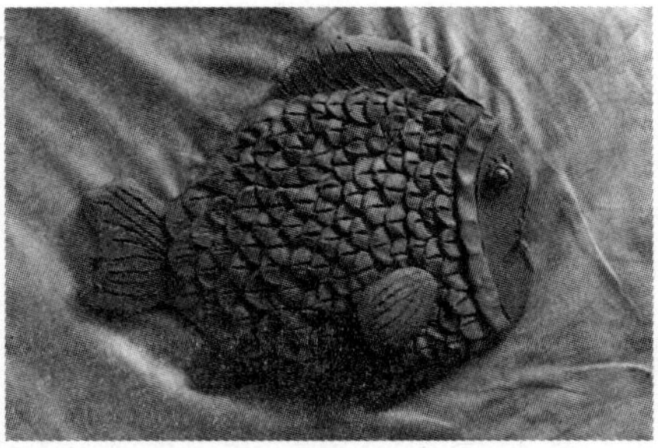

（案例提供：南京师范大学附属幼儿园）

案例十一

笔筒（大班）

设计意图

笔筒的造型十分丰富。这个活动中，教师以提问方式进行，让幼儿欣赏各种有趣的笔筒造型。教师以示范为出发点，告诉幼儿可以以圆形泥球为装饰，也可以泥板为装饰。让幼儿快速地想象各种笔筒的造型，师幼共同来讨论笔筒的做法，教师总结幼儿的说法。从而让幼儿主动进行创造学习。

活动目标

1. 运用泥板、泥条和手捏等技巧，学习塑造丰富多变的有趣笔筒。

2. 通过亲手实践及作品欣赏体验自我创作的乐趣，培养幼儿欣赏美、创造美的能力。

活动准备

泥球 30 份，工具若干。

活动过程

1. 以提问方式，引导观察笔筒造型。

(1)以提问方式进入课题，幼儿欣赏各种造型有趣的笔筒。

(2)教师示范各种笔筒，有以圆形泥球装饰为主的，有大有小，有以泥板成型方法做成的，让幼儿快速发散思维想象出形态各异笔筒的造型，领略手工陶艺的魅力。

2. 操作部分。

(1)讲解笔筒的做法。

①将一块泥分配为2块。

②用手搓出泥条，或压扁，将笔筒的空间感塑造出来，最后再加以装饰。将单调的笔筒丰富起来，赋予其表情。

(2)幼儿操作，教师根据幼儿的操作能力进行指导。

3. 评价活动。

幼儿互相欣赏作品。

（案例提供：南京市第一幼儿园）

案例十二

孔雀(大班)

设计意图

孔雀是十分美丽的动物。孔雀身体上美丽的图案与花纹是本节课的表现重点。教师让幼儿充分观察孔雀身体的花纹，让幼儿总结出孔雀身体花纹装饰的特点，为下一步创造做准备。充分利用工具刀来切出孔雀的身体，利用点线面来装饰孔雀的翎毛，培养幼儿对孔雀设计和装饰能力以及观察总结的能力。

活动目标

1. 运用泥板、泥条和手捏等技能技巧，学习掌握多种装饰手法的基本技法。

2. 通过观察孔雀图案和孔雀的花纹，让孩子们总结孔雀特点；并尝试将孔雀用陶泥做出来。

3. 培养学生设计和装饰的能力以及观察总结的能力。

活动准备

泥球30份、工具若干。

活动过程

1. 欣赏活动。

(1)通过观察孔雀图案，让学生们自己总结孔雀特点以及对孔雀的了解。

(2)教师讲解孔雀的做法。

①将一块泥分配为2块。

②用手将其中一块泥球压扁，用工具刀切出孔雀身体的半圆形状。

③搓条来完成孔雀的翎毛，利用剩下的那块泥团来完成装饰。提示孩子们装饰可以运用：点（斑点）、线（线条）、面（泥板）。

2. 幼儿操作。

幼儿操作，教师对有困难的学生进行指导，并表扬有个性有创意的学生。

3. 评价活动。

幼儿互相欣赏作品，教师让学生们选出比较好的作品进行赏析。

（案例提供：南京市第一幼儿园）

案例十三

鱼（大班）

设计意图

鱼在幼儿园的课程中，幼儿已经绘画过许多次，可是如何泥塑鱼呢？教师迁移幼儿已经掌握的用蜡笔绘画鱼的方式来进行创造泥塑鱼。此外，还可利用已经掌握的泥条、手捏等技能技巧。教师利用本活动可传授新的泥塑经验，装饰方式以点、线、面为出发点。幼儿利用各种工具创造自己喜欢的鱼的造型。

活动目标

1. 运用泥板、泥条和手捏等技能技巧，学习掌握泥板成型的基本技法。

2. 通过观察鱼的造型和花纹，让孩子们感受自然界与陶泥世界里鱼的区别，以及两者之间的联系。

3. 培养学生设计和装饰的能力。

活动准备

泥球30份，报纸、工具若干。

活动过程

1. 结合幼儿已有经验提问。

(1)以提问方式进入课题。

指导语：同学们喜欢鱼吗？

说一说你们还喜欢什么鱼？

(2)讲解鱼的做法。

①将一块泥分配为2块。

②用手将其中一块泥球压扁，将准备好的报纸卷成团放到泥板中，将泥板卷

起，留出两头。然后孩子们根据自己喜欢的鱼的特征进行装饰。利用剩下的那块泥团来完成装饰。

提示孩子们装饰可以运用点(斑点)、线(线条)、面(泥板)。

2. 操作部分。

(1)教师示范装饰，并提醒学生们装饰的时候应该注意的问题。

(2)幼儿操作，教师对有困难的学生进行指导，并表扬有个性有创意的学生。

3. 集体评析。

幼儿互相欣赏作品，教师让学生们选出比较好的作品进行赏析。

（案例提供：南京市第一幼儿园）

案例十四

绵羊(中班)

设计意图

动物绵羊也是孩子喜爱的小动物之一。教师以谜语方式来调动幼儿的情绪，猜测绵羊，利用生活经验来说出绵羊的造型，利用已有的泥塑经验来尝试制作绵羊。绵羊泥塑中最难掌握的就是绵羊身上的羊毛的制作。教师可以快速发散思维想象，让幼儿想象绵羊可以用哪些泥塑方式制作。泥条、蜗牛卷等方式都可以进行利用。此活动给幼儿自主发挥的空间比较大，可以培养幼儿欣赏美、创作美的能力。

活动目标

1. 运用泥板、泥条和手捏等技能技巧，学习塑造立体造型能力。

2. 通过亲手实践及作品欣赏体验自我创作的乐趣，培养幼儿欣赏美、创造美的能力。

活动准备

泥球 30 份，工具若干。

活动过程

1. 猜谜导入，引出绵羊。

(1)以猜谜语方式进入课题，幼儿欣赏各种有趣的绵羊。

(2)先示范以圆形泥球、泥条装饰为主的绵羊，让幼儿快速发散思维想象出多种绵羊毛的制作方式，领略手工陶艺的魅力。

2. 操作活动。

(1)讲解绵羊的做法。

①将一块泥分配为 2 块。

②用手搓出泥球，分别做出头部、身体、腿部，将绵羊组合起来，最后再加以装饰。

③主要是丰富绵羊的背部毛发，可以是泥条围起来，又或者将泥条以蜗牛的形式卷曲起来一个一个耐心地粘上。提醒学生注意蘸泥浆。

(2)幼儿操作，教师根据幼儿的操作能力因势利导。

3. 评价部分。

幼儿互相欣赏作品。

（案例提供：南京市第一幼儿园）

案例十五

瓢虫(中班)

设计意图

瓢虫，是一种十分可爱的小动物。它身体小小的，背上有许多的小点点，幼儿十分喜爱。教师利用幼儿的生活经验，调动幼儿的兴趣，从而主动说出瓢虫身体的组合，包括身体、头部以及眼睛和身上的装饰。在塑造立体瓢虫的时候，幼儿可以利用多种技能，主要以压、拼、搓等技巧来完成。幼儿通过观察逼真的瓢虫造型，来完成自己的瓢虫塑造，更加有趣味。

活动目标

1. 运用压、拼、搓等技能技巧，学习塑造立体瓢虫。

2. 通过亲手实践及作品欣赏体验自我创作的乐趣，培养幼儿欣赏美、创造美的能力。

活动准备

泥球 30 份，工具若干。

活动过程

1. 欣赏活动。

(1)幼儿欣赏各种造型逼真的瓢虫。

(2)总结：有以圆形泥球装饰为主的，有大有小。

教师让幼儿充分观察瓢虫的各种形态，领略瓢虫的神韵。

2. 操作活动。

(1)讲解瓢虫的做法。

①将一块泥分配为 3 块。

②用手搓出身体、头部、眼睛以及背部 7 个小圆球的造型。

(2)幼儿操作，教师根据幼儿的操作能力因势利导。

3. 评价活动。

幼儿互相欣赏作品。

（案例提供：南京市第一幼儿园）

案例十六

多种多样的鱼尾和鱼鳞（大班）

游戏基本方法：

区角游戏：美术区活动——多种多样的鱼尾和鱼鳞。放置多种形态及种类的鱼类、鱼身体各部位图片在美工区，通过对图片细节的欣赏让小朋友们进一步了解鱼尾、鱼鳞的造型特点，同时提供椭圆球形身体，通过添加鱼尾、鱼鳞尝试表达。可以尝试添加鱼尾、鱼鳞的单一部位，也可以对多种身体部分进行完整表达。

游戏各升级层次或延伸：

游戏升级玩法一：在区角游戏时，幼儿为椭圆形鱼身添加鱼尾，并适当地制作花纹装饰。

游戏升级玩法二：在区角游戏时，幼儿为不同形状鱼身添加鱼尾，在不断地丰富鱼身的重复创作中，掌握鱼鳞大小与泥量的关系。

游戏升级玩法三：在区角游戏时，幼儿为椭圆形鱼身同时添加鱼鳞及鱼尾，并对其进行不同形式的装饰。

设计意图

鱼是孩子们日常生活中比较常见的动物，题材来自于幼儿生活，契合幼儿已有经验。在活动设计中，通过鱼鳞、鱼尾的表达，强化幼儿对鱼鳞、鱼尾的造型概念，体验自己动手 DIY 的快乐；通过重复性及挑战性的游戏策略，使幼儿在不丧失兴趣的情况下，提升技能、技法，最后能够进行熟练创作。同时引导幼儿在一次次的难度累加过程中，勇敢尝试。

活动目标

1. 感受不同种类鱼鳞、鱼尾的造型特点，并通过纸黏土进行不同的鱼鳞、鱼尾的创作。

2. 通过观察、迁移生活经验等方法，熟练使用纸黏土进行鱼鳞、鱼尾创作。

3. 乐于尝试重复的创作形式，体验通过层层累加后技能、技法的提升和造型不断变化带来的欣喜与快乐。

活动准备

1. 经验准备：对鱼的造型有充分的生活经验。

2. 物质准备：纸黏土，椭圆形鱼身，不同种类的鱼、鱼鳞、鱼尾的图片。

活动过程

1. 教师出示不同种类鱼的图片，幼儿讨论鱼鳞、鱼尾的造型特点。

(1)观看鱼图片，引导幼儿乐意参与活动。

指导语：我有好多好多的小鱼，我都弄不清它们是什么样子的了，请你们帮我看看吧！

(2)分析不同种类鱼鳞、鱼尾图片，了解造型特点。

指导语：这些鱼的鱼尾巴是一样的吗？谁来说说它们是什么样子的？你看到的鱼尾巴是什么形状的，上面的花纹什么样？鱼鳞的造型又有什么不同呢？

(3)了解做鱼鳞、鱼尾的过程。

指导语：鱼鳞和鱼尾巴怎么做呢？谁来说说看？

指导语：哦，鱼尾巴我们可以先把泥巴团圆、压扁，再切出我们想要的形状，然后我们可以用不同颜色的泥巴，在鱼尾巴上做装饰，可以用点，可以用线。鱼鳞就是用黏土切成大小一样的小块，再团圆——→压扁——→装饰。

2. 幼儿尝试表达自己的创作思路。

指导语：我们知道了制作鱼鳞、鱼尾的方法，谁想好要做什么样的鱼鳞和鱼尾了？请你向大家介绍一下。

3. 相互交流构思，尝试创作鱼鳞、鱼尾。

指导语：每个小朋友都可以和旁边的小伙伴说一下你的构思。你想做什么样的鱼鳞，什么样的鱼尾？

指导语：想好的小朋友就可以开始创作了。

4. 欣赏与评价。

指导语：每个小朋友做得都很棒，造型都很独特，装饰的也很漂亮，我们一起来为自己的小鱼找一找它像图片里的哪种鱼。你的小鱼是怎么做的，跟小朋友们分享一下。

温馨提示

通过前两次的分别创作，再到第三次的鱼鳞鱼尾全部创作，使小朋友熟练技法，提高操作水平。并通过创作与前次不同的造型和装饰，激发幼儿兴趣。

附：可以填画的鱼鳍和鱼尾：

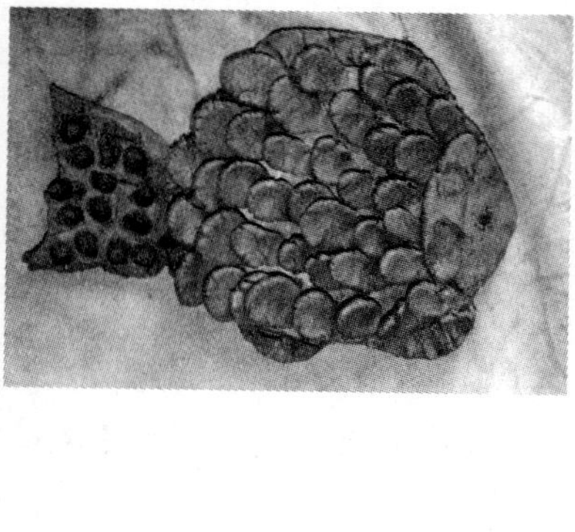

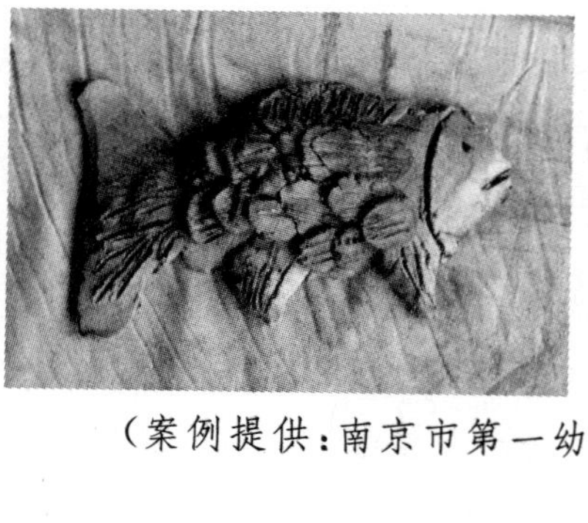

（案例提供：南京市第一幼儿园）

第六章　纸塑教育活动的组织

幼儿园纸塑活动是以不同性质的纸为材料，结合撕、剪、折、粘、卷、编等多种简单的技巧，做出事物形象的活动。纸塑因它带有操作性、趣味性、游戏性等特点而深受幼儿的喜爱。

幼儿纸塑活动的用纸范围很广，蜡光纸、亮光纸、皱纹纸、宣纸、彩色卡纸、吹塑纸、餐巾纸、瓦楞纸、包装纸、废旧画报、挂历、报纸、包花纸等。在使用中可以根据不同的内容来选取适合的材料。比如，折纸需要既薄又有韧性的纸，染纸适合用淡色吸水性强的纸，剪纸需要用较薄的纸，撕纸一般用较薄的韧性不能太强的软纸。纸塑活动常用的工具有剪刀、胶水（胶棒、双面胶）、颜料。

各类纸塑活动由于不同的操作方式和操作材料，呈现出各自不同的特点。下面我们就幼儿园经常开展的撕纸活动、折纸活动和剪纸活动三类活动分别做介绍。

第一节　幼儿园撕纸教育活动的组织

一、撕纸活动的定义、意义与基本技能

（一）定义

撕纸是通过大拇指和食指、中指的配合控制纸张撕拉的角度，从而撕出某种形状或图案的一种平面艺术。

（二）对幼儿发展的意义

撕纸活动对幼儿来说是一种比较放松有趣的手工活动。撕纸作品，其轮廓线蓬松、柔软、毛茸茸的，具有自然、浑厚、稚拙的独特美感。撕纸的主要目的是锻炼幼儿的手指肌肉动作及其控制力，对所撕形象展开丰富的想象，同时培养孩子细心、专心、耐心的良好品质和行为习惯。

（三）基本技能

撕纸的基本技能包括纸的拿法、起撕、直撕、转撕、折叠撕（包括对角折撕、对

边折撕、对边反复折撕、三角折撕）等方法。具体来说，撕的时候要注意用两手靠近分别捏住要撕开部分的两侧，大拇指在纸的上面，其余四指在纸的下面，撕时两手向相反方向用力。转撕，双手指尖要配合，一边转一边撕，控制撕的方向，每次撕口不要太长，以便控制所撕形象。

撕纸的形式一般有自由撕、按轮廓撕、折叠撕等。开始学习撕纸时，可进行自由撕，逐渐地，教师可以引导幼儿学习沿轮廓撕和折叠撕。撕纸活动往往会和其他纸塑技巧结合开展，如请幼儿将撕好的作品粘贴成画或为作品添画等等。

二、幼儿园撕纸教育活动的年龄阶段发展目标

幼儿的撕纸活动有一个由无意识地玩纸到有意识地模仿撕出一定形状，再发展到创造性地撕出一些物体图案的过程。具体各年龄阶段的发展目标见下表。

表 6-1　幼儿园撕纸教育活动的年龄阶段发展目标

	小班	中班	大班
造型（立体）	1. 认识纸张、剪刀等撕纸活动的工具和材料； 2. 掌握撕纸活动中撕、粘贴等造型活动的基本技能； 3. 了解不同撕纸活动材料的性质，能用 1～2 种技法塑造简单物体形象； 4. 乐意参加撕纸活动，通过撕纸等活动体验立体造型活动中的乐趣，并对玩纸等活动感兴趣； 5. 学习用糨糊、胶水等粘贴作品。	1. 进一步熟悉撕纸活动中的工具和材料，喜欢探索和运用各种工具和材料； 2. 可在纸上先画好事物的轮廓，然后再按轮廓线直接整体地撕物体图案； 3. 能目测撕出各种几何图形，然后进行组合拼贴； 4. 在同伴和教师讲述时能够认真观察、倾听。	1. 能熟练地选择和使用各类撕纸活动的工具和材料； 2. 能按轮廓线撕出较为复杂的物体图案，如小松树、小花等； 3. 用折叠的方法撕出对称的或有规律的图案，如四角花、三角花等； 4. 创造性地撕拼图案并编讲故事； 5. 理解立体造型活动中所需的合作要求，并知道如何与他人交往，体验并努力追求在与他人合作中获得快乐。
美术欣赏	1. 喜欢观看、欣赏撕纸作品； 2. 愿意参加撕纸欣赏活动，体验欣赏过程中的快乐，并养成集中注意力欣赏的习惯； 3. 学习欣赏同伴和教师的作品； 4. 初步学习运用动作、表情等方式表达自己欣赏后的感受。	1. 学习体验不同作品中的线条、形状、色彩、质地的变化； 2. 感受作品的线条变化与主题的关系； 3. 学习欣赏、评价同伴和教师的作品； 4. 尝试给简单的美术作品命名。	1. 主动参与欣赏活动，逐步形成从生活环境中发现美的能力； 2. 学习从不同形式和内容的角度评价同伴、教师的作品； 3. 命名和讨论撕纸作品的基本内容； 4. 喜欢与他人分享观赏及谈论撕纸活动的快乐。

三、组织幼儿园撕纸教育活动的注意事项

(一)引导幼儿对撕纸作品进行想象

撕纸活动不是任由幼儿随心所欲地胡乱撕,但也不可能要求幼儿做到很准确地撕出一个完美的形象。在撕纸活动中应该鼓励幼儿发挥想象力撕出满意的作品,纸张在手指间不停转动的过程实际是幼儿不断展开丰富想象的过程。也可以对已撕完的作品进行想象添画,使其更接近某一种形象。

(二)引导幼儿对撕坏的形象进行修改

由于学前儿童手部肌肉尚未发育成熟,他们在撕纸的过程中可能会出现撕坏或撕断作品。如果在撕的过程中遇到与所构思的形象有较大的出入,或者作品被撕坏,教师则可以让幼儿仔细观察手中的纸形,想象它还能像什么,引导幼儿继续将其撕完,这类似于绘画活动中的借迹重构。

(三)保持桌面、地面的整洁

撕纸活动中要提醒幼儿将撕下的纸屑放到指定的容器里,保持桌面、地面的整洁,养成良好的卫生习惯。

四、幼儿园撕纸优秀教育活动赏析与案例库

(一)幼儿园撕纸优秀教育活动赏析

案例一

变脸(大班)

设计意图

随着年龄的增长,幼儿已不再局限于具象的艺术思维。他们对于抽象、夸张的艺术作品更感兴趣。在毕加索的作品中我们可以充分地体验到因夸张、变形而引起大家丰富的想象与强烈的共鸣。因此幼儿在欣赏毕加索作品时,在感受夸张、变形艺术风格的同时,进行了艺术想象的创作。撕贴这一艺术创作方式容易给幼儿自由创作的空间。因为瓦楞纸上原有的凹凸显现出的线条使作品更具立体感,所以选用瓦楞纸撕贴表现夸张变形的人脸,在创作中,幼儿更能体验到夸张、变形带来的艺术享受与惊奇感。

活动目标

1. 学习运用撕、贴、组合图形的方法,表现夸张、变形的人脸。

2. 通过欣赏毕加索人像画,体验毕加索的艺术风格,尝试使用瓦楞纸的正反两面表现夸张、变形的人脸。

3. 大胆创作，操作后能与同伴合作收拾材料。

活动准备

材料准备：哈哈镜若干、毕加索夸张人像作品图片、浅咖啡色瓦楞纸、双面胶、A4 黑色底纸。

活动过程

1. 幼儿积极玩“照哈哈镜”的游戏，感受活动的乐趣。

指导语：老师带来了一种有趣的“镜子”，你们来照一照，看看会发生什么事。

幼儿观察自己五官的变化，然后讨论，教师总结。

2. 欣赏毕加索作品，体验夸张、变形的艺术风格。

指导语：我们的小脸变得真有趣。有一位画家，叫毕加索，他也喜欢玩变脸游戏，我们来看看他是怎么变脸的。

出示作品引导幼儿观察。

指导语：这些脸和我们平常的脸一样吗？给你什么感觉？哪些地方有变化？画上的眼睛、鼻子、嘴巴发生了什么变化？（线条、色彩、图形等）我们的脸左右都是对称的，而毕加索画的人脸怎么样？（不对称）

教师总结：画家用线条、图形和漂亮的颜色把脸上的五官进行了变化，让脸变得很夸张，有的看起来很有趣，有的让人看起来有些恐惧。

3. 出示操作材料，提出创作任务。

指导语：毕加索是用什么方法表现这些变形的脸的？（用画笔画）今天老师带来了一些瓦楞纸，我们用这些纸来学学毕加索玩有趣的变脸游戏。我们怎么来表现呢？（撕贴）你想变出一张什么样的脸？想让脸的两边不对称可以怎样表现？将脸的什么部位变一变？怎样可以让眼睛更立体些？头发可以怎样表现？

幼儿自主讲述，教师可根据幼儿的描述进行简单的操作示范。

4. 幼儿创作，教师巡回指导。

（1）先设计撕出人脸的轮廓，并将其粘贴在黑色底纸上。再撕贴出五官。

注意强调变形、夸张。可贴正面的人脸也可以是侧面。五官可完整，可不完整。

（2）利用瓦楞纸一面凹凸不平一面平整，选择粘贴不同的面。

（3）可撕贴不同的发型和饰品。

5. 展示幼儿作品，共同欣赏评价。

指导语：你喜欢哪幅作品？这幅作品哪里最美最特别最吸引你？

活动建议

1. 教学变式：在活动 3 中幼儿描述创作思路后，教师也可提供一些用瓦楞纸创作的变脸作品给幼儿欣赏，从而拓展幼儿的思路。

2. 活动延伸：教师将幼儿的作品布置在教室内，幼儿相互分享创作经验。教师再提供更多的大师夸张变形的艺术作品，拓展幼儿眼界，激发幼儿的艺术思维。

3. 区角活动：教师可在美工区角内提供画笔或泥塑材料，让幼儿通过多种材料进行夸张、变形的艺术创作。

教学图片：

幼儿作品：

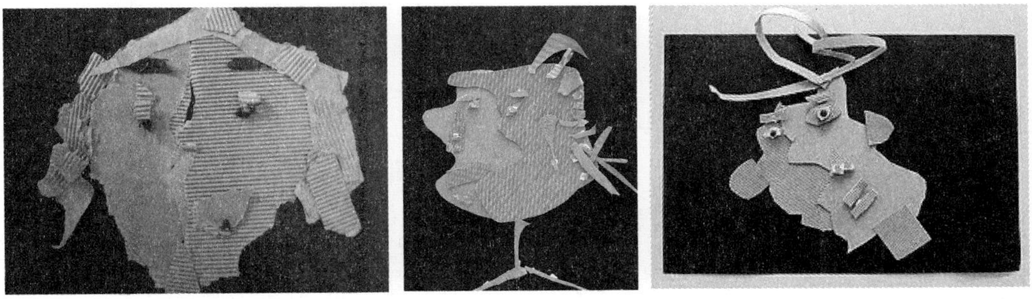

（案例提供：南京师范大学附属幼儿园）

赏析　从表现形式来看，撕贴活动《变脸》让我们再次看到了美术语言的多样性以及美术活动的各种形式之间是相通的。绘画大师毕加索用画笔表现人物的夸张造型，幼儿也可以用撕贴的方式创造性地表现夸张的人物形象。而且用瓦楞纸撕出的作品不仅夸张，还带有撕纸本身的独特特点：毛茸茸的、蓬松的轮廓具有自然、浑厚、稚拙的独特美感。从审美过程来看，幼儿通过欣赏、动手制作真实地感受变形、夸张带来的视觉冲击和独特的艺术美。教师运用一系列的问题，鼓励幼儿仔细观察，提升对事物本质特征的把握能力；在此基础上，鼓励幼儿自主探索，将审美感受表达于撕贴活动中。

案例二

一碗面条（小班）

设计意图

面条是幼儿生活中十分熟悉的食物，过生日吃面条是中国人传统的习俗之一。本次活动创设了为小猫咪过生日的游戏情境，引导幼儿通过撕纸活动，做出一碗面条，在游戏化的实际操作中锻炼幼儿手部肌肉及精细动作的能力。

活动目标

1. 通过给小猫咪过生日做面条的游戏情境，锻炼手部肌肉和精细动作的能力。
2. 在教师示范过程中掌握“面条”的制作方法。
3. 乐意参与撕纸活动，体验给小动物过生日的快乐。

活动准备

1. 制作好可以品尝的实物面条一份。
2. 装有彩色皱纸的大托盘每组一份。
3. 用来装制作好的面条的小碗人手一个。
4. 手偶猫咪一个。
5. 已经撕好的“面条”一碗。

活动过程

1. 出示手偶猫咪，激发幼儿的兴趣。

指导语：今天我们班上来了小客人，你们看，这是谁呀？

我们一起和小猫咪打个招呼吧！

小猫咪今天过生日，我们应该对它说什么呀？

2. 教师引导幼儿了解中国习俗——过生日吃面条。

指导语：今天小猫咪过生日，老师还给它制作了一碗面条呢，你们知道为什么过生日的时候要吃面条吗？

教师小结：其实过生日吃面条是我们中国的传统习俗之一，由于面条是细细长长的，所以如果在生日当天吃面条，就寓意能够长寿、幸福延绵。

3. 教师引导幼儿观察面条的形状，探讨如何撕纸才能制作出面条的方法。

指导语：面条是什么样子的呢？（面条是细细的，长长的）

如果给你一张纸，怎样才能撕出细细长长的面条呢？

4. 出示教师已经撕好的“面条”，教师示范，幼儿了解撕面条的方法。

指导语：我这里有一碗已经撕好的面条，我的面条是什么颜色的？

我们一起来看一看老师的面条是怎么做成的呢？

学会用拇指和食指捏住纸边由上而下慢慢撕纸，撕的时候面条上下要尽量一样粗细才好看。

5. 教师交代制作要求，幼儿操作，教师巡回指导。

要求：

(1)拇指和食指捏住纸边由上而下慢慢撕纸，撕的时候面条上下要尽量一样粗细才好看。

(2)边撕边说“小猫咪我请你吃面条”“我的面条长又长”。

(3)撕下的面条放进自己面前的小碗里。保持桌面、地面的整洁。

(4)爱惜纸张，撕完一张纸后再拿一张，不浪费。

6. 分享与交流。

指导语：面条做好了，你们高兴吗？让我们一起为小猫咪唱首《生日歌》，祝小猫咪生日快乐吧！

活动延伸

1. 根据小班幼儿的年龄特点可以开展形式多样的有关面条的活动。如用油泥搓长、皱纹纸搓长、水彩笔绘画等，逐步锻炼幼儿手部精细的动作，拓展幼儿的思维。

2. 不同的制作方法制作出来的面条品种、颜色都会不同。教师可以组织幼儿收集各种面条，开展《多种多样的面条》活动，通过相互交流、分享，了解面条的多样性。如快餐面、挂面、鸡蛋面、拉面等。

幼儿作品：

（案例提供：南京市北京东路小学附属幼儿园）

案例三

一瓶花(小班)

设计意图

撕撕贴贴无疑是小班上学期幼儿很喜欢的活动形式。在撕纸活动中，幼儿可以得到动手探索的满足，在撕纸块的基础上再综合使用粘贴的技法，以朦胧展现有疏密、高低、前后对比关系的一瓶花，不仅能发展幼儿的动手能力及做事的条理性，还能带给幼儿更多的审美体验。

活动目标

1. 初步学习用大拇指和食指指尖撕断纸条成纸片，再用胶棒粘贴纸片成一瓶花的撕贴技能。

2. 把一种颜色的纸片贴完，再换贴另一种颜色的纸片，以方便色彩布局；先完成撕纸，再进行粘贴，以节约操作时间。

3. 同伴间友好相处，合理分享使用活动空间。

活动准备

1. 实物花一瓶。

2. 未完成的作品范例一张。

3. 画好花瓶和枝叶的作业纸。

4. 各色彩纸条，胶棒。

活动过程

1. 观赏实物花一瓶。

指导语：这是什么？好看吗？

花是什么样的？有些什么颜色？

花是分散的，还是靠近的？（有疏有密，有高有低，有前有后）

花插在哪里？

2. 观察未完成的范例作品，观看教师示范，学习撕贴一瓶花。

指导语：这儿也有一瓶花，还缺什么呀？我们一起把缺的花朵添上，好吗？怎么添呢？

(1)观看教师示范讲解，学习撕纸条成纸片的技能。

指导语：左手拿住纸条的一头，两手的大拇指、食指相对捏住纸，朝相反方向用力撕，就可以撕下一小块纸。

(2)徒手练习使用大拇指和食指指尖撕断纸条成纸片的动作。

指导语：把小手都伸出来，我们一起来撕撕纸！有没有撕断呀？再来撕撕看！

(3)小结操作步骤。

指导语：先把盘子里的纸条，一条条都撕断成纸片，放进盘子里备用；再用胶棒把一种颜色的纸片贴完；然后再贴剩下颜色的纸片，注意色彩搭配。

3. 学习撕贴的方法，教师巡回指导。

指导要点：

(1)撕纸的多样性：鼓励撕出多种形状的花。

(2)省时的粘贴方法：

先把一种颜色的纸片贴完，用来分散表现同色的多个一朵花；

再换第二种颜色的纸片粘贴(或找空位，或局部遮挡粘贴)；

再换其他颜色，以搭配不同颜色，方便色彩布局。

4. 展评作品。

指导语：说一说，哪瓶花的颜色搭配得最好看？

哪瓶花的花朵最漂亮？最特别？

你是怎么做得又快又好的？（先撕后贴；先贴一色，再贴另一色。）

活动延伸

本活动的前后，还可以开展延伸活动《线描画：花瓶》《黑白线条装饰画：花瓶》，或《蛋壳贴画：花瓶（手工）》，让幼儿自己装饰花瓶。

1. 线描画：花瓶。

在作业纸上画好多种花瓶的轮廓线：圆弧线的花瓶、直线的花瓶、几何图形变化的花瓶等形态各异的花瓶。

再在花瓶里添画上花朵的茎、叶，预留出花朵的位置，用于后续活动。

2. 黑白线条装饰画：花瓶。

学习使用对称、分隔等方法，有规律地用各种线条装饰花瓶的瓶身。

3. 蛋壳贴画：花瓶（手工）。

学习用蛋壳拼贴在画好的花瓶（轮廓图）内，感受蛋壳贴画的肌理美，探索根据蛋壳的不同颜色进行花纹创作的方法。

（案例提供：南京市游府西街幼儿园）

案例四

花（大班）

设计意图

春日融融，小朋友们一起到郊外玩。孩子们看到了形态各异、色彩缤纷的花。平时，孩子们都有用画笔绘画花的经验。如用撕贴的方法表现花，较之画一定更为自在、随性，画面表现也会更为立体些。纯彩纸粘贴太过呆板，如用彩笔涂抹在彩色底纸上，再通过撕贴表现出有高有矮、有大有小、有前有后的花，画面也显得更为灵动了。幼儿通过不断的动手，感受到艺术表现形式的多样性，和搭配的多元与可变，感受到不同的艺术创作形式带来的惊喜感。

活动目标

1. 运用撕贴的方法，撕贴出有高有矮、有大有小的太阳花。

2. 通过对比欣赏，感受画面冷暖的色调。在撕贴过程中，两手相互配合，尝试撕出长短、粗细不一样的太阳花瓣。

3. 愿意与同伴共享操作材料，操作完后共同收拾材料。

活动准备

1. 经验准备：欣赏过花丛。

2. 材料准备：彩纸、油画棒、棉签、乳胶。

活动过程

1. 观察画面冷暖对比的色调。

指导语：这幅画上有什么？花是什么颜色的，长在什么颜色的土地里？（幼儿感知对比色彩的不同感受）

2. 教师交代要求，幼儿涂底色。

(1)幼儿拿两张彩纸，一张用蜡笔涂“冷冷国”的色彩，一张用蜡笔涂上“暖暖国”的色彩。可用混色涂法，不需要均匀。

指导语：现在我们一起试试给不同的花涂上两种不同颜色的泥土。一张可以是“冷冷国”的泥土，另一张是“暖暖国”的泥土哦！

(2)幼儿感受使用蜡笔躺着涂色的效果。

指导语：你们准备把蜡笔竖着还是躺着涂呢？（教师提醒：可以将蜡笔平躺着涂色，试着画出有深有浅的泥土效果，画面可以更为自然。）

3. 观察图片，调动幼儿前期撕贴纸的经验。

指导语：图上的花像什么花？是什么样子，有哪几部分组成？

4. 幼儿猜测制作方法，请一名幼儿示范。

指导语：这朵花是怎么做出来的？（用撕的方法）先撕花的什么部位？怎么撕呢？谁来试一试？撕好后，怎么粘贴上去呢？（用乳胶将它粘贴在底纸合适的位置上。）

小花长在什么地方？我们可以怎么制作出地面呢？（可以撕贴一块地面，并用咖啡或黑色的蜡笔轻轻涂抹几下，表现地面。）

5. 幼儿创作，教师指导。

注意点：

(1)如果底纸选用“冷冷国”的色调，花尽量选“暖暖国”的颜色。（反之亦然）

(2)大家选好一张底纸后，用来做花的纸大家可以共享。

(3)花可以撕得有高有低，有大有小。

(4)粘贴时，乳胶不要抹得太多。

6. 欣赏幼儿作品。

指导语：你们喜欢哪幅画上的花？为什么？(教师提问的角度尽量从花造型和整体构图上相互讨论。)

活动建议

1. 教学变式：在欣赏范画前还可让幼儿欣赏一些花丛的图片，调动幼儿花形及画面构图的经验。

2. 活动延伸：活动后，可进一步丰富幼儿粘贴花的经验。如运用卷曲花瓣的方法做更为立体的花。

3. 区角活动：在区角提供材料，让幼儿制作花并用来装饰在活动室的墙上。

幼儿作品：

(案例提供：南京师范大学附属幼儿园)

案例五

美丽的幼儿园(小班)

活动目标

1. 继续练习撕纸片，并用糨糊将彩色纸片粘贴在图片上。

2. 运用情景示范的方法，学习用食指轻蘸糨糊，并抹在彩色纸片的反面，同时将彩色纸片贴在幼儿园的空白处。

3. 集体组画时，能你贴一下，我贴一下，初步学习合作，并完成作品。

活动准备

1. 铅画纸剪成的幼儿园剪影每组一张。

2. 事先用旧挂历纸剪好的彩色纸条若干、糨糊、抹布。

3. 幼儿园景色照片。

活动过程

1. 感知有趣的作画方式，激发幼儿学习兴趣。

指导语：我们的幼儿园漂亮吗？你觉得哪里最漂亮呢？幼儿园里有什么？

宝宝的幼儿园很大也很漂亮，今天我们也来做一个自己的美丽幼儿园好吗？

2. 以情景化的口吻，演示粘贴的方法。

(1)出示幼儿园的剪影。

指导语：我们怎样让幼儿园变得漂亮呢？（涂上漂亮的颜色、画漂亮的小花。）

(2)引导幼儿回忆以往的经验。

提问：还记得我们是怎样打扮小鸟的吗？

请个别幼儿描述撕贴的过程。（我们把小纸片贴在小鸟身上，给它穿衣服。）

(3)请个别幼儿示范，大家来评价。

指导语：今天我们就用这个方法来打扮我们的幼儿园。谁来试一试，怎么撕纸并且贴上去呢？

(4)教师再次示范怎样撕纸抹糨糊，并进行粘贴，抹过糨糊后如何将手擦干净。

指导语：大拇指和食指把嘴巴闭紧，这样轻轻一扭，就把纸条撕成纸片片了。食指舔一口糨糊，亲一下纸片的背面，把糨糊抹匀，然后把小手擦干净。

3. 幼儿进行操作活动，教师巡回指导。

(1)引导幼儿可以先将一根纸条撕成纸片后，再抹糨糊进行粘贴。

(2)纸片不要撕得太大，要少蘸一点糨糊。

(3)引导幼儿找空白处进行粘贴，并尽量将画面贴满。

4. 作品展示。

(1)讨论：你喜欢哪一组宝宝的幼儿园？为什么？

(2)针对幼儿的操作情况进行评价，如疏密。

（案例提供：南京市第一幼儿园）

案例六

漂亮的蘑菇伞（小班）

设计意图

伞是我们在日常生活中经常使用的、幼儿熟悉的物品。每当下雨天，孩子们兴奋地撑着伞在雨中嬉戏、玩耍。这时的伞成了他们的玩具，成了他们游戏的伙伴。在这个活动中，我们将带领幼儿用撕、贴的方法装饰伞面，制作不同形状、颜色的伞，提高幼儿撕贴的技能。

活动目标

1. 学习用各种颜色的长条纸撕碎并粘贴在作业单上表现对伞的认识。

2. 通过教师的演示和示范，以及儿歌的提示，学习撕贴纸片的方法。

3. 巩固使用糨糊的常规，通过猜猜、看看、做做、玩玩，培养幼儿对美工活动的兴趣。

活动准备

1. 人手一张伞形底板卡纸，彩色长条纸。

2. 吸管。

活动过程

1. 教师出示小兔玩偶，引导幼儿与小兔打招呼。

指导语：谁来了？

2. 教师讲述故事，引起幼儿参与活动的兴趣。

指导语：下雨了，兔妈妈送给每个小朋友一把蘑菇雨伞，这是一把神奇的伞，当你给它穿上漂亮的衣服时，这把伞就可以打开了。

3. 教师示范撕贴方法，幼儿观察。

(1)教师边示范边念儿歌。

撕：两根手指捏一捏、碰一碰、一前一后撕下来。

贴：蘸一蘸、转一转、擦一擦、翻一翻、按一按。

(2)教师提问，帮助幼儿了解粘贴纸片的方法。

老师用了几根手指蘸糨糊的？（一根）

用手指的什么地方转一转的？（手指尖）

纸片是如何粘上去的？（翻一翻、按一按）

4. 幼儿尝试撕贴小纸片。

教师提示幼儿边念儿歌边进行撕贴。（教师在指导过程中边念儿歌边提示幼儿撕贴的动作及过程）

画完后提醒幼儿将手上的糨糊在抹布上擦干净。

5. 幼儿作品展览，通过朗诵诗歌进一步引起幼儿对伞颜色的关注。

指导语：下雨了，下雨了！快快撑开美丽的伞。红红的花朵是蜜蜂的伞，黄黄的树叶是蚂蚁的伞，绿绿的荷叶是青蛙的伞，白色的蘑菇是小白兔的伞，下雨了，下雨了，大家都有一把伞。

（案例提供：南京市北京东路小学附属幼儿园）

第二节 幼儿园折纸教育活动的组织

一、折纸活动的定义、意义与基本技能

(一)定义

折纸活动，是指利用纸张，采用折、叠、卷、翻、插等手法，辅以剪、接、拼、画等技巧，按照一定的步骤和要求，借助简单的工具和材料，改变、组合、分解纸张的原来形状，从而表现出物体栩栩如生的形象的活动。

折纸一般选用正方形的纸，也有长方形或三角形的，有单张折叠，也有多张纸的组合折叠。

(二)对幼儿发展的意义

折纸是一种传统的幼儿手工游戏，对于幼儿的发展有着重要的价值。譬如，通过折纸活动，能锻炼手的触感和动作的准确性，培养幼儿的注意力；通过纸张的千变万化，可以培养儿童的创造性思维能力和对自然界事物的模仿和概括能力；由于折纸的过程是将点、角、线等反复重合折叠，构成三角形、正方形、菱形等各种形状，也有益于儿童建立几何和数理概念，增强对三维空间的理解和想象；折纸还需要按照固定顺序、耐心地折叠，可以帮助幼儿养成耐心、细致、按序工作的好习惯。

(三)基本技能

折纸的基本技能有对边折、对角折、集中一角折、四角向中心折、双正方形折、双三角形折，对边折、对角折是一切折法的基础。

对边折:将纸两边对称折叠。

对角折:将纸相对的两角对齐折叠。

集中一角折:将正方形或长方形纸相邻的两边沿夹角相向对折，如折“孔雀”。

四角向中心折:将正方形纸的四角，对准纸的中心点折叠，如折“衣服”。

双正方形折:将正方形纸对角折成三角形，再反复一次，把两个小三角形分别从中间撑开，折成双正方形，如折“牵牛花”。

双三角形折:将正方形纸对角折成三角形，从三角形的底边的中心点，分别前后向三角形的顶点折叠，然后从中间撑开成双三角形，如折“宝塔”。

双菱形折:先将纸折成双正方形，再依据中线，将开口端的四个边向内折叠，然后向下拉成菱形，如折“千纸鹤”。

二、幼儿园折纸教育活动的年龄阶段发展目标

表 6-2　幼儿园折纸活动的年龄阶段发展目标

基本类型	小班	中班	大班
基本折纸技能	能在老师的引导下用纸进行简单的折叠，如边对边折、角对角折等。	在小班基础上学习用纸折出双正方形折、双三角形折以及简单的物象。	1. 在熟练掌握折单双菱形的基础上，学折各种物体； 2. 尝试着折叠较为复杂的物象，能用多种技法将纸折成物体的各个部分，组合成整体物象。
看图折纸能力		1. 识记角、边、中心线、中心点、对角线等基本符号和名称； 2. 尝试按示意图进行对边折或对角折，在游戏中逐步学会看懂示意图。	能够认识各种折叠符号、简单的图解，根据折叠符号和图解进行折叠。
创造性折纸能力	自由折，偶尔会对折纸作品进行联想和命名。	对所折形象展开想象，并能与其他美工技能相结合，如在折纸的基础上尝试添画。	1. 能将多个折纸作品组合成一张情景画面； 2. 能根据自己的意愿大胆地进行简单创作，尝试折出一些没有折过的形象，并在探索过程中逐步养成独立解决问题的能力。
折纸欣赏	1. 喜欢观看、欣赏折纸作品； 2. 愿意参加折纸活动，体验活动过程中的快乐情绪，并养成集中注意力欣赏的习惯； 3. 学习欣赏同伴和教师的作品。	1. 学习欣赏、评价同伴和教师的作品； 2. 尝试给简单的折纸作品命名。	1. 学习从不同形式和内容的角度评价同伴、教师的作品； 2. 命名和讨论折纸作品的基本内容； 3. 喜欢与他人分享、谈论折纸活动的快乐。

三、自制幼儿园折纸教育活动的注意事项

（一）幼儿学习折纸的顺序

在折纸活动中，教师首先要引导幼儿学习折纸的基本术语，如边、角、中心线、中心点、对边折、对角折等名称，以便幼儿在操作过程中能理解教师的语言。其次要掌握折纸的基本规则，即对齐、抹平，要让幼儿明白如果不对齐、不抹平，那么折出来的物体形象就容易歪歪扭扭，松松垮垮，既不美观，又容易散开。在此基础上，学习折纸的基本技法。另外，根据幼儿的年龄水平，教师可以采用步步领折、语言提示折、幼儿自己看图折等方法。

(二)教师示范折纸时的注意事项

手工活动,特别是折纸活动需要有序进行操作,教师的讲解示范十分重要。教师示范的速度要根据幼儿的反应来控制,对较难的环节要用幼儿能够理解的语言反复讲解,简练规范的讲解对幼儿的折纸学习有很大的帮助,特别要体会语言讲解和演示操作的恰当结合。操作环节要让每个幼儿都能看得清楚明白,教师示范的纸张要尽量大些(是幼儿用纸的 3～4 倍),并且正反两面不同颜色(如蜡光纸)。

(三)引导幼儿学习看步骤图折纸

由于折纸的特点是容易忘记,因而,教师还需引导幼儿学习看折纸步骤图折纸。教师可事先按照折纸顺序画好步骤图,教幼儿认识和熟悉折纸符号,培养幼儿识图能力,然后边讲解图边演示,让幼儿理解如何按照步骤图上的符号折。当幼儿理解折纸符号以后,可以引导幼儿仔细观察折纸步骤图,自主探索折纸作品的变化过程,独立折出完整的作品。

(四)引导幼儿创造性折纸,并对所折形象展开想象

每一种折纸,都是一定物体的造型。幼儿在学会了折纸的基本折法和有代表性的物体后,教师要激发幼儿尝试创新,鼓励幼儿将学会折的物体变成老师从未教过的物体,充分发挥幼儿的主观能动性。有的幼儿将"房子"变成了"帆船";将"帆船"变成了"钱包";将"钱包"又变成了"帽子"等等。还可以和幼儿讨论:"什么东西我们也可以用折纸的方式来表现呢?我们应该怎么折?"孩子们很快就想到了折小树、折小花、折小猪等。

在折纸活动中,教师还可以引导幼儿对所折形象展开想象,如进行折纸添画等。

四、幼儿园折纸优秀教育活动赏析与案例库

(一)幼儿园折纸优秀教育活动赏析

案例七

青蛙(中班)

设计意图

折纸是一种有趣的游戏活动,它可以让幼儿在度过快乐时光的同时,获得多种折纸技能,培养幼儿从小养成观察、分析、动手动脑的好习惯。本活动以折纸观看步骤示意图为主,并用添画形式装饰青蛙,进一步提升幼儿对折纸的兴趣。用粘贴的方法,让幼儿懂得自己能够给画中的青蛙带来快乐。

活动目标

1. 复习双三角折法，通过活动掌握纸青蛙的简单折法，并对其进行装饰。

2. 继续学习看折纸步骤图完成作品，巩固折、压的技能。

3. 培养耐心细致的学习态度及对青蛙的保护意识。

活动准备

1. 自制教学背景图、青蛙范例。

2. 青蛙折纸步骤图一份。

3. 幼儿折纸、水彩笔每人一份。

活动过程

1. 教师出示背景图，引起幼儿的兴趣。

指导语：画面上都画了些什么？谁生活在这里，它长什么样？

青蛙是怎么叫的？它吃什么？

指导语：在美丽的池塘里，有一只青蛙，它每天在捕捉害虫，既辛苦又孤单，它多么希望有更多的同伴。让我们折一些青蛙去陪它，帮它捉害虫好吗？

2. 教师讲解示范折青蛙，幼儿观察。

(1)教师出示已折好的青蛙，将它拆开给幼儿看，知道它是由一张正方形的纸折成的。

指导语：谁发现了折青蛙需要一张什么形状的纸？

我们折双三角时要注意什么？

(2)教师出示步骤图，幼儿观察，尝试折青蛙。

指导语：看着步骤图你们会折青蛙吗？试一试吧。

(3)交流、探讨折青蛙的要点。

指导语：刚刚在折青蛙的时候你们有什么困难？哪一步有问题？谁有什么好方法？

(4)教师分步骤折叠青蛙，边讲解边示范。

指导语：青蛙有几条腿？分别长在哪里？怎么折出前后？

3. 教师交代要求，幼儿再次看步骤图折青蛙，教师巡回指导。

活动要求

1. 按照步骤图的顺序折，折的时候注意角对角，边对边，对齐压平折，纸要平整。

2. 折好后，用水彩笔装饰青蛙。

3. 注意卫生，爱惜纸张。

4. 将幼儿折好的作品粘贴在背景图上，共同欣赏和交流。

指导语：让小青蛙们都到池塘里来玩游戏吧，让它们共同来捉害虫吧！

青蛙朋友在一起会说些什么呢？

青蛙是我们的好朋友吗？为什么？我们要怎么保护它呢？

活动延伸

1. 建议幼儿回家教父母折青蛙，一方面复习和巩固折法，一方面可以增进家庭亲情。

2. 双三角的变形折法有许多，教师可以在今后的活动中引导幼儿对比学习。

温馨提示

折纸步骤图：

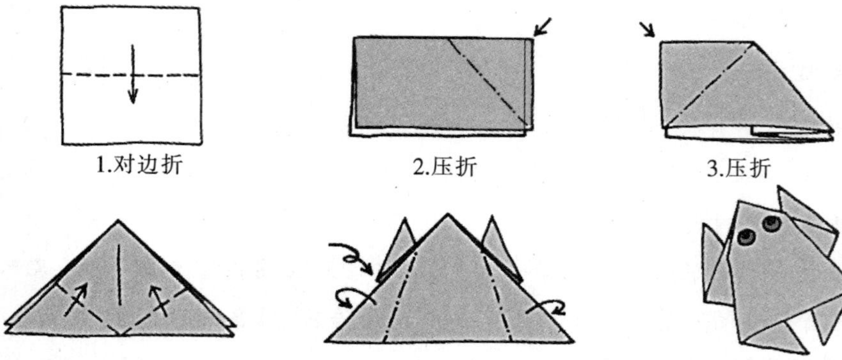

1.对边折　2.压折　3.压折

4.上面的两角沿虚线向上折　5.翻过来，沿虚线向后折　6.画上眼睛即成青蛙

（案例提供：南京市游府西街幼儿园）

赏析　这是中班下学期的一个折纸活动内容，教师有意识地培养幼儿看图折纸的能力。对于中班下学期来讲，培养其看步骤图学习独立折纸的能力是非常有必要的。在活动中教师通过拆解折纸作品、提问、看折纸步骤图等一系列的方法，引导、启发幼儿思考如何折青蛙，既给幼儿充足的探索空间，也充分发挥教师的“主导”作用，改传统的“教师讲授”为师生共同猜测、假设、推断，进而获得正确的制作方法。不过，不是所有的手工活动都不需要教师示范、讲解，都应该是幼儿探索，这需要教师根据活动内容是否有探索的价值、是否在幼儿能力范围之内，保持幼儿探索和教师示范、讲解之间的平衡。

（二）案例库

案例八

小人书（小班）

设计意图

小班幼儿十分喜欢看图书、讲故事。尝试自己做一本小人书是一件非常有趣、快乐的事情。因此本次活动引导幼儿用对边折的方法制作简单的小人书，这不仅可以培养幼儿对折纸的兴趣，而且还可以发展幼儿手眼协调能力。在相互欣赏、交流中让幼儿感受制作成功带来的快乐。

活动目标

1. 在欣赏、制作小人书的过程中学习对边折的技能，并尝试制作属于自己的小人书。

2. 通过教师示范、指导、帮助，学习对边折的方法。

3. 知道折纸时要对齐、抹平，喜欢参加折纸活动。

活动准备

1. 一本小小画册。

2. 每位幼儿四张正方形的纸（10cm×10cm）。

3. 好看、有趣的小图片若干，并用盘子装好，每组一份。

4. 糨糊1瓶、抹布每组1个。

5. 订书机1个。

活动过程

1. 教师出示小小画册，引发幼儿参与活动的兴趣。

指导语：小朋友请看，这是什么呀？（小人书）

你们喜欢小人书吗？为什么？

今天我们就要来学做小人书，好不好？

2. 教师引导幼儿学习对边折的技能。

(1)教师引导幼儿认识折纸材料的形状。

指导语：你们看，这是什么呀？什么形状的纸？（正方形）

你们看看，这本小人书是什么形状的呢？（长方形）

怎样才能把正方形的纸变成小人书呢？（引导幼儿观察书的对折）

(2)幼儿每人一张纸，自由尝试练习。

(3)交流、分享。

指导语：有谁折出了小书的形状啊？请问你是怎么折出来的？

(4)教师示范对边折，幼儿观察、学习对边折的方法。

指导语：现在我们一起来折一折。我来折，你们来帮我说一说。

重点指导：折纸时应将正方形的一边向上或向下对齐正方形的另一边，对齐后还要抹平，这样的小人书才更漂亮。

3. 教师交代要求，幼儿操作，教师巡回指导。

要求：

(1)在折小人书时注意要对齐、抹平，小人书要尽量平整。

(2)折好后可以贴上一些小图片,让小人书变得有内容,更加漂亮。

(3)四张纸全折好的小朋友请举手,老师会帮他把小人书订起来。

4. 教师引导幼儿评价制作好的小人书。

指导语:谁愿意介绍一下自己的小人书,上面有些什么呢?

5. 教师提出新要求,激发幼儿再次活动的愿望。

指导语:你们觉得小人书有趣吗?

这次老师提供的是小图片,如果给你们提供油画棒,你想画本什么内容的小人书呢?

温馨提示

折纸步骤图:

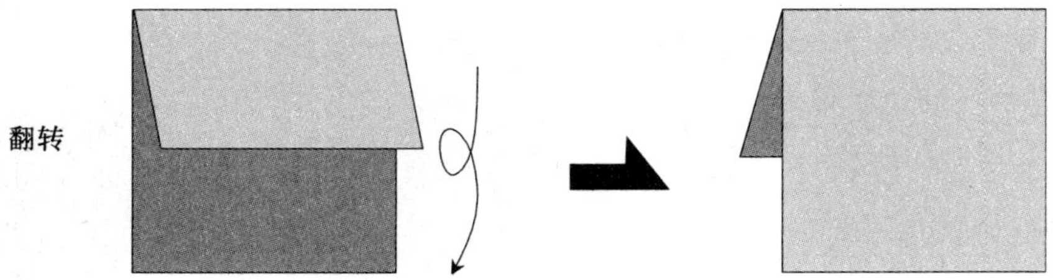

(案例提供:南京市游府西街幼儿园)

案例九

东西南北(中班)

设计意图

折纸是我国传统的民间手工艺,它有着上千年的历史,一直深受儿童的喜爱。折纸是通过剪、折、粘贴、描绘等手段,巧妙地把纸制成各种生动有趣的形象,如人物、动物、服装、建筑、花卉等。它造型简洁夸张,富有情趣,是启迪儿童智慧的一项有意义的活动。儿童在折纸活动中不仅能获得成功和满足,还能促进动脑、动手以及各种交往、探索能力的发展。折纸教育是启蒙教育,重在激发儿童的折纸兴趣、探索欲望,通过这些丰富而有趣的手工制作,让儿童亲自感受到劳动给他们带来的乐趣。艺术的生命在于创新,"东西南北"其实是非常普通而常见的纸玩具,但经过孩子的再创造,各种各样夸张的造型就出来了,显示出它的生命活力,给人一种美的享受。

本活动以"东西南北"为题,目的是通过生动活泼的折纸造型方式,满足儿童好玩、好动的心理,激发儿童强烈的求知欲和学习兴趣。教材介绍了折纸步骤,简洁明了,一看就懂。另外,教材在"想一想"部分提出了同一个"东西南北"不同色彩效果的比较,以及"东西南北"的动物造型等,给孩子的创作设计提供借鉴。教师在引导孩子深入体会不同的造型、装饰（动物、头像、水果等）和色彩搭配产生的效果时，将“东西南北”的做法、玩法进行新的拓展。

活动目标

1. 继续学习用“向中心折”的折纸方法，折叠“东西南北”并添画。
2. 学习看折纸符号并迁移已有的经验理解折纸步骤，讨论最后一个“撑开”的步骤。
3. 体验与同伴合作游戏的乐趣，愿意参与折纸活动。

活动准备

1. 折纸图示。
2. 彩色折纸若干。
3. 油画棒。

活动过程

1. 以游戏的形式导入，激发幼儿参与的兴趣。

与老师一起合作玩“东西南北”的游戏。

2. 出示折纸图示。

3. 引导幼儿回忆“向中心折”的基本折法。

我们来认识“虚线、箭头”，这是什么意思，它告诉我们怎样折？

4. 幼儿学习折“东西南北”。

(1)用这种向中心折的方法，我们可以折很多的东西，今天我们要折“东西南北”。

(2)用什么方法可以找到这张纸的中心呢？

“可以边对边地折两次，也可以角对角地折两次。这样就能找到中心了。”

(3)折的时候，每一步都要对整齐，用手抹平，这样才能折出“东西南北”，再用它和小朋友一起玩游戏。

(4)师幼共同讨论怎样做出最后一步“撑开”。

(5)幼儿学习折“东西南北”，教师给予指导。

要求幼儿细心地折叠，每折一步都要将纸抹平。

重点在最后一步给予幼儿帮助。

(6)在折好的基础上进行添画，完成作品。

引导幼儿利用数字或点子或图画在封面、里面进行装饰。

5. 欣赏并游戏。

(1)幼儿间互相欣赏作品，看看同伴的“东西南北”里面会有些什么。

(2)学习合作游戏。

活动延伸

1. 有条件的话可以拿用“东西南北”制作的纸偶表演纸偶剧。

2. 有兴趣的孩子可以在区角活动中继续开展折纸活动。

（案例提供：南京市第一幼儿园）

第三节　幼儿园剪纸教育活动的组织

一、儿童剪纸活动的定义、意义与基本技能

（一）定义

剪纸，就是用剪刀将纸剪成各种各样的图案，如窗花、花瓶、雪花等图案。它是历史悠久、流传很广的一种民间艺术形式，属于平面镂空艺术，其在视觉上给人以透空的感觉和艺术享受。剪纸主要用的材料是纸张，但也可以用金银箔、树叶、布等其他片状材料。

（二）对幼儿发展的意义

我国著名儿童教育家陈鹤琴先生说过："小孩子应有剪纸的机会，"剪纸对于幼儿发展具有多方面的价值。首先，剪纸需要双手及五指的相互配合、手腕的转动，这使得幼儿手部的灵活性、协调性大大提高；其次，剪纸须事先想好布局，这样可锻炼幼儿的统筹安排能力；再次，剪纸难以修改，这就要求幼儿既要大胆果断，又要耐心细致。此外，在空白纸上剪纸，有利于培养幼儿的想象力和创造力。

（三）基本技能

剪纸活动的技巧主要包括使用剪刀的技巧和折剪中的折叠技巧。幼儿需要反复多次练习，才能熟练使用剪刀，教师可以安排各种简单有趣的内容，帮助幼儿逐步掌握控制剪刀的开、合，动作协调地进行剪纸。例如把剪刀当成小鱼，"小鱼张开大嘴巴，吃掉纸上的小虚线"就能较为形象地帮助幼儿练习剪纸的方法。

在此基础上，教师可以引导幼儿进行以下几种基本剪法：

第一种，目测剪，即用没有痕迹的纸通过目测直接剪出形象的方法。用该方法所剪的形象大多是线条、几何形状和一些轮廓线简单的物体。目测剪没有什么限制，比较自由，因此适合小班。

第二种，沿轮廓剪，指按照已画好的轮廓线剪出所需要的物体形象的方法。轮廓线可以由教师画，也可以由幼儿自己画。但需注意所画形象要大些，轮廓线要简练些，不能有太多的凹凸。教师可在美术角投放一些有形象的画册或挂历，供幼儿在区角活动时练习沿轮廓剪。

第三种，折叠剪，指将纸折叠后再剪出纹样的方法。折叠剪纸的一般方法是：取一张有颜色的纸张，把带颜色的一面向里对折，每折一次就随即把折线压平，由

于幼儿手部肌肉发育不成熟，因而纸的折叠层数不宜过多，一般以折叠 2～3 次为宜。然后，在折叠好的纸面上画好图稿，再按画好的线条剪去要剪的部分即成。折叠剪剪出的纹样具有对称、均衡感。长条纸反复折叠后可以剪出花边；正方形和圆形纸围绕中心呈放射状折叠数次后，可剪出团花。教师在引导幼儿剪团花时，应让幼儿掌握剪团花的规律。例如，剪时不能把两边全部剪断，最长的边和不能打开的短边的剪法决定着团花中间的花纹，尖角的剪法决定着团花的中心纹样，能打开的短边和两角的剪法决定着团花边缘的纹样，剪时还需注意所剪纹样的大小和疏密。此外，教师还要指导幼儿将剪好的纹样揭开摊平，按照折叠层逐层地揭。

折叠方法和剪纸纹样有很多。

折叠剪纸中用到的剪纸符号大致分为：小圆孔、月牙形、柳叶形、锯齿形、花瓣形、逗号形、水滴形等等。如图：

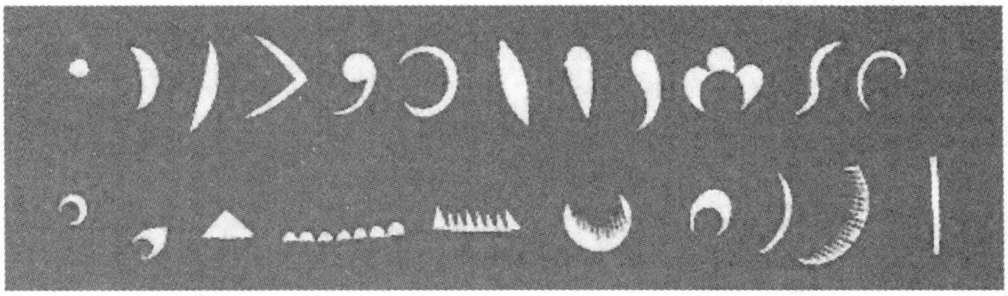

柳叶形符号剪出来的团花：

柳叶形

柳叶形花心(一)

柳叶形花心(二)

水滴形符号剪出来的团花：

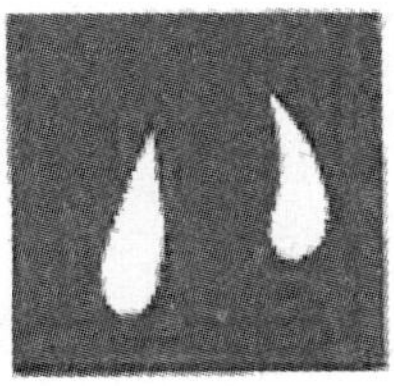

水滴形

花蕊

二方连续纹样折剪：

四方连续纹样折剪：

三角纹样折叠法：

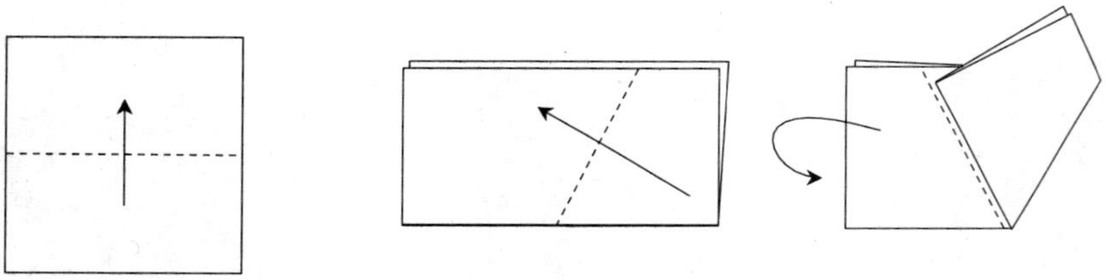

1.对边折　　2.对边折　　3.对边折

四角纹样折叠法：

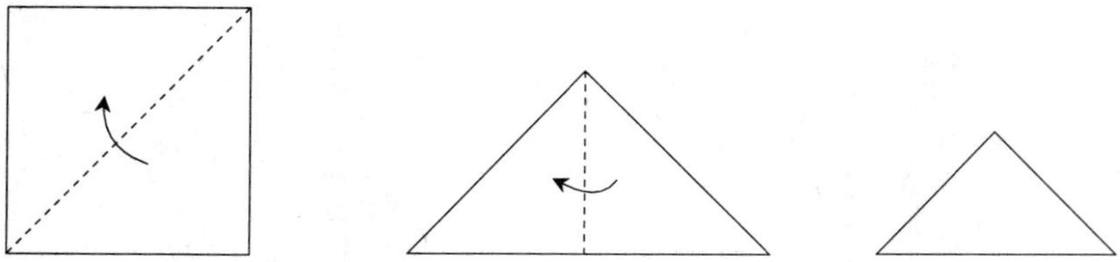

1　　2　　3

四瓣形折叠法

五角纹样折叠法：

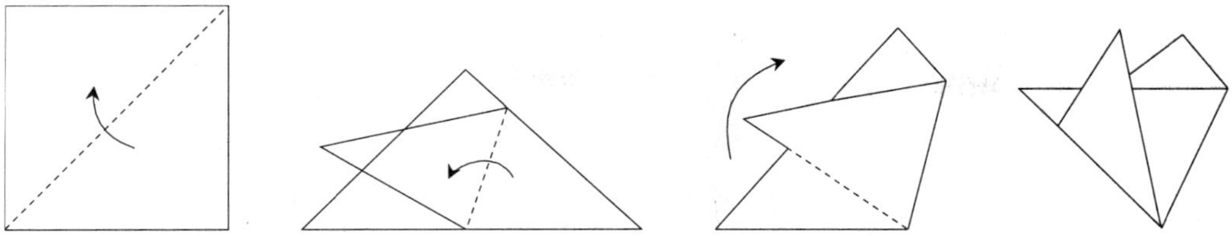

1　　2　　3　　4

六角纹样折叠：

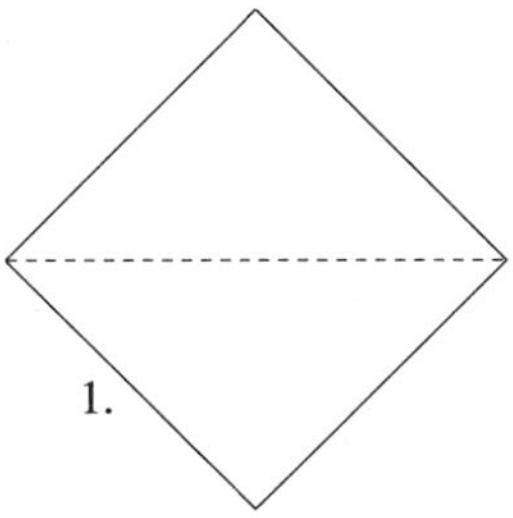

1.

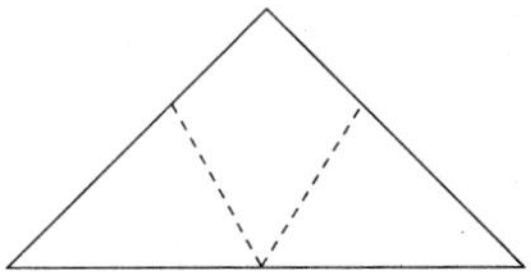

2.将折纸沿对角线折叠

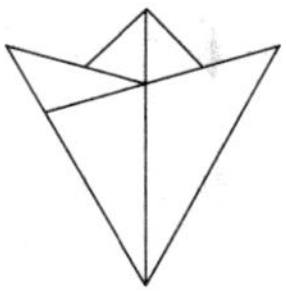

3.如图所示，将两个底角部分分别向斜上方折叠

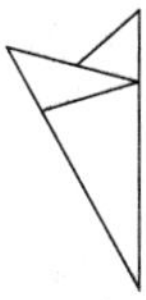

4.再沿折叠线向外折叠

各类不同折叠方法剪出的作品：

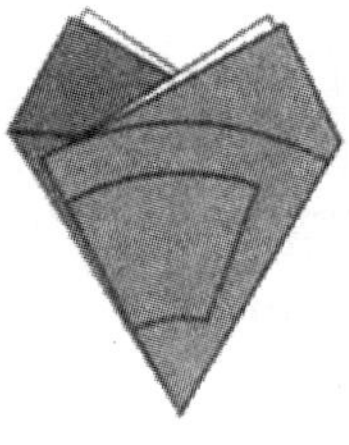

1.画

2.剪

3.展开

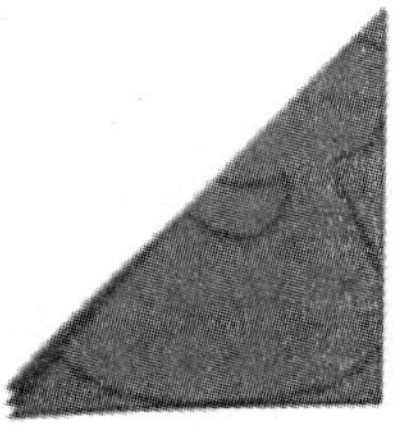

1.画

2.剪

3.展开

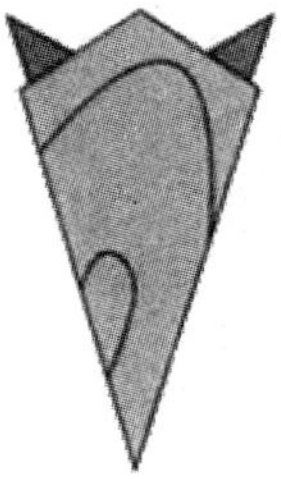

1.画

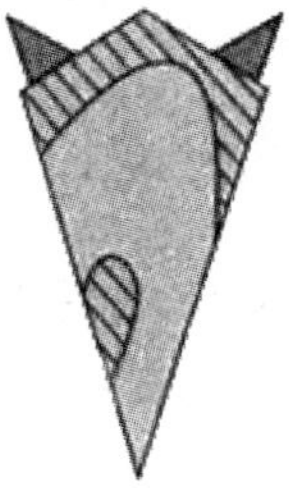

2.剪

3.展开

1.画　　2.剪　　3.展开

二、幼儿园剪纸教育活动的年龄阶段发展目标

表 6-3　幼儿园剪纸教育活动的年龄阶段目标

基本类型	小班	中班	大班
单层剪纸	1. 在成人的指导下，学习用剪刀剪物，尽量使纸张不被绞在剪刀里或从剪刀里滑出； 2. 能剪出直线、曲线，但较为粗糙，轮廓不光滑。	1. 能用双手配合较为流畅地剪曲线、锯齿线； 2. 能沿轮廓剪出事物形状； 3. 能目测剪出各种几何图形。	1. 手与纸的配合不断得到协调，能沿轮廓剪出更加复杂的事物形状； 2. 创造性地剪生活中的各类事物，如小树、小鱼等。
折叠剪纸	对边折叠，剪出简单对称事物，如近似圆、柳叶片。	可以进行对称折剪、二方连续纹样折剪、四角形纹样折剪、三角形纹样折剪等折叠剪。	1. 可以进行五角形纹样折剪、六角形纹样折剪、四方连续纹样折剪； 2. 理解剪出的纹样和折叠之间的关系，探索创造多样的折叠剪纸纹样装饰生活。
剪纸欣赏	1. 喜欢观看、欣赏剪纸作品； 2. 愿意参加剪纸活动，体验活动过程中的快乐情绪，并养成集中注意力欣赏的习惯； 3. 学习欣赏同伴和教师的作品。	1. 学习欣赏、评价同伴和教师的作品。 2. 尝试给简单的剪纸作品命名。	1. 学习从不同形式和内容的角度评价同伴、教师的作品； 2. 命名和讨论剪纸作品的基本内容； 3. 喜欢与他人分享、谈论剪纸活动的快乐。

三、组织幼儿园剪纸教育活动的注意事项

(一)创设良好的剪纸环境，激发幼儿剪纸的兴趣

剪纸是一种民间艺术，对于现代的孩子来说平时接触得较少，所以首先要为幼儿营造浓郁的剪纸艺术氛围，例如，在教室的玻璃上贴上十二生肖的剪纸作品，在窗上贴上各种各样的窗花，在教室的墙面上布置一幅典型的剪纸画，带领幼儿

观看一些我国著名剪纸艺人的作品及其制作过程，感受剪纸艺术的魅力，激发幼儿剪纸的兴趣。

（二）通过欣赏充分挖掘剪纸作品的艺术美

剪纸是我国优秀的民间艺术之一，充分挖掘剪纸作品中包含的创作内容、思想情感和审美观念，引导幼儿感受、理解剪纸作品中的美，是进行剪纸创作的前提。因此，在进行剪纸活动时可以从欣赏入手，如在剪纸猫的活动中，出示一幅写实的图片猫与剪纸猫，引导幼儿积极讨论两只猫的不同，从颜色、花纹、材料上作比较，从而感受到剪纸作品的大胆、不拘一格的表现形式，了解花纹的镂空、图案的对称。此外还可以通过两只猫的动作对比，让幼儿通过观察分析，感受猫神气、机灵的形态特征。帮助幼儿理解、感受发现作品中的美，是幼儿表现美、创造美的基础。

（三）由易到难，循序渐进地开展剪纸活动

小班从培养幼儿对剪纸的兴趣出发，让幼儿先认识剪纸工具，学习使用工具，欣赏简单的剪纸作品，激发幼儿想自己去剪的欲望，然后让幼儿剪直线、曲线。到了中班，从剪纸的最基本方法入手，掌握沿轮廓剪、对边折剪、左右对称剪、对边二折剪、对角二折剪等基本方法。大班可以进行四角形纹样折剪、三角形纹样折剪、五角形纹样折剪、六角形纹样折剪、四方连续纹样折剪，还可以学习简单的节日拉花、彩篮等的折剪装饰环境。幼儿在学习剪纸的基本方法的同时，也有创造的余地。教师引导幼儿在已有的基础上进行创作，尝试剪出各种有趣的作品。

（四）多种形式开展剪纸活动

剪纸活动更多的是幼儿凭着自己的兴趣探索，创作出富有想象力的剪纸作品，因此开展剪纸活动不能仅仅局限于集体教学活动中。教师可以利用各种形式组织幼儿剪纸，如充分利用各个节日（圣诞、新年、三八妇女节、六一儿童节等）开展剪纸创造活动，结合游戏区角中的剪纸活动举办剪纸作品展，以及亲子剪纸比赛等。

四、幼儿园剪纸优秀教育活动赏析与案例库

（一）幼儿园剪纸优秀教育活动赏析

案例十

剪窗花（大班）

设计意图

窗花剪纸是中国传统民间剪纸艺术的代表作之一，丰富的变化、多样层次设

计出的不同主题的窗花给人以美的享受，千百年来，它继承着各民族历代祖先的智慧、才华和创造精神，是中华民族文化艺术之根，是民族精神和气质的体现。本活动通过让幼儿去尝试探索剪窗花，进一步引导幼儿感受窗花的艺术美，激发幼儿对民间艺术的美好情感。

活动目标

1. 在欣赏、制作窗花的过程中初步感受中国剪纸艺术的美，提高审美能力。
2. 在示范、探索、交流中，掌握剪窗花的方法。
3. 喜欢剪窗花，感受剪纸成功带来的快乐。

活动准备

1. 选择工艺精美的窗花贴在班级窗户上，布置窗花展览。
2. 多媒体设施及课件：《美丽的窗花》。（动物系列的窗花、植物系列的窗花、自然风景系列的窗花、结婚系列的窗花、节日系列的窗花等。）
3. 纸制房子四幢。
4. 彩色纸、剪刀、小篓子等工具和材料若干。

活动过程

1. 幼儿自由欣赏窗花展览。

指导语：大家看一看，教室的窗户上有什么？窗户上的剪纸，你们知道叫什么名字吗？

2. 教师出示ppt，引导幼儿欣赏各式各样的窗花。

指导语：师还准备了几种窗花，请小朋友们仔细看一看，它们的图案花纹和色彩是怎样的？

指导语：为什么大家要贴窗花呢？（例如人们结婚时贴上"囍"字模样的窗花表示喜庆、幸福；节日商城里贴的窗花显示出过节的欢乐气氛；动植物窗花表示对动植物的喜爱之情……）

3. 幼儿学习剪窗花。

（1）教师提出问题，引发幼儿的思考。

指导语：你们知道窗花是怎样做出来的吗？

（2）幼儿交流讨论制作的方法。

指导语：如果是你，你想剪什么窗花？纸可以怎么折？纸边可以怎么剪？中间可以怎么剪？

（3）幼儿自由尝试第一次剪窗花。

（4）交流尝试的结果。

指导语：谁来说一说，你剪的窗花是什么内容的？是怎样剪出来的？

(5)教师示范制作方法。

(6)幼儿尝试看步骤图剪窗花。

4. 教师交代要求：

(1)大胆尝试用不同折法、剪法剪出不同样式的窗花。

(2)剪刀使用中注意安全。

(3)剪好的窗花和不用的废纸分开放，保持桌面和地面的整洁。

5. 欣赏、评价。

(1)把幼儿剪好的窗花贴在自制的纸房子上面，供幼儿相互欣赏。

(2)请幼儿说一说，你最喜欢的窗花是哪一个？为什么？

活动延伸

1. 剪纸的起源：剪纸具有悠久的历史，现在所发现最早的剪纸实物是新疆吐鲁番火焰山附近先后出土的五幅北朝时期的团花剪纸，距今已有1500多年的历史。1500年以来，剪纸艺术在我国广为流传。

2. 窗花的种类比较多，教师在执教时可以根据班级幼儿水平选择适当的种类进行欣赏和制作。对于层次分明的单色窗花可以在一节活动中完成，对于有衬底色纸的窗花、嵌色的窗花等可以分层次教学。也可以在区角中引导幼儿欣赏后再制作。

3. 过年时，教师可以引导幼儿自制窗花装饰教室，进一步感受窗花带来的节日喜庆气氛。

剪窗花步骤图：

1. 取一张正方形纸

2. 对角折

3. 两个小角对折

4. 两个小角再次对折

5. 开口的小角处沿弧形剪下

6. 在不开口的小角处剪花心

7. 沿着两条边沿线剪出各种花样(间隔距离空开来,不剪断)

8. 展开即成

(案例提供:南京市游府西街幼儿园)

赏析 本活动是典型的剪纸活动,在教学过程中教师有两个地方处理得比较恰当:一是充分引导幼儿欣赏窗花的美,激发幼儿制作欲望的同时帮助其积累窗花的丰富表象;二是幼儿探索操作在前,教师示范小结在后。通过探索、操作、示范、小结帮助幼儿掌握折叠剪窗花的关键技能:纸怎么折,纸边怎么剪,中间怎么剪。

在本活动中,教师还细心地准备四幢纸质房子,供幼儿粘贴窗花作品,而在实际活动中这是没有必要的,粘贴窗花最合适的方法还是在玻璃窗户上。将窗花贴在窗户上,不管是在里面还是外面都能欣赏到自己创作的镂空艺术作品,如果有阳光照在贴有窗花的玻璃上,更会在地上洒下漂亮的影子,这些都能丰富幼儿的审美体验,让幼儿感受到剪纸活动带来的成功和喜悦。

(二)案例库

案例十一

娃娃家的地毯(中班)

设计意图

“引导幼儿接触周围环境和生活中美好的人、事、物,丰富他们的感性经验和审美情趣,激发他们表现美、创造美的情趣”是《纲要》对艺术领域的内容与要求之一。地毯是幼儿生活中熟悉的事物，各式各样、颜色丰富、图案多样的地毯给予人美的享受。本次活动通过给娃娃家的娃娃添置地毯，发展幼儿的想象力和创造力，培养幼儿对剪纸的兴趣。

活动目标

1. 在欣赏、制作地毯的过程中初步感受地毯艺术的美。

2. 在示范、探索、交流中，学习用折叠剪的方法制作地毯。

3. 喜欢参与剪纸活动，感受剪纸成功带来的快乐。

活动准备

1. 多媒体设施及课件：《美丽的地毯》。（不同内容的地毯：条纹式、格子式、花卉式等。）

2. 正方形彩色纸、剪刀、糨糊、抹布。

3. 娃娃家的角落、娃娃一个。

4. 幼儿欣赏过窗花。

活动过程

1. 教师出示娃娃，引发幼儿的学习兴趣。

指导语：今天娃娃家的娃娃说它们要搬新家了，可是家里还没有铺地毯呢，想请小朋友们来帮忙剪地毯，你们愿意帮忙吗？

2. 教师出示 ppt，引导幼儿欣赏各式各样的地毯，观察地毯的特征。

指导语：老师带来了一些好看、漂亮的地毯图片，让我们一起来欣赏一下吧。你觉得地毯和以前我们欣赏的窗花一样吗？

小结：地毯有点像窗花，但与窗花又不一样，窗花有圆的，有方的，而且有很多美丽的边，但地毯是方的，而且边不能剪掉，要拼贴在一起成一块大地毯。

3. 教师提出问题，引发幼儿的思考。

指导语：你们知道正方形的纸怎样剪出地毯吗？ 地毯是方形的，请大家找一找，三角形的哪一条边可以做地毯的边？ 这条边不要剪，才能拼出整齐的地毯来。

4. 教师示范剪地毯，幼儿欣赏。

5. 教师交代要求，幼儿操作，教师巡回指导。

(1)剪的时候要注意地毯的边不能剪掉。

(2)大胆制作各种各样的地毯。

(3)注意用正确的方法使用剪刀，注意安全。

(4)保持桌面和地面的整洁。

6. 欣赏、评价。

(1)把幼儿剪好的地毯贴在一张大的、空白的娃娃家地毯上，供幼儿相互欣赏。

(2)请幼儿说一说，你最喜欢的地毯是哪一个？ 为什么？

(3)教师以娃娃的身份感谢小朋友的帮忙：谢谢小朋友们，你们为我家铺上了好看、漂亮的地毯，欢迎你们到我家来玩哦！

活动延伸

1. 教师还可以提供水彩笔、油画棒、作业纸，让幼儿用绘画的方式设计自己喜欢的地毯，感受其他形式带来的艺术美。

2. 请家长们在假期里带领幼儿去商城、超市里欣赏各式各样的地毯，进一步感受生活中、艺术中的美。

幼儿作品：

（案例提供：南京市游府西街幼儿园）

案例十二

大阿福（大班）

设计意图

最近一直在开展新年的主题活动。一天，一个孩子带来了一本年历，上面有很多阿福图案，孩子们都很感兴趣。

中国的五千年文化博大精深、源远流长，无锡泥人大阿福由于他的颜色鲜艳、形象可爱而受到孩子们的喜爱。但由于幼儿的能力有限，做一个自己的大阿福送给好朋友表达新年的祝福，却是孩子们望而却步的事。那么，为幼儿搭建一个实践的平台，帮助幼儿实现自己的愿望，用一张纸经过剪五刀的方法变成大阿福，这份惊喜就是我送给孩子们最好的新年礼物。

活动目标

1. 学习用剪五刀的方法表现出具有中国民间剪纸风格的《大阿福》。

2. 通过观察、记录、类比知道"我可以用老师提供的哪一种方法、还有哪些新的方法"进行感受、理解和表现。

3. 愿意提出自己的"不懂"，愿意将自己的信息与大家分享。

活动准备

1. 范画若干（从大到小）。

2. 剪法图若干。

3. 幼儿操作的彩纸、剪法猜测纸、剪刀、糨糊、抹布。

4. 可以粘贴作品的图画纸。

5. ppt 课件。

活动过程

1. 感悟活动，引发幼儿探讨制作的方法。

(1)情感感悟。

请幼儿观看 ppt 课件欣赏各种阿福形象，借助变魔术的游戏和背景音乐(东北民歌)，引起幼儿的关注。

教师一幅幅地出示由大变小的剪纸“阿福”，引发幼儿的感叹，激发参与的热情。

(2)认知感悟。

指导语：你也想剪吗？你知道是怎样剪出来的吗？

(3)教师示范。

请幼儿用笔画出自己理解的“剪法”过程图，并与同伴进行交流。

(4)请幼儿表达：你现在知道是怎样剪出来的吗？你还有什么困难？

(5)教师根据幼儿表述的困难，再次调整自己的教学策略。如：将实际剪的范样陈列；请 1～2 位幼儿上来剪一剪。

2. 操作活动，教师引导幼儿相互学习与交流。

(1)幼儿自己进行操作与尝试。

(2)教师来到幼儿身边，引导幼儿进行同伴间的相互学习、交流。

3. 游戏活动。

教师将一幅《大阿福》变成《一窝狐狸》，引发幼儿产生自己尝试“变”的愿望。

活动延伸

请幼儿将作品对折，变成贺卡，用图画的形式写出自己的祝福，送给自己的好朋友或亲人，作为送给自己最爱的人的新年礼物。

剪纸步骤图：

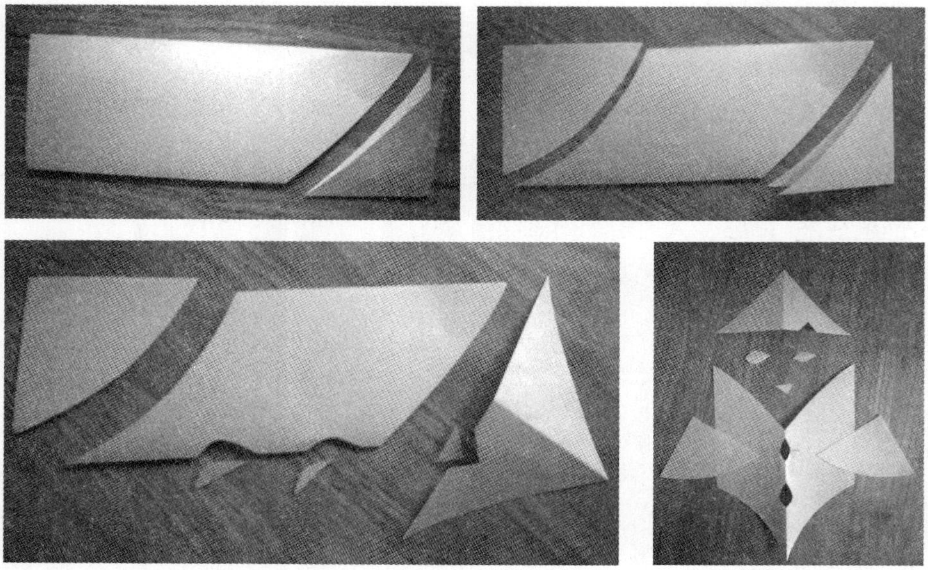

（案例提供：南京市第一幼儿园）

案例十三

剪窗花(中班)

设计意图

结合"迎新年"的主题活动，孩子们装饰自己的活动室。通过结合生活经验以及观察别人装饰的方法，孩子们了解到窗花的装饰作用。

窗花在我国的迎新年习俗中代表着对新年的美好祝愿。将这一幼儿感兴趣而又不太熟悉的内容纳入集体教学活动，让幼儿感受美、欣赏美，并初步学习表达美。在欣赏感知的过程中，以欣赏窗花导入活动，让幼儿初步感知窗花，体会红色窗花所蕴含的意义。然后，让幼儿欣赏各种特殊的艺术窗花，让幼儿说一说、猜一猜、动一动，使幼儿处于主动学习的状态中。接着，让幼儿欣赏窗花艺人的作品，初步了解窗花的制作过程，使幼儿对窗花艺人产生敬佩之情，从而萌发制作窗花的愿望。

整个活动以情感为主线，不仅使幼儿感受了窗花的美，对窗花这种民间艺术有了初步的了解，还促使幼儿关注生活中的美，形成热爱生活的积极情感。

活动目标

1. 欣赏、感知各种各样的窗花，了解窗花的多样性。
2. 学习剪窗花的一些简单方法。
3. 乐意表达对窗花的理解，体验人们贴窗花迎新年的传统过节方式。

活动准备

1. 各种窗花(如十二生肖、福字、老鼠、鱼、菊花等),贴在屏风上的教师剪的窗花若干。

2.《敲锣打鼓迎新年》的音乐磁带,录音机。

3. 剪纸艺人的录像片段,剪刀,练习纸。

活动过程

1. 认识窗花。

(1)出示教师剪的窗花让幼儿欣赏。

指导语:马上就要过年了,老师剪了许多窗花,我们看一看吧。

(2)幼儿欣赏窗花。

指导语:这些窗花是什么图案?它们都是什么颜色的?

为什么窗花都是红红的呀?(红红的窗花能给我们带来喜气和好运,所以过年时我们用红红的窗花迎接新年。)

你在哪里也看到过窗花?

2. 欣赏艺术窗花。

(1)欣赏“老鼠”窗花。

指导语:这张窗花讲了什么事?你看了觉得怎么样?(五只老鼠在敲锣打鼓放鞭炮。)

(2)欣赏“年年有余”窗花。

指导语:这是送给大家的一份新年祝福,祝大家年年有余。你们猜猜是哪一张?教师出示“年年有余”窗花与两张“福”字窗花,让幼儿猜测哪张是“年年有余”窗花。

指导语:你怎么猜出来的?好多好多鱼儿在一起,快快乐乐,美美满满,就表示年年有余。我们一起来说说这句好听的话。

(3)欣赏“福”字窗花。

指导语:这张窗花是一个字,你们认识吗?一个“福”字代表什么意思呢?

(4)欣赏其他类型的窗花。

3. 认识窗花艺人。

幼儿观看录像,教师引导幼儿关注艺术家剪窗花的过程,让幼儿感知窗花的美,激发幼儿学剪窗花的愿望。

4. 学剪窗花。

(1)启发幼儿描述剪窗花的过程。

先将正方形的纸对角折,鼓励幼儿在对折时一定要将边与边对整齐,找好中心点,在两边剪出半圆、小三角等图案。剪时不能从一边剪到另一边，否则会剪断。

(2)介绍剪纸所用到的工具：剪刀，纸张。

(3)幼儿在老师的指导下自己尝试剪窗花并总结剪纸经验。教师提醒幼儿在剪纸的过程中注意安全。幼儿尝试对角三折，尽可能地对角对折，做到边对边，角对角。幼儿用剪刀大胆地在三角形的两边剪出半圆形、三角形，鼓励幼儿剪出大小不一的图案。

5. 幼儿操作。

(1)教师提出要求：使用剪刀时注意安全，剪下的纸屑先放在桌上，活动结束后再整理。

(2)幼儿剪完后，师幼一起用剪纸作品装扮活动室。

活动延伸

1. 区角中投放剪窗花的纸样及手工纸，让幼儿自由选择材料学剪窗花。

2. 布置窗花垂帘，让幼儿欣赏、感知窗花对称、镂空的特点，体验热闹、喜庆的节日气氛。

（案例提供：南京市第一幼儿园）

案例十四

彩色城堡(大班)

设计意图

虽是纸玩活动，却有着强烈的设计意图。本次活动，积极尝试用剪贴的方式，将基本图形进行组合、拆分，创作出新的图形，这是发展幼儿创造性思维的方法。城堡是这个活动的主题又是载体，承载的是幼儿创造性思维以及审美情趣。

活动目标

1. 学习用简单的几何图形的组合、拆分等方式进行城堡主题的创作。

2. 探索用剪贴等技法对形状进行设计的方法，能借鉴同伴的好方法。

3. 合理使用材料，会节约使用材料。

活动准备

1. 欧式城堡图片。

2. 示范用图形：各种不同大小的几何图形，包括锐角三角形、直角三角形、长方形、正方形、梯形、半圆形等等。

3. 旧挂历纸、胶棒、底纸、剪刀等工具材料。

活动过程

1. 展示城堡多幅图片，对比欣赏了解城堡的结构特点。

(1)指导语：城堡是什么样子的？有什么形状的房顶？墙面是什么样子的？(从顶部的形状、有层次的复合式的结构、墙体、廊柱、窗、门、楼梯等细节进行对比观察，寻找城堡的建筑特点——组合建筑。)

(2)城堡是一组建筑，它们由哪些部分构成？(细致观察城堡各个部分的组成与连接，并用几何形进行归纳总结。)

如：高大的城墙＋两侧尖顶房2个＋楼梯＝有垛口的长方形＋两侧细高的长方形上面尖细的三角形＋一侧有锯齿状的直角三角形。

(3)引导幼儿讨论城堡的纸张组合方法。

2. 讨论怎样使用材料进行制作。

幼儿与教师共同讨论，用剪好的几何图形进行拼贴示范，组合出城堡的基本结构，并针对城堡的细节对基本图形进行加工，如长方形折叠剪出垛口等等。

指导语：今天我们用各种有颜色的纸张剪贴创作彩色的城堡。该怎样用这些纸制作城堡的顶部？(墙体、楼梯、垛口……)

请你示范给大家看看怎样剪出××形状。(重点示范形状的剪法、撕法，有必要的时候，教师亲自示范讲解，提升幼儿的经验。)

3. 讨论怎样节约材料。

将剪剩下的材料拿出来，进一步引导幼儿观察想象可以使用的地方，如小的形状可以作为辅助的窗、廊等等细节的表现。

指导语：看看剪剩下的材料中有没有好看的形状。

4. 幼儿创作，教师巡回指导帮助幼儿完成作品。

5. 作业指导：

(1)鼓励幼儿用类似于几何状的图形概括设计城堡的外形。

(2)给幼儿积极的建议，如：怎样在一个简单结构上，用添加的方法丰富主建筑的结构。

(3)提示幼儿用挂历纸的特殊颜色表现，鼓励幼儿积极在建筑上添加细节以及在城堡的周围添加相关景物丰富画面。

(4)展示作品与欣赏评价。

指导语：你最喜欢哪座城堡？它什么地方最吸引你？

温馨提示

1. 举办"城堡展览会"，将幼儿的作品与图示作品共同展示，激发幼儿的自豪感与创作的热情。

2. 将幼儿作品中好的部分进行打碎重组，创作大型城堡图，用于环境的建设。

教学图片：

（案例提供：南京市游府西街幼儿园）

第七章　其他类型的立体造型教育活动的组织

幼儿园的立体造型活动除了泥塑、纸塑活动外，还包括利用其他材料进行的造型活动，如麦秸秆编织、面具制作、各类材料拼贴、纸盒玩具、纸杯娃娃、风筝制作、表演道具制作等等。

在制作活动中涉及的材料多种多样，如自然材料、生活废旧物品等，只要是符合卫生和安全标准，适合幼儿操作的，都可以纳入幼儿立体手工造型活动中来。为了方便起见，我们可以按材料的物质空间形态分为点状材料、线状材料、面状材料和块状材料四种。

点状材料：沙子、小石子、小珠子、纽扣、饮料瓶盖、谷物、果壳、种子、木屑、贝壳、牙膏盖等。

线状材料：绳、毛线、火柴棒、吸管、麦秸、树枝、柳条、高粱秆、细铁丝、毛根等。

面状材料：布、硬纸板、树叶、花瓣、羽毛、塑料薄膜、铁片等。

块状材料：石块、木块、水果、蔬菜、蛋壳、瓶子、纸盒、核桃、乒乓球、纸杯等。

下面分别介绍三种幼儿园常见的利用综合材料进行的手工造型活动。

第一节　幼儿园粘贴教育活动的组织

一、粘贴教育活动的定义、意义

(一)定义

粘贴活动是指用现成的点状、线状、面状材料粘出或贴出具有浮雕感的或平面的画面的活动。粘大多数用点状材料来进行，贴则大多是用天然的或加工过的线状或面状材料来进行的。

(二)对于幼儿发展的意义

在粘贴活动中，幼儿在学习粘与贴的手工技法的同时，也发展其手部肌肉动作的协调性、灵活性和实际操作能力，以及对材料的选择、图案的构思、颜色的搭配的能力和创造能力。

二、幼儿园粘贴教育活动的年龄阶段发展目标

表 7-1　幼儿园粘贴教育活动年龄阶段发展目标

	小班	中班	大班
造型（立体）	1. 了解粘贴活动材料的性质，能用 1～2 种技法塑造简单物体形象； 2. 乐意参加粘贴，体验立体造型活动中的乐趣，并对粘贴活动感兴趣； 3. 学习用糨糊、胶水等粘贴点状物（如纸团、豆类等物体）。	1. 能将复杂的点状材料（例如蛋壳、纸屑、泡沫等）按顺序粘贴出简单物象； 2. 能够主动注意粘贴活动中的空间因素； 3. 在同伴和教师讲述时能够认真观察、倾听。	1. 能熟练地选择和使用各类立体造型工具和材料； 2. 能用多种点状材料拼贴物体形状，表现简单情节； 3. 理解立体造型活动中所需的合作要求，并知道如何与他人交往，体验并努力追求在与他人合作中获得快乐。
美术欣赏	1. 喜欢观看、欣赏艺术作品； 2. 初步学习运用动作、表情等方式表达自己欣赏后的感受。	1. 学习欣赏与自己生活经验相关的美术作品、生活作品等，逐步关注具有美感的事物； 2. 学习欣赏、评价同伴和教师的作品。	1. 主动参与欣赏活动，逐步形成从生活环境中发现美的能力； 2. 学习从不同形式和内容的角度评价同伴、教师的作品； 3. 命名和讨论粘贴活动作品的基本内容； 4. 喜欢与他人分享及谈论粘贴活动的快乐。

三、组织幼儿园粘贴教育活动的注意事项

粘贴活动需要利用一定的工具和材料。其中，工具包括剪刀、毛笔、刷子或双面胶、胶水、糨糊等。在材料中，作为底板的材料有卡纸、水纹纸、蜡光纸、报纸、挂历纸、广告纸等；粘贴在底纸上的材料包括自然材料（沙子、豆子、种子、树叶、蛋壳、果壳、石子、木屑、贝壳等）和非自然材料（小珠子、纽扣、花布、毛线、包装绳、牙膏盖等）。

粘贴活动涉及的技巧主要有选择材料、设计构图、使用胶水（胶棒或双面胶）、粘贴步骤、保持画面整洁等。幼儿在仔细观察材料特征的基础上，结合设计意图选择材料，然后先拼摆后粘贴，使幼儿能预先构图感知效果，合理而有目的地进行粘贴。为保持清洁，可使用小棒等工具帮助涂胶，老师可示范、说明胶水的用量，为幼儿准备擦手用的湿毛巾。

四、幼儿园典型粘贴教育活动的介绍

（一）粘沙

粘沙是典型的粘贴点状物的手工活动，粘沙的工具和材料主要有细沙、小塑料片、毛笔、胶水、各色底板纸。

教师首先应引导幼儿认识和了解上述工具和材料各自的性质和用途，并学习其使用方法。例如：如何用毛笔均匀地涂胶水，教师可事先在胶水中加入少许与细沙类似的较淡的颜色，以使幼儿在涂抹时能看清楚何处已涂过胶水。

第二，引导幼儿学习创作所要粘沙的画面形象，注意将画面形象的轮廓线画得简单一些，这样才便于操作。

第三，引导幼儿学习如何粘得牢，即涂完胶水后立刻就要撒上沙（如果是粘多种颜色的细沙，则要有规律地按次序进行），然后用一张纸覆盖在作品上，用手有顺序、由上向下地轻轻压实。

第四，引导幼儿将多余的沙抖去。即用双手捏住底纸的两边，将纸略卷，让没有粘胶水的细沙集中在纸中间，再倒入装细沙的容器里。

最后，引导幼儿修饰作品。用小塑料片刮去轮廓线外多余的沙，涂胶水添补未粘沙之处，这样就完成了一幅有浮雕感的沙画作品。

（二）拼贴树叶

拼贴树叶的工具和材料主要有剪刀、双面胶（如果用胶水和糨糊贴，则晾干后容易脱落）、各种形状和颜色的树叶、各色底纸。

活动开始前，首先要收集各种不同形状和颜色的树叶，并欣赏树叶变化多端的叶脉纹理和丰富的颜色。然后引导幼儿根据“因意选材”或“因材施艺”的原则选择树叶。如果是“因意选材”，则先要构思自己所要制作的大致内容，设计画面的布局，然后根据设计选择适当颜色和形状的树叶拼贴；如果是“因材施艺”，则教师引导幼儿看树叶的正反面，仔细观察树叶的形状和颜色，找出它们各自的特点，看一看，想一想，它们像什么，可以制作成什么形象。选择好树叶后，引导幼儿用这些树叶进行摆放、布置，也可以根据需要进行一些修剪，然后用双面胶粘贴树叶。最后用白纸覆盖上，抹平压实。

五、幼儿园粘贴优秀教育活动赏析与案例库

（一）幼儿园粘贴优秀教育活动赏析

案例一

忙碌的蚂蚁（中班）

设计意图

“这里有只蚂蚁，快来看呀！”在幼儿园的角落里，你时常能够看到孩子们三五成群地围在一起观察着、讨论着。从孩子们投入的神情，你能感受到他们对蚂蚁的好奇与探索。

在“忙碌的蚂蚁”粘贴画中，我们不仅动员了孩子们的操作经验，还动员了他们的热情与兴趣，通过摆放、粘贴，表现不同的蚂蚁动态，通过艺术手段表达自己的认识与想法！

活动目标

1. 学习用三粒西瓜子组合拼贴出一只蚂蚁，并用水彩笔添画蚂蚁腿脚和触角。

2. 在观察蚂蚁动态变化的基础上，尝试变换西瓜子的摆放位置，组合出各种不同形态的蚂蚁。

3. 体验西瓜子贴画的形式美和神奇效果，感受手工活动带来的愉悦。

活动准备

1. 材料准备：西瓜子若干（放在分类盒中），棉签，乳胶，投影仪，作业纸。

2. 经验准备：幼儿已观察过不同动态的蚂蚁，了解蚂蚁身体各部分的位置变化。

活动过程

1. 回忆原有经验，理解蚂蚁的基本构造。

（1）观察单只蚂蚁图片，表述已有经验，指导蚂蚁由头、胸、腹三大结构组成。

指导语：蚂蚁是什么样的？

蚂蚁在爬行的过程中，身体有哪些变化？

（如：拐弯时头是怎样的？胸、腹又是怎样的？）

指导语：两只、三只蚂蚁在一起又会怎样？它们可能会做什么？

（2）观察多只蚂蚁图片，拓展不同动态、行动方向的创作思路。

2. 学习用西瓜子组合出各种造型的蚂蚁。

（1）观察准备的材料，引出活动方式。

指导语：这是什么？（西瓜子）以前它有什么用？今天我们可以拿它来做什么？

（2）讨论怎样进行蚂蚁造型。

指导语：如果我们用它来拼贴小蚂蚁，你觉得它像蚂蚁的什么地方？可以怎样拼？

（3）请个别幼儿示范，如何通过粘贴和添画创造出不同状态的蚂蚁。

教师帮助幼儿拿棉签蘸乳胶，幼儿粘贴好后添画腿脚和触角。教师进行分析。

指导语：这只蚂蚁好像在干什么？小蚂蚁还可以怎样拼？它可能在干什么？

（4）讨论怎样使用乳胶粘贴。

指导语：这只蚂蚁是怎样固定在画面上的？怎样抹乳胶？（集体学习用棉签涂、抹乳胶的方法。）

3. 自由拼贴蚂蚁，教师引导造型创造。

（1）教师引导幼儿变换西瓜子的不同位置，表现出各种不同动态的蚂蚁。

（2）添画蚂蚁的其他部位。

4. 评价幼儿作品。

(1)请个别幼儿介绍自己的粘贴作品,师幼共同评价。

(2)教师:你的小蚂蚁在干什么?你觉得哪幅作品很有意思?为什么?

重点评价蚂蚁的造型独特和画面内容丰富的作品。

温馨提示

1. 棉签便于小面积地刷乳胶,作业纸应选取相对厚一些的铅画纸、卡纸、云彩纸等,作品力度会衬托得较好。

2. 此处教师的引导对后面的创作起到激发思路的作用,可以让幼儿边观察图片边进行细致分析。

3. 此处如果有绘画蚂蚁的基础,动态表现就能相对地丰富一些。教师要注意除了动态的指导外,画面的布局也需要酌情指导。

(案例提供:南京市北京东路小学附属幼儿园)

赏析 粘贴的材料虽然是日常生活中常见的黑色西瓜子,但却极富吸引力。三粒西瓜子和简单几笔让蚂蚁的造型、神态表现得栩栩如生,不管是幼儿还是成人,看完以后都觉得是如此的逼真又如此有创意,不禁感叹创作的神奇,这也许就是粘贴活动的魅力所在。借助平凡普通的材料,创造性地表现事物及事物之间的关系,构成神奇而美妙的画面,这个过程也是幼儿审美能力、发散性思维、创造精神和动手操作能力的综合体现。

在本活动中还值得一提的是教师对于活动中关键能力的把握非常到位,即如何用西瓜子表现蚂蚁的三个身体部位;如何通过变换西瓜子的摆放位置组合出不同形态的蚂蚁;几只蚂蚁在一起,它们在干什么。教师解决这些重点的方法是:先引导幼儿通过图片仔细观察获得直接感知经验,然后用问题启发幼儿思考,再请个别幼儿示范解决具体操作中可能会遇到的问题,在此基础上幼儿进行创造性粘贴,最后围绕蚂蚁的独特造型和画面情节展开欣赏与评价。整个过程紧扣活动的重点,并能在支持幼儿学习的基础上充分发挥幼儿的主动性。

案例二

树叶金鱼(中班)

设计意图

中班下学期的幼儿已经具备了一定的观察能力,随年龄和知识水平的增长,他们对大自然产生了好奇心。在动手能力、想象力等方面也有了较快发展,具备了拼贴活动的基础。教师设计了粘贴“树叶金鱼”的活动,引导幼儿感受大自然,利用大自然的材料——落叶,通过树叶的组合造型表现幼儿较为熟悉的金鱼。通过引导幼儿对树叶的摆弄,让幼儿动手动脑,发展幼儿主动探索的能力。在交流讨论中介绍自己的发现,这不仅提高幼儿积极探索的欲望,而且对思维、语言发展也很有益。

活动目标

1. 初步学习树叶粘贴的方法,大胆地拼贴树叶画,表现金鱼的形象。

2. 认识常见的树叶,尝试根据树叶的颜色、形状、大小进行组合表现金鱼的各个部分。

3. 鼓励幼儿动手动脑摆弄树叶,在交流讨论中介绍自己的发现。

活动准备

1. 经验准备:带领幼儿到大自然中认识各种形状的落叶;认识观察过小金鱼。

2. 材料准备:捡回来的各种形状的树叶、糨糊、白纸每人一份、小毛巾每组2条。

活动过程

1. 观察树叶,了解归纳树叶特点。

指导语:秋天来了,树叶宝宝落下来了,我们一起看看这些小树叶长什么样。

你的树叶是什么形状的?什么颜色的?

引导幼儿从树叶的形状、大小、颜色等方面观察交流。

2. 探索拼贴金鱼的方法,自由交流。

指导语:这么漂亮的小树叶,我们用它来拼成小金鱼,行不行?

我们看到的小金鱼身体长得怎么样?眼睛是什么形状的,尾巴像什么?你可以用哪些形状的树叶拼成小金鱼的不同部位。

请你们自己拼一拼、试一试,和同组的小朋友说一说,可以用哪几种方法拼出小金鱼。

3. 集体交流拼贴的方法,重点示范。

指导语:谁说一说用什么形状的树叶可以拼成小金鱼的头?尾巴像什么?你可以用哪些形状的树叶拼成小金鱼的不同部位。

小金鱼的身体可以用稍圆的树叶做，尾巴可以用像小手一样的树叶做，还可以用几片叶子拼成，眼睛、鱼鳍用小一点的叶子拼成，或者最后添画。

4. 幼儿操作活动，教师进行指导。

(1)教师交代贴树叶的重点。

在树叶的反面抹糨糊时要稍厚一点，每个地方都要涂上糨糊。

粘贴时放平。贴好后用手抹平。

(2)幼儿操作，教师个别指导。

指导能力强的幼儿运用不同形状的树叶拼贴出不同形状的小金鱼，引导他们添画水草、泡泡等。

指导能力一般的幼儿拼贴以后，再拼不同方向游的小金鱼。注意粘贴眼睛的方向与小金鱼游的方向一致。

指导能力差的幼儿能够拼贴金鱼。

5. 互相观赏、交流、介绍，体验成功。

(1)展出幼儿作品，请幼儿谈谈自己喜欢的原因，可以引导幼儿从构图、树叶组合的丰富性、金鱼形态等方面进行讲述。

指导语：说一说，你喜欢哪幅作品？为什么？

(2)向同伴轻轻介绍一下，你是用什么形状的树叶粘贴小金鱼的？小金鱼在干什么？

活动建议

1. 区域活动：在美工角活动中可以让幼儿尝试用树叶拼贴其他的动物，引起幼儿对大自然的兴趣，并以此激发幼儿的想象力、创造力。

2. 延伸活动：带领幼儿欣赏各种树叶贴画艺术作品，激发幼儿进一步创作的愿望，并请家长与幼儿共同创作，用贴画作品布置成画展，请其他班级幼儿参观。

3. 日常活动：在幼儿散步时，继续开展"捡树叶"活动，并引导幼儿观察树叶。

(案例提供：南京市游府西街幼儿园)

赏析　从活动材料来看，树叶的形状本身各不相同，而在幼儿创造性的组合之下更是千变万化，这样富于变化的操作内容必定深受幼儿喜欢。

从活动目标来看，关注幼儿粘贴的技能，感受和表达作品的能力和对于树叶形状、大小、颜色的把握以及在此基础上创造性拼摆造型的能力。目标的设定较全面，符合中班幼儿年龄特征。

从活动过程来看，首先是欣赏树叶的特征，回忆金鱼的造型特征，帮助幼儿积累多种表象，因为幼儿的构思是以表象为基础的。然后给幼儿充足的时间自由探索如何拼贴金鱼，给幼儿宽松自由的氛围这是艺术创作的前提。第三个环节是请幼儿个别示范，教师评价和总结，在这个过程中用幼儿的探索、示范取代了以往常见的教师示范讲解，这也是教师角色退出，幼儿角色突显的一个表现。然后是幼儿操作，教师有针对性地指导，在这个环节中没有太多的限制，看不到“统一”的痕迹。最后的环节是幼儿互相观赏、交流作品，这既是幼儿互相评价作品的过程，更是一个感受美、表达美的审美过程。

教学组织方面，该活动很好地照顾到了幼儿的个体差异，针对不同能力水平的幼儿提出不同的指导目标，促进其在原有水平上的提高。

(二)案例库

案例三

食物相框(大班)

设计意图

食物天天吃，但作为美术活动的操作材料却显得有些奇特、陌生，也因此激发幼儿参与活动的好奇心。小中大各个年龄班都有拼贴活动，而与中小班幼儿相比，大班的拼贴活动却有着强烈的设计意图。本次活动，以各种食物为原材料，引导幼儿迁移对称、间隔排列、图形组合等经验，制作图案有趣、色彩鲜艳的相框，这是发展幼儿创造性思维的方法。在活动的评价环节，引导幼儿学习用审美的眼光发现同伴作品的美，用赞美的语言表扬他人作品的可学之处。

活动目标

1. 根据自己设计的相框外形剪裁相框，并对相框外围进行装饰。

2. 尝试用饼干、面包、糖果等食物材料，大胆迁移对称、间隔排列等经验，有规律地排列来装饰相框。

3. 欣赏他人的拼贴作品，用赞美的语言表扬同伴作品的优点。

活动准备

1. 教师做好的食物相框成品。

2. 各种形状的饼干、面包、糖果等。

3. 做相框用卡纸、乳胶人手一份。

活动过程

1. 欣赏图案，讨论装饰方法。

教师出示食物相框，引导幼儿欣赏。

指导语：这是什么？这个相框好玩吗？哪里有趣？相框的周围是用什么装饰的？有哪些食物？（幼儿根据自己的观察进行初步讲述）

这些漂亮的相框图案是怎样拼出来的呢？（有规律地排列）怎样的规律？（ABA、ABCABC 等）还有什么方法？（左右图案对称，上下图案对称。）

教师着重引导幼儿观察相框装饰中的对称、间隔规律。

2. 出示教学用图 2，讨论相框制作的方法。

指导语：相框的外形除了长方形，还可以是什么形状？（爱心形、圆形等）怎样制作出其他形状的相框？（在卡纸上画好形状轮廓线的里边和外边，再掏空中间）在哪里装饰？（在相框的里边和外边之间装饰）

我用巧克力棒和彩虹糖怎样装饰相框？（巧克力棒太长，可以分割成段。一个彩虹糖、一截巧克力棒间隔排列。）

引导幼儿学习将整块的食物材料分解的方法解决没有现成材料的问题。

3. 幼儿自由创作，教师进行个别指导。

（1）教师交代操作的重点。

指导语：桌上还有哪些材料？可以每一种都试一试，怎样组合运用是你最喜欢的？

先组合摆放好所有材料，最后再用胶固定。避免一边摆一边上胶，造成材料不够的情况。

（2）幼儿绘画，教师指导幼儿完成作品。

指导语：如果你觉得你面前的材料不合适或不够用，怎么办？（引导幼儿通过互助协商解决材料共享问题。）别人给予了你帮助，你该怎样做？（引导幼儿体会得到别人帮助后应该感谢别人。）

4. 展示幼儿作品，互相评价。

指导语：你喜欢谁的相框？为什么？（引导幼儿从排列组合的丰富多样性、色彩、构图疏密等方面进行评价。）

今天的活动中,你遇到了什么问题?怎样解决的?获得了别人怎样的帮助?

活动建议

1. 游戏活动:在美工角继续提供各种不易腐烂的食物材料,如各种干货、红豆、意大利面、芝麻等。激发幼儿发现生活中可以用不同的材料装饰我们的生活。

2. 家园共育:请家长帮助收集家人照片,放在制作好的食物相框中,让幼儿体验成功感。

3. 日常活动:在日常活动中,教师、家长也应该鼓励幼儿多去观察别人的优点,并学习用好听的、优美的语言表达。另一方面,当幼儿接受别人的肯定时,要用礼貌的态度说谢谢。

材料准备:

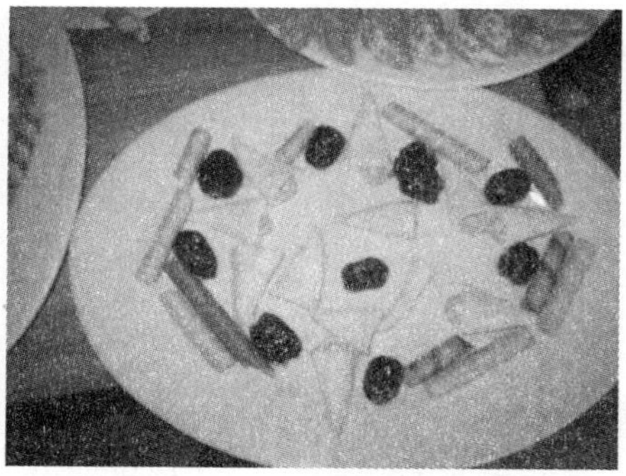

教师制作好的相框:

(案例提供:南京市游府西街幼儿园)

案例四

美丽的相框(大班)

设计意图

相框是幼儿十分熟悉的东西。本活动,教师利用幼儿的已有经验,让幼儿主动去欣赏各种相框,来观察相框的装饰物以及装饰物的排列。活动中要充分地调动幼儿生活经验，来了解生活中各种物品，如八角、芸豆、绳子、木塞等。用这些来装饰相框，并观察相框上的装饰物的排列。师幼共同总结出各种排序方式，幼儿利用排列方式小卡片相应地去装饰自己的相框。自己选材料，自己选择装饰方法，自己完成最有特色的相框。

活动目标

1. 学习用各种自然物装饰相框。
2. 通过自己的实践，老师的归纳、讲解了解装饰的规律性。
3. 感受自我创造的乐趣。

活动准备

1. 教师准备：八角、芸豆、棉绳、吸管。
2. 幼儿准备：葡萄酒木塞、纽扣、瓶盖。

活动过程 （见下页表格）

示范相框：

教　　师	幼　　儿
一、欣赏相框，总结规律。 1. 小朋友家里面有很多照片，有些照片都放在电脑里，还有一些放在相框里。 2. 今天老师也带来了你们的照片，看看这些照片是放在什么样的相框里面的。 3. 这些相框漂亮吗？上面都有什么材料呢？ 4. 它为什么这么漂亮呢？这些材料是怎么排列来装饰相框的？谁发现了？	示意图 第 1 种　第 2 种 第 3 种　第 4 种 黑板 1
二、出示相框设计图，根据图纸找出相应的相框。 1. 刚刚看了四个相框，其实这些相框都是有设计图纸的，我们先来认识这些设计图。 指导语：上面有什么？代表几种材料？怎样排列？ 2. 现在老师还要给小朋友再看一些相框，我们要把设计图贴在对应的相框上面。 3. 你们来说，我来放，你看对不对，好不好？	第 1 种　第 2 种 黑板 2
三、认识材料，示范粘贴。 1. 小朋友和爸爸妈妈可能前段时间都准备了很多废旧材料，我们一起来认识一下。 2. 老师今天给小朋友特别介绍厨房的材料，八角和芸豆，白色的和红色的都是芸豆。 3. 刚刚我们认识了材料，也学习了怎样有规律地装饰，那你们想不想知道怎么将材料粘上去呢？ 4. 示范粘贴。 首先，想好装饰哪一种，然后把双面胶全部撕掉。先从角开始贴起。贴的时候材料之间要有一点点距离。看看老师一排最多贴了几个。把四边都贴好才行。 5. 操作前的要求。 现在你们想不想来试一试？ (1)每个小朋友面前都有一个小篓子，先想好我要怎么装饰，找出你要的设计图放在框里，其他的都放在桌子上。 (2)拿着你的设计图和框去选材料，把材料放在框里。 (3)选好之后先在相框上摆一摆，摆好之后如果正好，就开始粘。 (4)撕双面胶的时候慢一点，注意每一行材料要有距离。	第 3 种　第 4 种 黑板 3
四、幼儿操练，教师指导。 1. 指导动作慢的孩子，让他们分开来贴，材料要选够。 2. 指导快的孩子，自己先欣赏，自己处理垃圾。 五、评价。 1. 都做好了吧！我们举起来看一看。真漂亮，谁愿意来介绍啊？说出你用了哪个材料，什么规律？ 2. 其实，生活中还有很多材料能用来装饰相框，我们下课以后还可以找一找，下次我们再来讨论。	装饰相框方法： ×·×·×·×· ×·△×·△×·△ ×·△○×·△○×·△○

（案例提供：南京市第一幼儿园）

案例五

瓜子贴画——蝌蚪(小班)

设计意图

瓜子除了用来吃,还可以用来做什么呢?在这个活动中,我们将引导幼儿用平时常见的瓜子,创造出各种情景下的蝌蚪:有的在睡觉、有的在追逐、有的在说悄悄话……孩子的想象力和创造力都深深地吸引着我们,一起来看看孩子们自由创造中的精彩表现吧!

活动目标

1. 尝试用瓜子拼贴蝌蚪,并用水彩笔添画蝌蚪的尾巴。
2. 在观察教师示范和讲解的基础上,学习粘贴瓜子的方法。
3. 知道用棉签蘸少量的乳胶抹在纸上后,再粘贴瓜子。

活动准备

1. 用一大鱼缸装小蝌蚪,放于教室的前面。
2. 瓜子、乳胶、黑色水彩笔。

活动过程

1. 教师出示小蝌蚪,引起幼儿的兴趣。

指导语:小蝌蚪长得是什么样子的?(圆圆的身体后面有一个细细的尾巴。)

小蝌蚪在水里不停地找妈妈,一会朝左游,一会朝右游。

2. 教师示范,引导幼儿观察教师是如何粘贴瓜子的。

指导语:原来我们都是用手指来蘸糨糊的,今天我们要用棉签来蘸乳胶。

教师边示范,边念儿歌:棉签棒,蘸一蘸,棉签棒,点一点,黑色瓜子,粘上去。

引导幼儿用黑色水笔为小蝌蚪添画尾巴。

指导语:让我们用黑色的水笔为小蝌蚪添上细细的尾巴吧。

3. 幼儿制作,教师指导。

指导语:小蝌蚪在水里游来游去找妈妈,有的朝上游,有的朝下游,有的朝前游,有的朝后游,想一想你的小蝌蚪是朝哪儿游的。

提醒幼儿用棉签棒蘸取适量的乳胶。

提醒幼儿画尾巴时,要紧接着身体后面画。

4. 作品展览,引导幼儿关注小蝌蚪游动的方向。

指导语:你的小蝌蚪是朝什么地方游的?

温馨提示

1. 课前可让幼儿用蓝色和绿色两种颜料在作业纸上涂底色，使画面更富美感。

2. 在观察环节，教师不仅可以引导幼儿发现蝌蚪在游动和停滞时尾巴或直或弯的样子，还可以用语言引导幼儿："两只、三只蝌蚪在一起会怎样？它们可能会做什么？"这对后面的创作起到激发思路的作用，便于幼儿在创作画面时给蝌蚪添画不同的尾巴。

（案例提供：南京市北京东路小学附属幼儿园）

案例六

镜框（中班）

设计意图

在我们周围经常可以见到各种各样的石头，而石头也是幼儿十分喜爱的天然玩具。此次活动中提供的石子是花卉市场中常见的彩砂石，它颗粒小巧、颜色多样、特征明显，便于幼儿摆弄和粘贴。通过区域活动的操作，幼儿可以将石子进行拼摆、组合，美化装饰相框，制作成一件工艺品，在操作中可培养幼儿的创造力和想象力。

活动准备

在美术区中提供供欣赏的镜框图案照片，提供毛笔、乳胶、彩色石子、木质镜框等材料。

活动目标

幼儿使用毛笔蘸刷乳胶，粘贴组合、排列在镜框边缘的彩色石子，表现有规律的镜框装饰花纹。

活动过程

1. 活动开始环节：教师介绍游戏材料，激发幼儿装饰的欲望。

(1)教师出示纯色镜框：这是什么，怎样把它做得更加漂亮呢？

(2)指导语：可以在镜框的什么地方装饰呢？（镜框边、角）可以怎样装饰呢？

2. 基本环节：教师出示彩色石子、乳胶、毛笔等工具材料，幼儿探索制作方法。

(1)指导语：今天活动区里的新材料是什么？有哪些颜色？我们可以排列出什么样的图案？

(2)教师介绍操作程序：先在镜框的一条边刷乳胶，多刷几遍、刷满、刷均匀；

然后粘贴石子做装饰；贴好一条边以后，再在另一条边刷乳胶，重复以上制作步骤至四条边全部装饰好。

(3)提醒幼儿遵守区域活动规则：毛笔刷好乳胶以后送回盘子里，和同伴轮流使用。

3. 幼儿自由进行装饰活动。

(1)教师鼓励幼儿按照自己的想法设计花纹，排列石子，坚持将四条边、四个角全部装饰完成。

(2)教师引导个别幼儿用正确方法粘贴石子，压一压再松手。

4. 作品欣赏，感受石子不同的组合方式。

指导语：这些镜框在哪儿做了装饰？有哪些图案？

彩色石子除了可以装饰镜框以外，还可以装饰在哪里？

温馨提示

1. 区域活动中还可以提供纸盘、纸碗等材料，供幼儿迁移经验，用石子进行装饰。

2. 镜框装饰也可以替换成各色纽扣、吸管等材料进行装饰，制作工艺相同，材料不同，作品也会呈现出不一样的感觉和效果。

（案例提供：南京市北京东路小学附属幼儿园）

案例七

花儿朵朵(小班)

活动目标

1. 学习自制彩色纸团，并尝试有序地按轮廓线粘贴纸团。

2. 迁移粘贴的经验，掌握有序排列粘贴的技能。

3. 能坚持完成作品的装饰。

活动准备

1. 印有花朵轮廓的卡纸每人一张。

2. 各色皱纹纸、糨糊、抹布。

活动过程

1. 出示两份范例(没有加工的花和粘贴彩色纸团的花),引导幼儿进行对比观察。

(1)引导幼儿观察。

指导语:公园里需要美丽的花来装扮,哪一朵花更美丽呢?

(2)讨论:怎样才能变出这种漂亮的花来?

指导语:我们自己搓的小纸团像解放军排队一样,一个跟着一个站在线上,也可以把花朵中间填满。

可是我们没有小纸团啊?怎么办?可以自己做吗?

2. 师生共同学习自制纸团的方法。

(1)讨论:怎样让纸团又圆又结实?

指导语:我先来做一个小纸团。哎呀!怎么散掉啦?

(2)师生共同尝试。

借助儿歌的提示:手心手心搓搓搓,搓圆啦;手指手指捏捏捏,捏紧啦。

3. 幼儿学习操作粘贴纸团。

(1)教师示范粘贴纸团。

(2)讲解难点:有序地排列纸团从花心向四周或从下往上开始,一个紧挨一个地粘贴。

指导语:一只手拿着纸团,另一只手伸出一个手指蘸糨糊,把糨糊抹在纸团上。

如果你想把花朵中间都填满,就从花朵中间开始贴纸团,所有的纸团都在花朵的身体里面,不要跑到外面去哦。

如果你想像解放军排队那样贴纸团,你就要从花朵最下面靠着茎的地方开始贴,要看准了贴在线上。(出示两种颜色交替或者三种颜色交替的范画。)

(3)幼儿操作,教师指导。

①集体指导幼儿粘贴纸团。

②重点指导幼儿按照轮廓线有序地粘贴。

③鼓励幼儿尝试有规律地排列粘贴纸团。

4. 活动评价。

(1)幼儿自由欣赏同伴的作品,教师引导幼儿向同伴学习好的方法。

(2)讨论谁的花儿最漂亮,为什么。

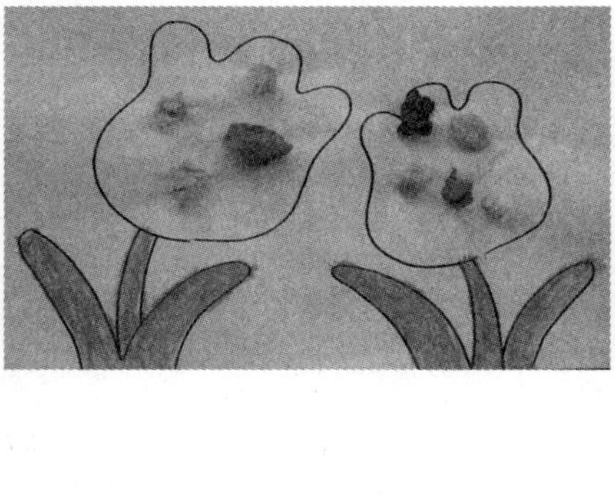
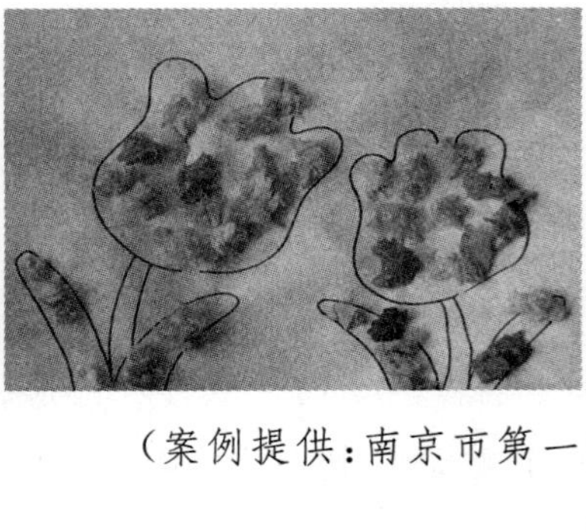

(案例提供:南京市第一幼儿园)

案例八

糖豆豆(小班)

设计意图

糖果是幼儿生活中十分熟悉的食物,其精美的包装、奇特的外形、各异的口味、五彩的颜色,无一不对幼儿产生了很强的诱惑力,理所当然地成了他们的最爱。孩子们对糖果有着浓厚的兴趣和丰富的生活经验。本次活动创设了糖果王国的游戏化情境,引导幼儿在看看、吃吃、玩玩中进一步丰富对糖果的认识,发展幼儿用手将皱纹纸搓圆的技能。

活动目标

1. 通过给糖果王国制作糖果的游戏情境,锻炼手部将皱纹纸搓圆的技能。

2. 在看看、吃吃、玩玩中知道糖果的种类很丰富,尝试用皱纹纸制作圆形的糖豆豆。

3. 乐意参与纸玩活动,体验制作成功带来的快乐。

活动准备

1. 师生共同收集各种各样的糖果,并将教室布置成糖果王国。

2. 装有彩色皱纹纸条的大托盘每组一个。

3. 画有糖罐子的底图纸每人一张、胶棒每人一个。

活动过程

1. 导入活动,吸引幼儿的兴趣。

指导语:小朋友们,大家好,我是糖果王国的国王,欢迎大家来到我的王国玩,下面请大家参观我的王国吧。

2. 幼儿欣赏、品尝各种糖果。

(1)教师引导幼儿欣赏各种各样的糖果。

指导语:谁知道我的王国里都有哪些糖果?

它们是什么形状、什么颜色、什么气味的?

(2)幼儿品尝好吃的糖果。

指导语:你们喜欢我的糖果宝宝吗?想吃吗?下面请每一个小朋友找一个你最喜欢的糖果,尝一尝吧。

指导语:你吃的糖果摸上去是硬的还是软的?是什么形状?什么颜色?吃到嘴巴里什么味道?

3. 教师出示糖豆豆(巧克力豆),引导幼儿观察糖豆豆的形状,探讨如何将皱纹纸制作成糖豆豆。

(1)用游戏情节向幼儿提出帮忙的请求。

指导语:既然小朋友们参观过了我的糖果王国,又品尝了好吃的糖果,下面我想请大家帮个忙。由于糖果生产车间的机器坏了，工人们来不及做糖豆豆，希望小朋友们能帮忙制作，你们愿意吗？

(2)出示糖豆豆，引导幼儿观察其形状、探讨制作方法。

指导语：你们看看糖豆豆是什么形状的？（圆形）什么颜色的？（五颜六色）如果给你一张皱纹纸，怎样才能做出圆圆的糖豆豆呢？

4. 幼儿欣赏教师示范，了解搓圆的方法。

(1)教师示范搓圆的方法。教师取一张皱纹纸将其捏小放在手心，然后两只手的手心相对画圆。

指导语：我们一起来看一看我的糖豆豆是怎么做成的。

(2)幼儿和教师一起空手练习搓圆的动作。

指导语：让我们一起空手来练习搓圆的动作吧。

5. 教师交代制作要求，幼儿操作，教师巡回指导。

要求：

(1)取一张皱纹纸将其捏小放在手心，然后两只手的手心相对画圆，直至皱纹纸变得又小又圆。

(2)搓好的糖豆豆用胶棒贴在底图上。

(3)爱惜纸张，搓完一个再拿纸，保持桌面、地面的整洁。

6. 分享与交流。

指导语：糖豆豆做好了，你们开心吗？我代表糖果生产车间的小工人谢谢小朋友们，也请你们把做好的糖豆豆带回家，和爸爸妈妈一起分享吧！

活动延伸

1. 根据小班幼儿的年龄特点可以开展形式多样的有关糖果的活动。如用油泥搓圆、水彩笔绘画等，逐步锻炼幼儿手部精细的动作，拓展幼儿的思维。

2. 还可以开展《多种多样的糖果》活动，通过相互交流、分享，了解糖果的多样性。

3. 还可以开展《糖纸大变身》活动，引导幼儿将吃完的糖果纸装饰、制作各种有趣的图案，既环保又激发幼儿的创意，挑战幼儿动手、动脑的能力。

教学图片：

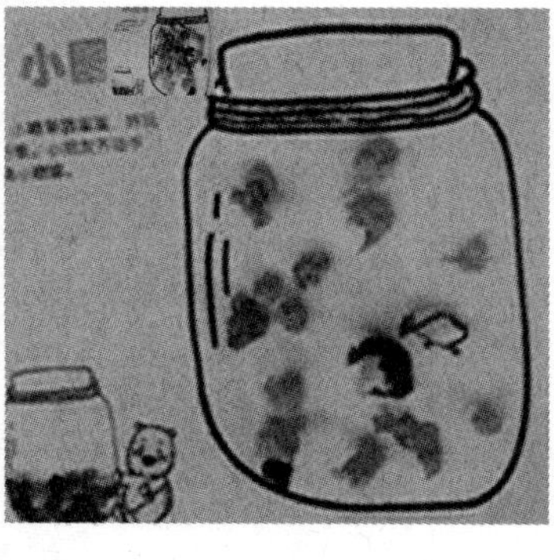

（案例提供：南京市游府西街幼儿园）

第二节　幼儿园自制玩具教育活动的组织

一、自制玩具教育活动的定义、意义

（一）定义

幼儿园自制玩具教育活动主要是利用废旧材料或者水果、蔬菜等自然物，通过联想，“因材施艺”地进行建构，制作出立体形象的活动。

（二）对于幼儿发展的意义

学前儿童自制玩具是学前儿童手工操作能力的综合体现，在此过程中蕴含了对幼儿解决问题的能力以及创造性能力的培养。同时，也可以培养幼儿敏锐的观察力、捕捉事物造型的能力和有目的、有计划地进行工作的能力。

二、幼儿园自制玩具教育活动的年龄阶段发展目标

表 7-2　幼儿园自制玩具教育活动年龄阶段发展目标

	小班	中班	大班
造型（立体）	1. 了解玩具制作材料的性质，能用 1～2 种技法塑造简单物体形象； 2. 乐意参加玩具制作活动，体验立体造型活动中的乐趣，并对玩具制作活动感兴趣。	1. 初步学习使用点状、线状、块状的自然物和废旧材料制作简单的玩具； 2. 能够主动注意玩具制作活动中的空间因素； 3. 在同伴和教师讲述时能够认真观察、倾听。	1. 能熟练地选择和使用各类立体造型工具和材料； 2. 能综合性地使用纸、布、线等材料制作玩具、教具、礼品、演出道具； 3. 理解立体造型活动中所需的合作要求，并知道如何与他人交往，体验并努力追求在与他人合作中获得快乐。

表 7-2 （续）

	小班	中班	大班
美术欣赏	1. 喜欢观看、欣赏艺术作品； 2. 初步学习运用动作、表情等方式表达自己欣赏后的感受。	1. 学习欣赏与自己生活经验相关的美术作品、生活作品、节日装饰、环境布置、自然景物等，逐步关注具有美感的事物； 2. 学习欣赏、评价同伴和教师的作品。	1. 主动参与欣赏活动，逐步形成从生活环境中发现美的能力； 2. 学习从不同形式和内容的角度评价同伴、教师的作品； 3. 命名和讨论玩具制作活动作品的基本内容； 4. 喜欢与他人分享及谈论玩具制作创造活动的快乐。

三、组织幼儿园自制玩具教育活动的注意事项

自制玩具的材料种类丰富，有点状材料、线状材料、面状材料和块状材料，可以是自然物、生活废旧物品等等。自制玩具的方法灵活多样，可根据制作材料和制作物象而选取，如挖、剪、镶嵌、粘贴、穿串、拼贴、插接、盘绕、编织、卷、塑造、雕刻等。

首先，幼儿自制玩具活动更多地体现出开放的、低结构的教育特点，幼儿的制作过程正是幼儿自主探究学习的过程。因此，教师应给幼儿提供充足的时间和空间让幼儿充分探索。教师适当采取间接的指导方式，切忌用过多的语言和示范“制造幼儿统一的经验”，干扰幼儿的创作思路，抹杀幼儿的想象空间。

其次，教师要为幼儿搭建自制玩具作品交流、互动的展台。幼儿自制的玩具作品凝结着他们的智慧、情感和劳动，他们渴望得到同伴及教师的认可。作品的制作过程让幼儿收获了动手动脑的愉悦，而作品的展示则让幼儿感受到作品本身及作品之间共同组合所赋予的意义。这种合作、交流、分享所创造的价值，已超出了作品制作过程本身，以更大的动力激励着幼儿进行艺术创作的激情。

四、幼儿园典型自制玩具教育活动的介绍

（一）厚纸（纸盒）制作

厚纸（纸盒）制作是指运用卡纸、挂历纸、纸盒等略微硬的纸质材料，通过折、剪、贴、组合等技法制作出三维形体的活动。

首先是认识和制作各类基本形体，如认识正方体、长方体、圆柱体的各类盒子，以及尝试用硬纸做出圆柱体、圆锥体等。在基本形体的制作和认识中，教师可为幼儿提供一些以这些基本形体为基础的工艺品，引导幼儿进行欣赏，认识什么样的形体是圆柱体、正方体、长方体、圆锥体等等，然后让幼儿尝试着用挂历纸做圆柱体、圆锥体。

在学习基本形体的基础上，教师引导幼儿根据“因材施艺”的原则，用所学过

的技法进行联想造型。可以对基本形体本身进行剪、挖、切等加工;也可以在基本形体上进行贴、粘接、镶嵌、接插、盘绕、组合加工。例如,在圆柱体造型活动中,在圆柱体上面贴上弯曲的纸条就成了小桶;在圆柱体的旁边贴上弯曲的纸条就成了茶杯;将圆柱体直立,在下部贴上门窗制作成有趣的动物之家;将圆柱体上方剪开成条,卷弯成树枝状,再用绿色纸剪成树叶贴在上面,就成了一棵大树;用长短不同的圆柱体可以做成动物的身体,再贴上头和尾巴,就做成了各种动物。长方体和正方体可以制作出各种电器、家具、房子、交通工具和机器人等。涉及多个基本形体的组合时,连接是教师要引导幼儿重点掌握的技法,连接可以用胶水、糨糊、乳胶进行粘贴,可以用针、线进行缝合,也可以用订书机、双面胶进行接合,或者用小棒或纸片插入连接,以及橡皮泥粘接等等。

(二)蔬菜水果制作

蔬菜、水果品种繁多、形态各异,可以通过创造性的加工制作出各种各样的造型。但在进行蔬果造型时,尽量使用蔬菜的边角料或不宜食用的部位,尽可能不造成浪费。下面将蔬果造型的过程简单作介绍。

首先,将所选材料全部洗干净备用。清洗时注意不要破坏外形,更不要削和切。其次进行构思。这个过程的重点是引导幼儿进行想象,如启发幼儿观察蔬菜、水果的形状、颜色,思考可以用来制作什么形象。或者让幼儿确定制作方向,是人物还是动物或器物等,根据构思去选择合适的蔬菜、水果。第三,研究材料。构思确定后,在具体造型过程中还需仔细观察材料的特点,充分利用蔬果的自然形状、颜色形状、肌理进行造型,如发现材料中有凹陷的地方,试试看可否做眼睛,凸起的地方可否做嘴巴或鼻子,较长且弯曲的材料可以做动物的脖子或尾巴,黄瓜头上有条纹的那一段就像青蛙的身体等。第四,塑造形象。用切、割、挖等方法进行简单加工,用牙签进行组合固定,制作过程中注意先整体后局部,先轮廓后细节。

五、幼儿园自制玩具优秀教育活动赏析与案例库

(一)幼儿园自制玩具优秀教育活动赏析

案例九

三个和尚(大班)

设计意图

“纸塑”就是以纸作为材料,通过画、剪、折、卷、塑、贴等方法塑造成立体的形象。所选用的材料都是一些旧的广告纸、挂历纸等,既能变废为宝又能体现环保

意识。

我班的幼儿在中班时已经开始尝试简单的纸塑造型，制作了一些相对简单的纸塑作品，如：蜗牛、小兔等一些动物，有了一定的纸塑基础。到了大班，我开始让幼儿学着利用工具自己裁下长方形、扇形、圆形等进行制作，尽管制作出来的人物、动物等大大小小，比例不恰当，还有许多幼儿裁了一次又一次，把一张很大的纸弄得支离破碎，但经过一次次的启发、思考、尝试后，大部分幼儿看到范例就知道，要做圆筒状的，必须把纸裁成长方形，做锥形的要将纸裁成扇形。这其中，不仅发展了幼儿空间知觉能力，而且锻炼了幼儿运用知识、经验解决问题的能力。

此次设计制作《三个和尚》，增加了难度。不仅要求幼儿要较合理地利用纸张，通过剪、卷、折、贴，表现出三个和尚的不同特征，还要与同伴合作完成。在活动之前，老师可以向幼儿讲解故事的内容，并观看有关动画片。在制作前，请幼儿说说三个和尚有什么特征，并引导幼儿去思考、讨论用什么形状的纸，什么样的方法来塑造。制作时三个幼儿合作完成，然后再进行故事表演，这样不仅可以培养幼儿与他人的交往能力，也可以提高口语表达能力。

活动目标

1. 学习三人合作，运用剪、卷、折、贴等方法，塑造出立体的三个和尚。

2. 通过观察、比较、讨论，尝试根据三个和尚的外形特征，合理使用、分配纸张，进行塑造。

3. 正确使用剪刀、胶棒，并能将剪下的废纸放在指定的地方。

活动准备

1. 范样两套、制作步骤图一个。

2. 广告纸、铅画纸、包花纸、剪刀、胶棒、水彩笔若干。

活动过程

1. 谈话引起兴趣。

前些天，我们看了一个动画片《三个和尚》，你知道这三个和尚叫什么吗？人们为什么会给他们取这个名字？

2. 观察范样，讨论分析三个和尚的特征。

(1)今天我们班上也来了三个和尚，看看他们都是谁，你是怎么知道的？

(2)这三个和尚是由哪几部分组成的？（头、身体、袈裟）

(3)他们的身体是上下一样粗的吗？那怎样才能做出上细下粗的身体呢？

(4)头和袈裟怎样才能套在身上呢？

提醒：将头、袈裟和身体拆开进行比较，引导幼儿发现做头的纸和做袈裟的纸比做身体的纸要长一些，这样做出来的头和袈裟才能套在身体上。

3. 提出制作的要求。

(1)三个人一组，相互协商、分配每个人的制作内容。

(2)拿到纸后，先想一想你做的是哪个和尚，需要用多大的纸来做他的身体，想好后再剪。

(3)如果感到有困难，可以到前面来看看老师做的和尚，也可以看看制作的步骤图。

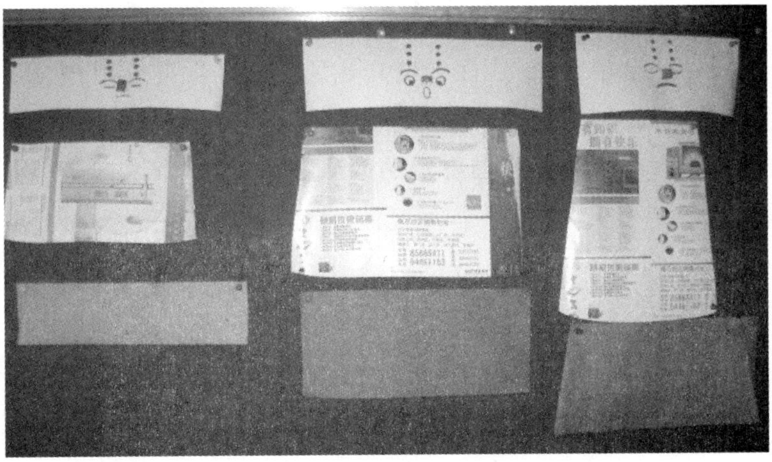

(4)节约用纸，剪下来没有用的纸放在小篓子里。

4. 幼儿制作，教师进行指导。

(1)提示幼儿注意人物的比例，比画好后再剪。

(2)引导幼儿将每一个接头粘牢。

5. 讲评、展示作品。

(1)请先做完的小组，先自己小声地进行表演。

(2)请客人老师猜猜你做的是哪个和尚，什么地方做得好？什么地方还需要改进？

(3)请幼儿说说：客人老师是怎么说的？给了你什么建议？

（案例提供：南京市第一幼儿园）

赏析 本活动是典型的厚纸制作活动。从活动目标来看,教师关注的是幼儿在手工制作中通过自己的思考制作出不同高矮、胖瘦的圆纸筒,以及与圆柱体身体相匹配的头部和袈裟,强调幼儿自主探索的能力,关注幼儿自己分析问题和与他人合作、讨论的能力。

本活动首先从引导幼儿回忆动画片中三个和尚的名字,把制作的人物特征通过再现提取出来。出示范例后,让幼儿通过观察、比较的方式再次熟悉人物的特征,然后再去猜测范例的制作方法,而不是以教师直接告知的方式。幼儿自制玩具活动更多地体现出开放的、低结构的教育特点,因此,教师适当采取间接的指导方式,更有助于幼儿自主性、创造性和独立性的发挥。玩具的制作过程中需要幼儿发挥聪明才智,解决制作过程中遇到的各类问题,允许幼儿将范例拆开进行比较研究,这些方法有助于幼儿掌握学习的策略,对于幼儿来说这是一种真正的可持续发展的学习。

(二)案例库

案例十

制作拨浪鼓(大班)

设计意图

鼓是一种原始的乐器,狩猎时必备的。鼓多种多样,拨浪鼓是其中的一种。古时商贩喜用它来招揽生意,也是孩子的音乐玩具。拨浪鼓结构简单,随着不同摇摆节奏能击出不同的音乐节奏来。在生活中,我们可以引导孩子根据拨浪鼓的外形特点,收集一些废旧的小纸盒、串珠、木筷等自制一件乐器。孩子在制作拨浪鼓的过程中了解鼓的文化,鼓上图案的含义,认识鼓的结构,学会有序将零散部件组合成鼓,并在鼓面上创造独特的图案。这样的活动既能锻炼幼儿的动手能力,也提高了他们的艺术创造力。幼儿还可用它在音乐角游戏中边唱边伴奏。这样能玩又可欣赏的游戏材料定会受到他们的喜爱。

活动目标

1. 学习运用穿、系的方法制作拨浪鼓,并尝试用不同的图案装饰鼓面。
2. 在玩拨浪鼓的过程中探索、发现拨浪鼓的结构,尝试用废旧的材料拼装成拨浪鼓。
3. 在操作活动中耐心完成打结的步骤,体验制作小玩具的乐趣。

活动准备

1. 经验准备:幼儿在平时的区域活动中玩过拨浪鼓。

2. 物质准备：拨浪鼓图片，人手一个实物拨浪鼓，人手一个小的方形或圆形纸盒，一支筷子，两个串珠，一根绳子，一盒水彩笔。

活动过程

1. 幼儿迁移对拨浪鼓外形特征的了解。

指导语：这是什么？它为什么会响？你们来玩一玩，仔细观察拨浪鼓是什么样子的，它由哪几部分组成？

2. 欣赏鼓面图案的色彩与内容。

(1)欣赏传统拨浪鼓鼓面上的图案，感受传统工艺品所表达的欢乐气氛和人们的美好愿望。

指导语：鼓面上有什么？有什么颜色？这些图案给你什么感觉？

教师总结：过去人们给小朋友制作拨浪鼓，喜欢在上面画胖胖的小娃娃，希望接受礼物的小朋友健康成长，长得白白胖胖的。还会画些吉祥的画，如：年年有余、手拿福字的娃娃等。颜色也很鲜艳，表达人们的美好愿望。

(2)欣赏现代拨浪鼓工艺品上面的图案。

指导语：现在的人们还会在拨浪鼓上画些什么？我们一起来看看。

如果你来设计，你想在拨浪鼓上画些什么？

3. 幼儿学习制作拨浪鼓。

(1)出示制作材料，师幼讨论制作拨浪鼓的方法。幼儿观察、猜测。

指导语：我们刚刚欣赏了拨浪鼓，知道它由鼓身和鼓把手组成。鼓身上有两个鼓面，还有可摇摆的绳。我们小朋友收集了这么多材料，哪个可以做鼓身，哪个可以做鼓槌儿，哪个可以做木柄呢？又怎样将这些零散部件组合成拨浪鼓？

教师总结：小方盒可以做鼓身，然后在盒子的侧面穿两个孔，将绳子穿过去，再把珠子穿系到绳上。最后在鼓身下面穿一个孔将鼓把手装上。

教师重点讲解示范穿珠子和系绳子的方法。

(2)幼儿根据自己的意愿选择材料自制拨浪鼓。

4. 幼儿自制拨浪鼓。

教师着重指导帮助幼儿穿系绳子。

5. 装饰鼓面。

幼儿用白纸描摹出鼓面的大小并剪下，在其上面画上自己喜欢的图案然后贴至鼓面上。

活动建议

1. 教学变式：第5个环节，教师可以先在纸盒上粘好白纸，让幼儿直接在盒子上装饰；或提供一些彩纸引导幼儿剪出一些纹样来贴在纸盒上装饰鼓面。

2. 区角活动：将幼儿自制的拨浪鼓投放至音乐角，供幼儿表演时用。

3. 家园共育：家长带领孩子去了解过去拨浪鼓不同的作用，了解中国传统艺术的魅力。

教学图片：

（案例提供：南京师范大学附属幼儿园）

案例十一

猫（中班）

设计意图

孩子们经常接触的动物如猫、兔、熊、虎等，都可以将其外形进行概括成一个头和一个身体两大部分。通过动物某些特点可以来体现不同的动物，做猫可以剪出三角形的耳朵、杏仁似的眼睛，兔可以做一对长长的耳朵，熊做一对小圆耳朵和小眯眼，虎可以在头上画上“王”和身体上画虎纹。学会制作基本的身体，其他变化就在于孩子个人的喜好了。这些活动放在区域活动之中，孩子可以根据自己的喜好选择制作。在投放之初进行相关的重点的讨论和交流，教师提出探究的点，让孩子在区域中边制作边探究。

活动目标

1. 学习用各种形状的纸，通过卷、折、剪、贴等方法，塑造出不同的动物。

2. 通过观察、操作、探索，学习根据动物的不同特性，选择不同形状的纸进行塑造，塑造的动物要粘牢、站稳。

3. 使用完的材料要放回，并收拾自己活动后的地方。

活动准备

1. 大小不同、形状不同的挂历纸、广告纸。

2. 糨糊、剪刀、抹布、范样。

3. 在区域中准备孩子们常见的动物简笔画。

活动过程

1. 出示范样(圆筒状的猫、兔子)。

指导语:你喜欢哪一个动物?你知道它们是用什么做成的吗?

2. 出示筒状及半圆筒状,引导幼儿观察。

(1)指导语:这些小动物都是用纸做出来的,看看它们都一样吗,哪里不一样?

它们是用同样形状的纸做的吗?

你能猜出半圆筒状是怎么做出来的吗?

(2)提供长方形的纸,让两名幼儿试着卷一卷,粘一粘。

(3)教师重点示范怎样将长方形的纸卷成半圆筒状。

3. 介绍区域中的材料,提出操作要求。

指导语:先想一想你要做什么动物,这个动物是什么样的?然后再去拿你需要的纸。糨糊不要抹太多,但是一定要让小动物站稳。

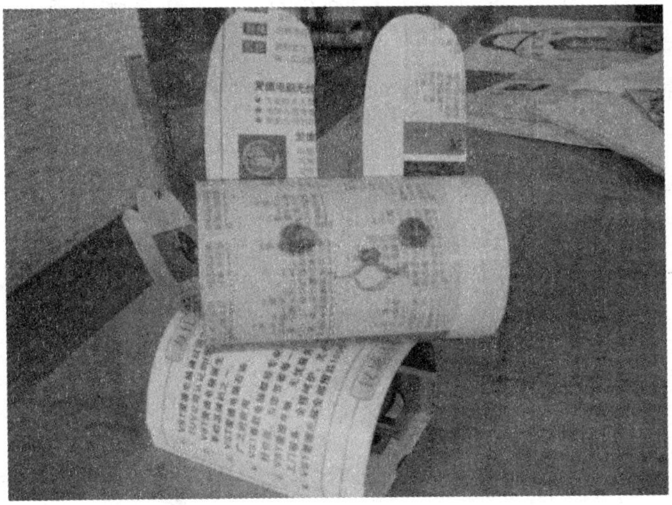

(案例提供:南京市第一幼儿园)

案例十二

蜗牛(中班)

设计意图

蜗牛与前面的动物相比,外形上有比较大的不同,体现在蜗牛的背。孩子有了前期制作动物的经验,老师不需要将制作的每一个步骤进行教学,只需提供一个范样供幼儿观察、参考。对制作过程中重点做背的三根纸条的长短,让幼儿理解长纸条做出来的圈大,短纸条做出来的圈小。在制作和探索中,幼儿学习怎样做出更加美观的蜗牛,可以在粘贴时将三个圈的接头粘在同一位置。

活动目标

1. 学习用卷、折、贴等方法，将纸条塑造成蜗牛。

2. 通过观察、讨论、尝试等方法，学习选择合适的纸条，卷成大小不同的圈，并将三个圈一个套一个地粘贴在一起，塑造成蜗牛。

3. 正确使用糨糊，并愿意学习同伴的一些好的方法。

活动准备

1. 各种颜色的长短、粗细的纸条。

2. 蜗牛范样(一个大的、每一组一个小的)。

3. 糨糊、抹布等。

活动过程

1. 引起幼儿兴趣。

(1)猜谜：名字叫作牛，它却不是牛，要说力气小，背着房子走。

(2)观察范样。

指导语：看看这只蜗牛是什么样的，它背上的壳是什么样的？

2. 将纸条和圈对应。

(1)比较三根纸条。看看它们一样长吗，哪一根最长，哪一根最短？

(2)不同的纸条对应三个不同大小的圈。

(3)将纸条和圈对应摆放，让幼儿明白长纸条做出来的圈大，短纸条做出来的圈小。

(4)幼儿示范粘圈。

3. 介绍区域中的材料，提出操作要求。

指导要点：探讨怎样将三个圈粘在一起，在每一张桌上放一个范样，引导幼儿观看蜗牛的身体及触角是怎样粘贴的，三个圈的接头都贴在了一起。

活动延伸

还可以在区域中提供蜻蜓及蝴蝶的范样，让孩子进行观察，利用纸条做圈的方法来制作其他的动物。

（案例提供：南京市第一幼儿园）

案例十三

漂亮的花篮（大班）

设计意图

在日常生活中，我们多数人每天都要喝牛奶，可是喝完牛奶后，牛奶盒就成了废品，直接扔进了垃圾桶，非常可惜。何不将牛奶盒洗干净后废物利用，用它来制作一些有趣的玩具和饰品呢？不仅取材方便，并且更具环保，还能体验到自己动手制作的乐趣，制作出来的物品也别有一番风味。因此，我设计了用牛奶盒制作花篮的活动。这个花篮的大小完全取决于牛奶盒的大小，并且在制作过程中需要充分地利用牛奶盒，一点也不会浪费。对幼儿来说，只要会使用剪刀，制作起来并不复杂，因此，在活动中，老师不需完整示范，只需让幼儿自己尝试看图示并进行探讨，了解制作的方法及过程。但怎样将牛奶盒剪得宽窄差不多却是此次活动的一个重难点。

活动目标

1. 学习用剪刀将牛奶盒的顶部剪下，并较均匀地将牛奶盒的下半部分剪成若干条状，弯折后制作成花篮。

2. 在讨论和探索中尝试用不同的方法将牛奶盒剪成宽窄差不多的条状。

3. 正确使用操作工具，体验制作成功后带来的喜悦。

活动准备

花篮图片、牛奶盒（已清洗过）、剪刀、双面胶、记号笔、范样、步骤图、事先做好的花、压花机压出的小蝴蝶。

活动过程

1. 欣赏范例，引起兴趣。

(1)欣赏花篮的图片。

指导语：你最喜欢哪个花篮，它是什么样子的？

(2)出示范样。

指导语：老师今天带来了几个花篮，看看它们是什么样的。

猜猜这些花篮是用什么做的，怎样做出来的呢？

(3)介绍操作材料。

指导语：看看老师为小朋友准备了哪些东西。

2. 讲解示范。

(1)出示图示，探讨制作的步骤。

指导语：看看这幅图，你能说说怎样用牛奶盒做花篮吗？

先做什么，后做什么？

(2)老师进行讲解，并进行简单的示范。

①先顺着盒印子将牛奶盒的顶部剪下来，然后将去掉顶的牛奶盒沿着开口的地方向下剪(不要剪到底)，剪成宽窄差不多的细条状，再把一根根的细条向下弯，并牢牢地贴在盒子底部，最后把牛奶盒的顶部剪一条下来，贴在花篮的两边当拎把，再插上或贴上美丽的花，一个漂亮的花篮就做好了。

②讨论：怎样才能把细条剪得宽窄差不多呢？

3. 幼儿动手操作，教师进行指导。

(1)引导幼儿顺着盒口向下，将纸盒剪成若干细条，提醒幼儿不要剪得太宽也不要太细，和自己的手指差不多宽就可以了，或是用等分的方法来剪。

(2)在向下弯细条的时候，可以有的弯得多，有的弯得少，使得花篮看起来错落有致。

(3)最后插花时可尝试着将花贴几朵在花篮边和拎把上。

4. 作品展示。

指导语：这么多的花篮真漂亮，看，小蝴蝶也飞来了，让它们飞到自己最喜欢的花篮上吧！

每人发两只小蝴蝶，让它飞到你最喜欢的花篮上。

活动延伸

1. 老师这儿还有很多好玩有趣的东西，看看，它们都是什么呢？(茶杯、鱼、螃蟹等)

2. 你知道它们都是用什么做的吗？牛奶盒除了可以做成花篮，还可以做很多东西，大家都可以回家后或是游戏时试一试。

(案例提供：南京市第一幼儿园)

案例十四

大嘴巴动物(大班)

设计意图

折纸是幼儿园美术活动中一种常见的手工活动，通过将折纸作品进行再创造，制成一个简单有趣的小玩具，不仅能激起幼儿折纸的兴趣，还能使折纸活动更富有创造性，更使折纸作品具有可操作可玩乐的价值。在“东西南北”这个传统折纸作品基础上，充分调动幼儿借物想象，再借助剪贴、绘画等已有美术经验，将其变成具有实际可操作性的自制小玩具——“大嘴巴动物”。一个看似平淡无奇的折纸活动变得更富有新意，也更具游戏性和趣味性。

活动目标

1. 在折叠“东西南北”的基础上，用添画粘贴的方式表现动物形象。

2. 根据动物大嘴巴的开合方向确定五官的位置，并用绘画剪贴的方式装饰动物头像。

3. 在操作过程中，遇到困难愿意面对并积极想办法解决。

活动准备

1. 教具：折好的大嘴巴动物(青蛙、狮子、熊猫、小兔子)和折好的“东西南北”。

2. 材料：用于折叠用的正方形彩色打印纸、用于剪贴用的各色彩纸、用于折叠用的白色正方形纸(也可事先请幼儿折好备用)。

3. 工具：糨糊或胶棒、抹布、剪刀、水彩笔、筐。

活动过程

1. 边操作教具“大嘴巴青蛙”边唱歌“小青蛙”，引起幼儿兴趣。

(1)教师以打招呼的方式，引起幼儿关注并相互问好。

(2)教师一边开合“大嘴巴青蛙”，一边唱歌“我是一只小青蛙，我有一张大嘴巴，两只眼睛圆又大，看见害虫我就一口吃掉它”。

指导语：我是谁？我有什么？

2. 引导幼儿观察比较“东西南北”和“青蛙”，探索尝试“大嘴巴”的制作方法。

(1)引导幼儿观察：这只大嘴巴青蛙是什么变出来的？“东西南北”和“青蛙”的大嘴巴有什么不同？(教师用动作暗示幼儿关注嘴的开合方向。)

小结：“东西南北”是上下左右都能开合，而青蛙的大嘴巴只是上下开合。

(2)鼓励幼儿自由探索、大胆尝试。

指导语:怎样将"东西南北"做成像小青蛙这样上下开合的大嘴巴呢?

(3)幼儿交流探索方法:怎样贴才能做出上下开合的大嘴巴?贴在什么位置?

小结:将上面两个和下面两个分别粘上,就变成上下开合的大嘴巴了。

3. 介绍材料,引导幼儿创造性地表现大嘴巴动物。

指导语:"东西南北"还可以变成哪些大嘴巴动物呢?幼儿先说,教师再出示范例成品。

有了大嘴巴,还要怎样才更像小动物呢?(添上五官等)

眼睛在什么位置呢?耳朵在什么位置呢?(引导幼儿明确眼睛、耳朵的位置)

4. 幼儿自由探索尝试折叠制作大嘴巴动物。

(1)交代任务:做一个和别人不一样的大嘴巴动物。

(2)帮助幼儿梳理制作步骤:怎么做呢?

先折"东西南北"——→然后粘出上下开合的大嘴巴——→接着剪贴、画出五官。

(3)指导语:做两只一样的耳朵,可以怎样做得又快又好?

重点引导幼儿用折叠对称剪的方法,注意沿边剪大一点。

(4)介绍材料:大纸做什么?小纸做什么?

(5)幼儿自由尝试制作,教师巡回指导。

①帮助幼儿根据步骤有计划地操作。

②提醒幼儿想一想后,再画、再剪贴。

③鼓励幼儿做出不同的动物头像,并添画花纹。

④检查提醒幼儿及时将桌面材料收拾干净。

5. 欣赏作品,交流讨论制作经验和困难。

(1)欣赏和猜测幼儿制作的动物作品。

指导语:猜一猜这里有哪些动物?你从哪儿看出来的?

你喜欢哪个动物,为什么?(引导幼儿从形象特点和做工的细致度上来评价。)

(2)讨论和解决制作困难,引导幼儿之间相互学习交流经验方法。

指导语:在制作中你遇到了什么困难,你是怎么解决的?

教师根据现场实际提出问题,引导幼儿解决。如耳朵贴在哪一面好看,如果大嘴巴的方向反了怎么办?

活动延伸

可将幼儿制作的"大嘴巴动物"放到班级区域中供幼儿表演故事时使用。

(案例提供:南京市北京东路小学附属幼儿园)

第三节　幼儿园环境布置活动的组织

一、幼儿园环境布置活动的定义、内容

（一）定义

环境布置是指幼儿利用身边的可利用的资源通过动手操作，将制作的成品用于装饰环境或作为环境中的一部分。

（二）内容

环境布置的内容涉及很多方面，材料也丰富多样。具体来说，适合学前儿童开展的环境布置内容大致有以下几类：

1. 装饰墙面。组织幼儿利用果壳、火柴棒、吸管、毛线头、碎布头、腈纶棉、树叶、纸张、包装盒等拼贴墙饰。

2. 制作吊饰。组织幼儿制作创意气球、报纸彩球、光盘画、纸筒立柱等作为吊饰装饰环境。

3. 制作区角活动材料。组织幼儿用纸板、纸盒制作娃娃家的“剪刀”“梳子”“液化气灶”“洗衣机”“冰箱”；用鸡蛋、石头进行彩绘制作“手工艺品”放在“小商店”销售；用纸盒、皮管、瓶盖等为医院制作“听诊器”“急救箱”等等。

4. 制作节日礼品。组织幼儿将制作的礼物袋、贺卡、项链、圣诞礼物等装饰环境或送给亲人、朋友。

5. 制作演出道具。用报纸、购物袋等制作服装，以及其他与服装相关的饰物，用绘画、剪贴等方法制作指偶、头饰等，另外还有根据演出的需要，自制宣传单、广告栏、公告、海报等。

二、幼儿园环境布置活动的年龄阶段发展目标

表 7-3　幼儿园环境布置活动的年龄阶段发展目标

	小班	中班	大班
造型（立体）	1. 了解环境布置活动材料的性质，能用1～2种技法塑造简单物体形象； 2. 乐意参加环境布置活动，体验立体造型活动中的乐趣，并对环境布置等活动感兴趣。	1. 能够主动注意环境布置等活动中的空间因素； 2. 在同伴和教师讲述时能够认真观察、倾听。	1. 能熟练地选择和使用各类立体造型工具和材料； 2. 能综合性地使用纸、布、线等材料制作玩具、教具、礼品、演出道具，并进行环境布置； 3. 理解立体造型活动中所需的合作要求，并知道如何与他人交往，体验并努力追求在与他人合作中获得快乐。

表 7-3 （续）

	小班	中班	大班
美术欣赏	1. 喜欢观看、欣赏艺术作品； 2. 初步学习运用动作、表情等方式表达自己欣赏后的感受。	1. 学习欣赏与自己生活经验相关的美术作品、生活作品、节日装饰、环境布置、自然景物等，逐步关注具有美感的事物； 2. 学习欣赏、评价同伴和教师的作品。	1. 主动参与欣赏活动，逐步形成从生活环境中发现美的能力； 2. 学习从不同形式和内容的角度评价同伴、教师的作品； 3. 命名和讨论环境布置活动作品的基本内容； 4. 喜欢与他人分享及谈论环境布置创造活动的快乐。

三、幼儿园典型环境布置活动的介绍

(一)制作创意气球

1. 材料工具。

气球、纸张、糨糊或白乳胶、剪刀、颜料、毛笔等。

2. 制作方法与步骤。

(1)选择皮面较厚的气球，吹到和人头大小差不多。

(2)在气球表面均匀涂抹糨糊或稀释的白乳胶(比例为 1∶1)，并粘贴上报纸碎片，使其完全黏附包裹在气球上。一层一层均匀包裹上，至少粘上四层。

(3)放置于通风处，自然风干备用。

(4)可依据各人创意制作成玩具、头饰、艺术品摆设等等。可在完整的球上进行添加粘贴成型，上颜料，彩绘，制成动物形象；也可根据创意剪开报纸球进行再加工，面部开口可以做成演出头饰，横剖半圆盖着放置可制成各式头盔、吊灯罩等，口朝上放置可制成大碗、盛放东西的器皿。

(二)纸服装的设计与制作

1. 材料工具。

报纸、皱纹纸、棉纸、挂历纸、亮光纸、双面胶、剪刀以及其他辅助材料。

2. 制作方法与步骤。

(1)收集和准备。收集一些服装的图片，引导幼儿欣赏服装的款式、色彩搭配、服装与角色的关系。

(2)设计与构思。引导幼儿根据角色的需要进行设计构思。

(3)选择纸质材料，并进行加工、制作服装。

(4)发挥想象，根据角色的需要对服装进行装饰。

四、幼儿园环境布置优秀教育活动赏析与案例库

(一)幼儿园环境布置优秀教育活动赏析

案例十五

故事表演——有趣的纸杯玩偶(大班)

设计意图

幼儿喜欢手拿木偶一同与伙伴表演故事。大班的幼儿,随着表演故事的情节越来越丰富,角色也越来越多。表演中,幼儿会不断产生新的角色需要。如果木偶总由老师提供就会不够灵活,影响幼儿活动的流畅度。如果表演用的木偶形象由幼儿自己制作,幼儿就可根据自己的需要进行大胆的创作了。从而也能更好地激发幼儿表演创作欲望。

纸杯有深度,和手偶很接近。幼儿只要根据自己故事角色的需要在上面粘贴各不相同的形象,利用不同的材料(如海绵纸、亮光纸、毛线、麻绳等)进行装饰,然后将手套在其中就可进行表演了。另外,利用废旧纸杯制作手偶玩具,也是一种废物利用,幼儿可从中体会到变废为宝的成功感。

活动目标

1. 与同伴商量玩偶角色形象,运用多种材料,尝试用画、剪、贴的方法制作纸杯玩偶。

2. 在猜测、观察的基础上学习制作纸杯玩偶的方法,并尝试与同伴合作表演故事《狮子和老鼠》。

3. 共享操作材料,享受变废为宝与合作表演的成功感。

活动准备

1. 经验准备:幼儿会讲《狮子和老鼠》,幼儿在区域活动中,有手偶表演的经验。

2. 材料准备:狮子、老鼠手偶;纸杯、剪刀人手一份;彩色卡纸、毛线、双面胶若干。

活动过程

1. 教师边讲故事边用手偶表演《狮子和老鼠》,引发幼儿兴趣。

2. 提出问题,引出制作玩偶话题。

指导语:呀,我这里可没有狮子和老鼠的手偶表演怎么办?

3. 出示纸杯材料,幼儿猜测制作纸杯玩偶的方法。

(1)教师扮演狮子,出示纸杯和彩纸:大家别急,我们做一个手偶怎么样?瞧,

我这里有个纸杯。

(2)幼儿观察材料进行猜想。

指导语:你们看,怎样用这些材料做我们想要的狮子、老鼠玩偶呢?纸杯可以用来做狮子、老鼠的什么部位?它们的头怎么表现呢?

(3)教师出示纸杯玩偶,介绍制作方法。

指导语:我们用纸杯当作狮子的身体,在彩纸上画一个狮子的头,然后将狮子头剪下,再将它粘到纸杯上。注意纸杯杯口朝下,将剪下的狮子头贴在纸杯底这一头。这样才能将手套在纸杯里玩哦!最后我们再给狮子粘上它的四肢。

(4)幼儿迁移经验,说说老鼠玩偶的做法。

指导语:那么,我们如何用这个方法来做老鼠呢?

4. 幼儿尝试分工制作不同的动物玩偶。

(1)讨论合作方法。

指导语:我们要两人合作表演这个故事,那怎么分工制作玩偶呢?先做什么,再做什么?

(2)幼儿尝试制作玩偶。

指导语:让我们按照大家的方法,先找到好朋友,然后商量分别做不同的角色,最后制作!

5. 幼儿合作完成后,尝试用自己制作的纸杯玩偶进行故事表演。

活动建议

1. 教学变式:在第4环节中,教师也可事先选取幼儿最近常讲的故事直接提供给幼儿,便于幼儿的积累。

2. 活动延伸:在美工区游戏时,教师可再投放些不同材质的材料供幼儿操作(如泡棉纸、棉绳、毛线等),用来装饰纸杯玩偶。

3. 区角活动:教师将幼儿制作的纸偶投放在表演区供幼儿表演用;在美工区投放材料,幼儿为不同的故事或音乐剧制作纸杯玩偶。

附教师自编故事:

狮子和老鼠

有一天,狮子抓住一只小老鼠,准备吃掉它。老鼠说:“请大王不要杀我,以后我一定报恩。”狮子说:“你那么小,怎么可能对我有恩。”老鼠说:“我虽然小,但是也很有本领,请大王一定要相信我。”于是,狮子便把它放了。

有一次,狮子被猎人抓住了,吊在树上。老鼠正好路过,发现了被猎人网住的大狮子。可是绳子太粗,它怎么也咬不断。于是,它叫了好多伙伴,一起来帮忙。

它们齐心合力咬断绳子救出了狮子。

狮子说："我当时嘲笑你，不相信能得到你的报答。现在我明白了，老鼠虽小，但也能报恩。"狮子准备了丰盛的水果来招待救他的小老鼠和小伙伴们。

（案例提供：南京师范大学附属幼儿园）

赏析 本次活动的目标特别强调幼儿在猜测、观察的基础上制作纸杯手偶，其次关注幼儿与同伴间的合作制作与表演。活动一开始，教师用故事表演的方式导入，让幼儿产生制作纸杯的强烈愿望。然后出示材料，让幼儿猜测纸杯手偶的制作方法，教师小结，并帮助幼儿迁移相同的经验，说说另一角色的手偶制作方法。然后是幼儿合作制作。操作是具体解决问题的环节，也是主动构建知识和经验的载体，在此过程中幼儿会遇到各种问题，有的是能自己独立解决的，有的在同伴帮助下能共同解决，有的则是需要教师支持才能得以解决。教师在指导幼儿操作时对于以上三类问题要做到心中有数。最后，请幼儿用自己制作的纸杯玩偶进行故事表演，体验创造带来的快乐，同时增强今后自己动脑动手制作演出道具的意识。

（二）案例库

案例十六

气球创意制作（大班）

设计意图

气球是所有小朋友都喜欢的玩具，可是要不了两天就会瘪掉，只好扔进垃圾堆。如何发挥它的最大功效，又能长久地保持呢？我想到了在气球外面贴上几层碎报纸，等干了以后，它就变硬了，既可以保存一段时间，又比较轻，便于悬挂，并且它的肚子里是空的，打开后还可以盛放小物件，不是一举两得吗？此活动必须要进行两次，先要在气球上贴碎报纸，多贴几层可以保持气球不变形，等完全干了再进行创作。其实，无论是用最简单的方法，在上面用颜料随意地涂画，还是运用辅助材料进行剪贴等方法，出来的效果都很好，特别适用于装饰环境。关键是让幼儿在活动中能发挥自己的想象力和创造力，并且体验创作的乐趣。

活动目标

1. 学习运用画、剪、贴等不同的方法对气球进行创意制作。
2. 根据自己气球的形状，大胆想象，并尝试用不同的操作材料进行创意制作。
3. 体验成功的快乐和创作的乐趣。

活动准备

事先已经贴上报纸的气球、剪刀、胶棒、双面胶、颜料、毛笔、各色即时贴、卡纸、范样等。

活动过程

1. 导入、引出主题。

(1)前几天，我们给小气球穿上了报纸衣服，让气球变得结实了，变成了报纸球。

今天报纸球又来了，说要和我们玩"超级变变变"的游戏，看看哪位小魔术师能把它变成有趣的东西。

(2)如果你是魔术师，你想把它变成什么？

2. 幼儿欣赏范样，探讨制作的方法。

(1)欣赏范样。

①老师先来变一个，看清楚啦，变变变，变成什么啦？(花瓶)

②这儿还有几个用气球变出来的东西，看看它们是什么。(娃娃、水果)

(2)探讨制作的方法。

这些东西是怎么变出来的呢？

花瓶：在气球的顶部剪一个开口，在身子上画上漂亮的花纹，然后再插上花，就是一个漂亮的花瓶了。

娃娃：在气球的一侧剪掉一块，在另一侧用彩色纸制作五官、头发，这个气球娃娃不仅可以作为装饰，还可以盛放一些小物品。

水果：刷上相应的颜色，再添上叶子、叶柄就可以了。

3. 幼儿大胆想象、动手创作，教师进行指导。

(1)先仔细看看自己的气球像什么，可以做成什么，需要哪些材料，然后再动手。

(2)鼓励幼儿用不同的材料进行创作，做和别人不一样的东西。

(3)教师给予有困难的幼儿一定的帮助。

4. 展示作品、进行评价。

(1)评选最有创意的制作、最具人气的制作。

(2)把幼儿的作品摆放或悬挂在教室或走廊内，布置环境。

活动延伸

1. 在区角摆放各种操作材料，可一段时间引导幼儿做同一主题的创作，如：娃娃。可引导幼儿做不同造型、表情的气球娃娃，摆放在班级进行装饰。

2. 在给气球贴报纸时，可有意贴成自己所需要的形状，等干了后再创作。

3. 利用气球和纸杯做成有口有底的花瓶，再用蓝色画花纹，做青花瓷花瓶。

（案例提供：南京市第一幼儿园）

案例十七

花瓶（大班）

设计意图

孩子进入大班后，更多方面是为了培养他们成为社会人，让他们了解社会，关心社会，尤其要关注一些社会热点问题。比如：环保中废物的利用，让孩子在了解环保的过程中，也体会着一种关心社会的责任，并把这种责任心的培养作为大班的教育目标。

如今孩子们的物质生活越来越好，平日里用过的饮料瓶、树枝、树叶在孩子眼里可能是没有什么用的东西，怎样给孩子们树立环保、节约、再利用的意识是本次活动的意图。

活动目标

1. 能通过对各种投入材料的联想、组合，设计富有创意的立体装饰瓶。

2. 巩固各种已有的排列经验。

3. 知道生活中无用的瓶子经过装饰可以美化环境，建立初步的环保意识。

活动准备

1. 师生共同收集各种形状的玻璃瓶。

2. 装饰用的材料（毛线、黑豆、黄豆、绿豆、玉米、红豆、纽扣、彩珠、麻绳、干花、餐巾纸、玉米、辣椒干、树叶、八角、彩绳等）。

3. 供幼儿欣赏的花瓶。

4. ppt 课件。

活动过程

1. 活动导入部分：欣赏花瓶。

(1)请幼儿到花瓶展示区欣赏各种花瓶。

指导语：你们看，桌子上是些什么东西啊？你们知道这些花瓶是用什么材料制作的吗？它的形状是什么样的？用你们的小手摸摸看，你有什么感觉？你最喜欢哪一个花瓶？为什么？

(2)进一步感受花瓶花纹的独特艺术魅力。

指导语：请你们仔细看一看，这花瓶上有什么？这些图案是什么样子的？看到这些花纹你想到了什么？

总结与幼儿谈话的内容，帮助幼儿梳理花瓶的结构及花纹的特点。

2. 活动基本部分。

(1)今天我们也来做小小设计师,来设计花瓶上的图案。

出示图片,帮助幼儿归纳规律。

①主题式的装饰。

②瓶口、瓶底对应的装饰。

(2)观察装饰好的花瓶,激发制作欲望。

指导语:它们是用什么材料装饰的?运用了上面的哪种方法?

(3)出示课件,幼儿观察制作过程,了解制作方法。

(4)幼儿了解本次活动的操作材料,动手尝试制作。

①鼓励幼儿用多种材料进行装饰。

②帮助能力强的幼儿进行富有个性的创作。

3. 活动结束部分。

共同布置花瓶展,相互欣赏、评价。

指导语:你是用哪种方法来装饰的?你喜欢哪个花瓶?为什么?

(案例提供:南京市第一幼儿园)

案例十八

报纸服装设计大赛(大班)

设计意图

报纸,是幼儿生活中常见的物品,如何将报纸废物利用呢,教师巧妙地设计了一场报纸服装大赛。为了让幼儿更好地将报纸废物利用,教师充分调动幼儿已掌握的制作方法去设计服装,如剪贴、染纸、绘画等多种方法。在活动中教师可以有意识地引导孩子们想象物品,如树叶、扇子等在衣服上的装饰作用,从而表现具有自己个性的服装。在服装大赛活动中,完全让幼儿通过自己的需要大胆地、自主地选择,彻底地发挥幼儿的主动性。

活动目标

1. 初步会用剪贴、染纸、绘画等多种方法设计并装饰服装。

2. 通过观看范例和自己的想象,能制作出具有特色的服饰。

3. 愿意向同伴学习好的方法,并在服饰大赛的活动中体验成功的快乐。

活动准备

1. 教师设计的服装范例。

2. 做服装用的材料和工具:糨糊、花边、剪刀、旧报纸若干。

3. 已有各种折、剪的技能。

活动过程

1. 欣赏各种旧报纸做的服装，引发幼儿参与活动的兴趣。

(1)出示服装范例，引导幼儿仔细观察这些服装的款式和材料。

(2)教师提问：这些服装漂亮吗？你们知道它们是用哪些材料制作出来的吗？

2. 仔细观察作品，探索制作方法。

(1)教师提问，引导幼儿发现制作方法。

指导语：是用什么方法将这些材料做成服装的呢？

让幼儿找自己熟悉的制作方法，如纸盒做成帽子、折扇子做成花边装饰等等。

(2)教师交代服装设计大赛的要求。

指导语：刚才我们发现这些漂亮的报纸服装的制作方法，我们小朋友都会。今天我请你来参加报纸服装设计大赛，看看谁最会动脑筋，用小小的报纸做出与别人不一样的漂亮的服装。

3. 幼儿制作，教师指导。

报纸比较容易撕坏，教师在指导的过程中，对于有困难的幼儿予以适当的帮助。

4. 开展服装设计大赛，体验成功。

幼儿作品：

（案例提供：南京市第一幼儿园）

后 记

本套教材的编写集合了20世纪末至21世纪初从南京师范大学学前教育专业毕业的一大批年轻的大学教师和长期在幼儿教育第一线工作成绩斐然的优秀幼儿园教师。

南京师范大学教授、博士生导师许卓娅担任主编，并与严仲连、袁宗金、田燕、王银玲、吴巍莹和张玉敏六位博士分别承担各分册的编写工作。担任本册主编的是田燕博士，参与编写的还有任巍硕士、范成硕士。

担任本册案例编写的幼儿园团队有：南京市第一幼儿园、南京市北京东路小学幼儿园、南京市游府西街幼儿园、南京师范大学幼儿园。

具体负责组稿和统稿的是：幼儿园特级教师周联，幼儿园高级教师倪琳、易娟、陈一平、周洁、范蓓、刘娟、陈薇薇。

具体参与编写的幼儿园教师是：北京东路小学幼儿园：马岚、马骏、刘晶、张琴、谢宁、黄双雷、徐蓓、俞燕婷、方芳，南京师范大学幼儿园：安旻、范蓓、高萍、韩静、季骏、蒋倩、乔桦、杨梅红、王伟阳、周琴、周洁，游府西街幼儿园：李德萍、王萍、刘娟、陈薇薇、付海霞、朱玛丽、周瑾、吴艳、徐玲、郑姗姗、黄悦、禹心悦、杨静、张媛媛，第一幼儿园：王璞、熊毅、严娟、徐洁、刘靖静、金晶、朱焱冰、俞乐、郭静、李琦、吕梅、万圣银、苏文、邹秋霞。

在此一并表示感谢！

南京师范大学教育科学学院

许卓娅

2013年8月31日